Ruhsal Gelişim ve Kader

DOĞAN KİTAP TARAFINDAN YAYIMLANAN ENDER SARAÇ KİTAPLARI

Ayurveda, Sağlıklı ve Uzun Yaşamın Sırları
Ayurveda'yla Sağlıklı Zayıflamanın Yolları
Doğanın Şifalı Eli
Ramazanda Sağlıklı ve İnce Kalın

RUHSAL GELİŞİM VE KADER

Yazan: Ender Saraç

Yayın hakları: © Doğan Egmont Yayıncılık ve Yapımcılık Tic. A.Ş.

1. baskı / Ocak 2007
28. baskı / Kasım 2010 / ISBN 978-975-991-574-2
Sertifika no: 11940

Kapak tasarımı: Yavuz Korkut
Kitap tasarımı: Hülya Aktaş
Baskı: Mega Basım, Baha İş Merkezi. A Blok
Haramidere / Avcılar - İSTANBUL
Tel. (212) 422 44 45

Doğan Egmont Yayıncılık ve Yapımcılık Tic. A.Ş.
19 Mayıs Cad. Golden Plaza No. 1 Kat 10, 34360 Şişli - İSTANBUL
Tel. (212) 373 77 00 / Faks (212) 355 83 16
www.dogankitap.com.tr / editor@dogankitap.com.tr / satis@dogankitap.com.tr

Ruhsal Gelişim ve Kader

Ender Saraç

DOĞAN KİTAP

İÇİNDEKİLER

Ruhsal Gelişim ve Kader, benim dördüncü kitabım. İlk kitabımı pek çok konuyu öğrenmemde bana yardımcı olan Dr. Raju'ya, ikinci kitabımı anneme, üçüncü kitabımı doğa anaya adamıştım. Ben küçük sayılabilecek bir yaşta, ergenliğin sonralarına doğru kötü bir hastalıktan babamı kaybettim. Bu olay bende ona karşı gizli bir duygu karışıklığı yaratmıştı sanki. Erken olgunlaşmama yol açan bu olayı, uzun yıllar sonra tekrar irdeledim. Sistemde hiç hata yoktu: Benim için en doğru babadan dünyaya gelmiştim. Babam şimdi aramızda yok. 1979'da bu boyuttaki ruhsal deneyimlerini tamamladı ve boyut değiştirdi. Bu kitabı dünyaya gelmeme aracılık eden ve bana genetik aktarımda bulunan babama adıyorum. Babamın ve tüm Türk babalarının ruhu şad olsun.

Önsöz

İçinde bulunduğumuz dönemde aşırı materyalist bir yaşam tarzı var. Tüm çevre faktörleri ve rekabet, bizi her geçen gün daha da bencil ve maddesel olmaya doğru itiyor. Aslında maddesel deneyimler de yaşanmalı, o deneyimlerden alınacak ve öğrenilecek dersler tamamlanmalı. Ancak insan sadece maddesel bir bölümden oluşmuyor, esas kalıcı yapısı yani ruhu daha önemli. Sadece para, iş, çek, döviz, borsa, araba, banka hesapları gibi maddi değerler arasında kalan insanlarda, tüm bu değerleri elde etseler bile zamanla bir tatminsizlik hatta mutsuzluk gelişiyor. Halbuki maddesel dünyada başarılı olsanız bile tam mutluluğu yaşayabilmeniz için ruhsal temelinizin sağlam olması gerekiyor. Bazen maddesel deneyimler o kadar ön plana çıkıyor ki, özümüzü unutuyoruz; dengeler bozulmaya, hastalıklar oluşmaya başlıyor. Üstelik peşinden koşulan tatmin duygusunun bir türlü yakalanamaması da cabası. Sanki birisi bizi sürekli aybaşı, aysonu, e-mailler, SMS'ler, TV, kredi kartları, taksitler ve maddi hırslar arasında koşturuyor.

Bir an için bu koşuşturmaya ara verin ve geriye doğru yaslanıp düşünün: Niçin yaratıldınız? Neden bu zaman diliminde, bu gezegene gönderildiniz? Hep var olacak mısınız yoksa bir gün siz de ölümü tadacak mısınız? Bir gün ölünecekse o ana hazır mısınız? Maddi değerler ölüm dediğimiz boyut değiştirme sonrasında size yardımcı olacak mı? Kredi kartları, etiketler ve mevki ölümden sonra da aynen geçerli olacak mı, yoksa bunların hepsi aslında bir sınav mı? Sadece maneviyatı yaşamak, tamamen ruha ağırlık vermek ve maddesel dünyadan kopmak, maddeden elini eteğini çekmek doğru mu? Maddesel dünyadan kopmadan ruhsal yapımızı ve özümüzü nasıl besleyebiliriz? Bu kitapta bunlara ve daha pek çok soruya bilgim ve haddim ölçüsünde cevaplar vermeye çalıştım.

Kitapta da ayrıntılı olarak anlattığım gibi, artık iyiler daha iyi, kötüler daha kötü olacak; ruhsal evrimin ve sınavların hem hızı hem de dozu artacak. İçine girmekte olduğumuz yeni dönemde pek çok kişi yaşadıklarıyla farkındalığını artırmak ve hangi enerji kutbunda olacağına dair seçim yapmak zorunda kalacak.

Gittikçe etkinliği ve hızı artan ruhsal ve maddesel deneyimlerle bu çağın insanı pek çok olaya gebe. Kendimizi yeni döneme hazırlamalı, bilinç düzeyimizi yükseltmeli, farkındalığımızı artırmalıyız. İyi veya kötü kutba kaymadan önce seçimimizi bilinçli yapabilecek güce erişmeliyiz. Yaşam sadece defilelerden, eğlencelerden, kahvehanelerden, paradan, cep telefonlarından, teknolojik aletlerden ve benzeri şeylerden ibaret değil. Hiçbirimiz boşuna yaratılmadık ve hiçbir şey, hiçbir olay tesadüf değil. Sadece görmeye ve bilinç düzeyimizi yükseltmeye çalışmalıyız.

Neden böyle bir kitap yazmaya gerek duydum?

Her şeyden önce bu konu üzerine bir kitap yazmayı ben istedim. Bizzat yüz yüze olmak üzere on binlerce hasta gördüm ve aslında çoğu hastalığın kökünde, derinde yatan psikolojik ve ruhsal nedenler olduğunu anlamaya başladım. İçsel dengesizlikler zamanla maddeselleşiyor ve somutlaşarak görünür hale geliyor. Eğer hasta olmayı beklerseniz bu dengesizlikler gittikçe içinden çıkılması zor, ciddi bir soruna dönüşüyor. Artık mutsuzluklara, hastalık haline dönüşmeden erkenden müdahale edilmesi gerektiğini düşünüyorum. Zira zaman ilerledikçe bu olumsuz durumlarla baş etmek iyice zorlaşıyor. Aslında genetik kökenli değilse, her hastalığın altında davranış bozuklukları ve psikosomatik nedenler var gibi gözüküyor. Örneğin kendini iyi ifade edemeyen ve yaşamının bir döneminde baskı altında kalan ve duygularını sürekli içine atan birinde zamanla tiroit problemleri gelişebilir veya sürekli kadınlık gururu incinen bir kadında jinekolojik sorunlar baş gösterebilir. Bu konuyu sonraki bölümlerde detaylı olarak örnekleriyle açmaya çalışacağım.

Her insan öncelikle kendinden sorumludur, öncelikle kendi mutluluğuyla ve sağlığıyla ilgilenmek durumundadır. Mutlu ve sağlıklı olamayan bir kişi çevresine de olumlu enerji saçamaz. İşe, kendimizi severek başlamalıyız. Sadece yaratılmış olmamız ve bedenlenme şansını bulmamız bile başlı başına bir motivasyon ve heves kaynağıdır. Yüce Yaradan demek ki bizi önemsemiş ve bir evrim programını yaşamamız için bizi bu boyuta göndermiş.

Hastalarımla ilgilenirken ben de çok şey öğrendim. 1989 yılından itibaren ruhsal gelişime yönelik çok sayıda kursa ve eğitime katıldım. Pek çok spiritüel eğitime ek olarak çeşitli dinler hakkında da bilgilenmeye çalıştım. Sonuçta ben iç mutluluğu yakaladığımı sanıyorum. Gerçekten de oldukça mutlu ve keyifli yaşıyorum.

Bu içsel yolculukta öğrenmenin sonu yok. Ölene kadar da deneyimlerimiz ve derslerimiz devam edecek. Ancak şu an bulunduğum nokta itibariyle bile çok keyifli ve derin bir yaşamı yakaladığımı sanıyorum. Kimse asla, "Ben artık oldum ve evrimimin sonuna geldim" diyemez; aşırı iddialı olur. Ancak ben geldiğim noktadaki deneyimlerimi paylaşarak en azından "olgunlaşma, iyi ve mutlu olma" zamanı gelen kişilere bir dürtü oluşturmak istedim. En azından pek çok hastama ve dostuma, ruhsal ve bedensel anlamda daha iyi olmalarında aracılık edebildim. "Bilgi bana ait değil, evrenin bilgisi, o halde ben de bilgiyi paylaşmalıyım" diye düşündüm. Kitabın sonuna geldiğinizde sizin de beyninizdeki pek çok uyuyan devrenin ve zaten var olan mutlu olma potansiyelinin aktive olacağına inanıyorum. Bazı kişilere bu bilgiler hiçbir şey ifade etmeyecek, ancak bazı kişiler için de dönüm noktası olacak.

Kitabı yazarken tek amacım, yaşadığımız dönemde acı çeken çok sayıda kişinin acılarını hafifletmek, kendilerini farklı bir açıdan daha iyi tanımalarını, gerçek ve başkalarına bağımlı olmayan bir mutluluk yaşamalarını sağlamak. Sadece bildiklerimi ve deneyimlerimi paylaşmak istedim.

Sanıyorum, bu kitap pek çok kişiye ruhsal gelişim yönünde olumlu bir katkı sağlayacak. Okuyacak herkese zamanı geldiyse olumlu açılımlar yaşamasını diliyorum.

Yüce Yaradan'ın sevgisi ve ışığı hepimizin üzerinde olsun.

Kader nedir; spermin ovumu döllemesi

İnsanoğlunun onlarca hatta yüzlerce nesildir yaşadığı tüm savaşlar, beslenme alışkanlıkları, hastalıklar, göçler, korkular, sevinçler, aşklar, cinsel alışkanlıklar, inanç sistemleri her şey ama her şey DNA'larımıza anında kaydedilir. Burada, bildiğimiz en güçlü bilgisayardan bile çok daha ileri bir teknoloji söz konusudur. Evrende hiçbir olay boşu boşuna olmaz, her şeyin bir nedeni vardır. İşte nesilden nesile aktarılan bu hafıza arşiv bilgisi DNA'larımıza kayıtlıdır.

En çok bize en yakın kuşağın yani anne ve babamızın hafıza arşiv bilgisinin karışımından etkileniriz. Bedenlenmemizden önceki yedi kuşağın da kuvvetli etkisi vardır. Ancak en kuvvetli etki bir kuşak önceden, yani ebeveynlerimizden gelir. Yedi kuşak öncesinin kayıtlı deneyimleri, hafıza arşiv bilgisi ise yine daha zayıf etki yaratacak şekilde DNA'larımızda kayıtlıdır. Bizim bu boyuta geçiş yapmamız için gerekli olan anne baba cinsel ilişkisi sırasında iki ayrı genetik yapı yani iki ayrı hafıza arşiv bilgisi harmanlanır.

İnsan bedeninde tüm hücreler 46 kromozoma sahiptir, sadece üreme hücreleri yani sperm ve ovum (yumurta) ise bu rakamın yarısı yani 23 kromozoma sahiptir. Erkek, eşiyle bebek yapmak için ilişkiye girdiğinde milyonlarca spermini kadının dölyatağına bırakır ve bu sırada bazen sayıları yüz milyonları bulan sperm hücreleri arasında müthiş bir yarış başlar. Öyle inanılmaz ve mükemmel bir sistem var ki, erkeğin boşalma sırasında salgıladığı meni prostattan geçerken özel bir sıvıyla karışır ve spermin kamçıları bu sayede hareketlilik kazanır. Sonrasında inanılmaz bir rekabet başlar. Bir spermin yumurtayı dölleyebilmesi için yapması gereken yolculuk bir insanın günde onlarca kilometre hızla birkaç gün hiç dinlenmeden koşmasına eşdeğerdir.

Sonuçta bizi vücuda getirecek temel hücre oluşumu için, ilk önce yumurtaya varan sperm, öndeki burgusuyla yumurtanın kabuğunu deler ve hemen yumurtanın kabuğu sertleşerek başka bir spermin içeri girmesini engeller. Zaten çok ender olarak başka bir sperm de aynı anda girerse tek yumurta ikizi oluşur. Sperm içeri girerken arkadaki kamçısını da dışarıda bırakır. Yumurtanın içindeki 23 kromozom ile sperm hücresindeki 23 kromozom yani erkeğin ve kadının ve atalarının nesiller boyunca kaydedilmiş hafıza arşiv bilgileri karışarak müthiş bir deneyim harmanlanır. İşte renkli gözlü mü, esmer mi, kısa boylu mu, çok kıllı mı, iri burunlu mu, uzun parmaklı mı, kıvırcık veya düz saçlı mı, erkek veya dişi mi gibi dış özelliklerimizin yanı sıra dıştan görmediğimiz pek çok özelliğimiz de bu sırada belirlenir. Örneğin mide asidi düzeyi, pankreasın insülin direnci, alerjik bazı eğilimler, kan hücre tablosu, çeşitli vücut salgıları, hormonal eğilimler gibi daha binlerce özellik.

Aslında harmanlanan sadece bedensel özellikler değil aynı zamanda ruhsal özelliklerdir de. Doğuştan daha sinirli, sakin, heyecanlı, endişeli, öfkeli, evhamlı, durgun olmamız gibi pek çok ruhsal özelliğimiz de bu sırada temel şeklini alır. Anne karnında geçen 9 ay 10 günlük süre sonunda yine bir mekanizma tetiklenerek doğum olayını başlatır. Göbek kordonu kesilinceye kadar bebeğin anneyle karmik, kader bağı devam eder. Göbek kordonu kesildiğinde ise artık ruh bu boyuttaki deneyim programına başlamış olur.

Çok gelişmiş bir yazılım programı artık aktive olmuştur, başlama tuşuna basılmıştır. O bebekte atalarından aldığı çeşitli OLMA POTANSİYELLERİ mevcuttur. Bu olma potansiyellerinin ne kadarının aktive olup daha verimli çalışacağı, ne kadarının da pasif kalacağı da o ruhun, bu boyutta göstereceği performansa ve daha pek çok etkiye bağlıdır, ki bu konuyu derinlemesine anlatmaya çalışacağım.

İşte göbek kordonunun kesildiği o an, yani ruhun dünyevi boyuta geçtiği o an, ruhun da tekâmül programına başladığı o an, gökyüzündeki Güneş, Ay ve diğer elemanların aldığı pozisyon çok önemlidir. Çünkü bu bilgiler, kişinin hayatı boyunca yaşayacağı pek çok olayın ne zaman ve ne şekilde yaşanabilme potansiyeli olduğunun ipuçlarını bize sunar. Bu bilgi tıpkı meteorolojinin verdiği hava tahmin raporu gibidir. Kişinin maruz kalacağı boşanma eğilimi, âşık olma isteği, kendi başına iş kurma isteği, anne veya baba olma dürtüsü, kendine bakmama, boş verme ya da sağlıklı yaşamı seçme, kilo verme hevesi ve azmi, sapık dürtüleri, yardımsever çalışmalar isteği, başka şehre yerleşme ya da eski yerine dönme duygusu, kızgınlık, hiddet, daha romantikleşme gibi çok çeşitli kozmik enerji dalgaları değişmez bir şekilde belirlenmiş zamanlarda yaşamımız boyunca karşımıza çıkacaktır.

Kimin nasıl bir evrim programı yaşayacağı, ruhunun evrimleşmesi için nasıl bir program uygulanacağı belirlenmiştir, ancak bizim bu değişmeyecek kozmik enerji dalgalarına vereceğimiz reaksiyon çok önemlidir. Örneğin Hasan 29 yaşında, Türk ve Müslüman, zengin bir ailenin çocuğudur; İstanbul'da, sağlıklı, esmer bir bebek olarak dünyaya gelmiştir. Onun kader yazılım programında kodlanmış bilgilerde örneğin 29 yaşında âşık olmak üzere diyelim ki Nilay'la karşılaşması gerekmektedir ve duyguları üç ay içinde yoğunlaşıp evlenme isteği gerçekleşecektir. Bu karşılaşma ve duygu yoğunlaşması kaçınılmazdır, ama Hasan'ın bu enerji dalgasına reaksiyonu bilinç düzeyine göre farklı olabilir ve farklı deneyim sonuçları ortaya çıkarabilir. Veya Hasan'ın 8 yıldır çalıştığı maaşlı işten ayrılıp kendi işini kurma dürtüsünü karşı konulmaz bir şekilde hissedip risk alması ve kendi işini kurma isteği kaçınılmazdır, ama bu durumda vereceği bir reaksiyon değişik sonuçlar yaratabilir.

İşte kişinin kaçınılmaz çeşitli olaylar veya dürtüler sonucunda nasıl bir yorum yapacağı ve o enerji dalgasını nasıl kullanacağı BİLİNÇ DÜZEYLERİYLE ilgilidir. OLMA POTANSİYELLERİMİZİN ne kadarını, hangi performansta kullanacağımız o an hangi bilinç düzeyine çıkabildiğimizle bağlantılıdır. Bu nedenle kitapta çok önemli bir bölüm olan bilinç hallerini, anlatan bölümü çok iyi okumanızı öneriyorum, çünkü birçok taş bu bölümle beraber yerine oturmaya başlayacak.

Yedi bilinç hali

İnsanda normal halde deneyimlediği üç bilinç hali vardır: uyku, rüya, uyanıklık. Oysa normalde çoğu insanın farkında olmadığı dört bilinç düzeyi daha vardır ve her bilinç düzeyinin fizyolojisi de birbirinden farklıdır.

Yedi bilinç düzeyi şunlardır:

- Uyku bilinci
- Rüya bilinci
- Uyanıklık bilinci
- Aşkın bilinç
- Kozmik bilinç
- Peygamber bilinci
- Birlik bilinci

Uyku bilinci

Normalde uyurken hiçbir şeyin farkında olmayız. Âdeta ölüyüzdür. Uyuyan birini aniden uyandırın ve az önce nerede olduğunu, bulunduğu odadaki renkleri, kokuları, sesleri, ısıyı sorun; hiçbir şey bilemeyecektir, çünkü uyuyan kişi âdeta ölü gibidir, bulunduğu ortamı algılayamaz ve uyuduğu esnada onun için hiçbir şey yoktur. Halbuki uyuduğu sırada içinde bulunduğu odada sesler, çeşitli eşyalar, renkler ve daha pek çok özellik vardır, ama o algılayamaz, çünkü bulunduğu bilinç düzeyinin gerçeği ve algılama kapasitesi buna müsait değildir. Derin uykudaki bir insanın bedeninin çalışması da fizyolojisi de uyumayan kişininkinden farklıdır.

Rüya bilinci

İkinci bilinç halinde ise yine uyurken rüya görmeye başladığınızı düşünün. Yine aynı odanın içindeki kişi diyelim ki rüyasında uçuyor veya kavga ediyor. Rüyanın şekline göre yine bedende bazı değişiklikler olur. Kişi o esnada rüyasında ne görüyorsa gerçek olarak onu algılar. Yine aynı odanın içinde ama odanın ve odadaki renklerin, seslerin, eşyaların farkında bile değil. O, ikinci bilinç düzeyinin gerçeklerine göre tepkiler verir. O an gördüğü rüya neyse algıladığı gerçek de odur. Aslında odanın içinde ama algılayamaz, tamamen rüyasının gerçeğindedir. Bu kişiyi aniden uyandırıp "Neredesin?" veya "Ne yapıyorsun?" diye sorduğumuzda "Uçuyordum, koşuyordum, savaşıyordum, ağlıyordum, ölüyordum, sevişiyordum, alışveriş yapıyordum, uzaya gitmiştim" gibi cevaplar verecektir. Bir sonraki bilinç düzeyi olan uyanıklık haline geçince yani uyanınca gerçekleri değişecek ve aslında bir odada uzandığını fark edecektir.

Uyanıklık bilinci

Üçüncü bilinç hali olan uyanıklık bilinci, şu an bu kitabı okurkenki düzeyimizdir. En çok deneyimlediğimiz ve hatırladığımız bilinç hali budur. Bu bilinç düzeyinde beş duyu diye isimlendirdiğimiz organlarımızı kullanmaya başlarız ve dış dünyada görebildiğimiz, işitebildiğimiz, tadabildiğimiz, dokunup hissedebildiğimiz, koklayabildiğimiz kadarını algılayıp var olarak kabul ederiz. Beş duyuyla algılayamadığımız şeyler ise bizim için gerçekten ötedir ve yoktur. Ama esas gerçek öyle mi acaba?

Bir köpek insanın duyabildiğinden çok daha fazlasını, insana göre çok daha farklı desibelleri işitebilir. Hatta deprem henüz gerçekleşmeden yerkabuğunun ince hareketlerini bile hissedebilir ve buna göre tepkiler verir. Biz hiçbir ses duymazken o sahibinin ayak seslerini veya arabasının motor sesini çok önceden işitebilir. Bir köpek insanla kıyaslanamayacak düzeyde güçlü kokular alır ve pek çok olayı veya kişiyi kokusundan tanır ve hatırlar. Bizim hiç hissedemediğimiz kokuları bile çok hassasça algılar. Bir kedi karanlıkta biz hiçbir şey görmezken bize göre yaklaşık bin misli ışığa hassas olarak uzaktaki bir böceği görebilir. Onun görme gerçeği algılama düzeyine göre bizden çok farklı olabilir. Bir yarasa hiç görmediği halde zifiri karanlıkta çok uzak noktalara sıfır hatayla sesötesi dalgalarla gider, hatta bir böceği yerden tam isabetle avlayabilir. Dahası görmediği bir hayvanı sıfır hatayla bulup onun kanıyla beslenebilir. Daha da ilginci, arı sadece morötesini görebilir. Morötesi diyoruz, çünkü insan gözü sadece kırmızı ile mor arasındaki renkleri görebilir, ama gözümüzün göremediğini morötesi ışınları arı gayet net görür. Hatta fırtınalı havalarda dahi yaklaşık 33 kilometre yolu gidiş dönüş olarak kat edebilir, sıfır hatayla en doğru çiçekleri bulup kovanına geri dönebilir. İğrendiğimiz sülükler aslında hayran olunacak bir şekilde egzamalı veya varisli bölgede sorunun kökünün olduğu damar bölümünü bulur ve oradan toksik kanı emer; sorunlu bölgeyi biz bilemeyiz, ama sülük bilir. Bazı hayvanlardaki tat alıcıları ise insanla kıyaslanamayacak kadar gelişmiştir ve bizim hiç algılayamadığımız tatları algılayabilir. Daha bu örneklerin yüzlercesi vardır. O zaman gerçek ne?

Benim için olmayan bir koku köpeğe göre var. Benim duyamadığım bir ses kurda göre var. Benim göremediğim bir cisim baykuşa veya kediye göre var; hatta sadece benim duyamadığım sesötesi dediğim titreşimler bile avlanmak için yarasaya yeter. Bana göre o sesler yok, ama yarasaya göre var. Benim hiç göremediğim morötesi ışınlar ise arıya inanılmaz bir şekilde yol gösterir. Demek ki ben beş duyumla algılayabildiğime var veya gerçek diyorum, ötesini ise algılayamadığım için yok diyorum veya öyle sanıyorum.

Daha bu örneklerin bildiğimiz veya bilmediğimiz sayısız çeşidi var. İnsan için sadece gözün gördüğü, kulağın duyduğu, burnun kokladığı, elin dokunarak hissettiği, dilin tattığının dışında daha çok ötesi var. Dahası her insanda bu ÖTESİNİ algılayabilme yeteneği de var. Ama pek çok nedenle bu özelliklerimizi ve yüksek algılayabilme kapasitemizi bloke, yani tutuklu halden kurtaramayız ve yeteneklerimizin çoğu uyanmadan atıl kalarak ölüme kadar gider. İşte dördüncü bilinç halinden itibaren insanda zaten var olan bu yetiler aktive olmaya başlar ve insan birazdan açıklamaya çalışacağım gibi aynı kader programını farklı bir versiyonda, farklı bir şekilde kullanarak yaşayabilir.

Aşkın bilinç

Dördüncü bilinç hali olan aşkın bilince geçmek için bazı özel ruhsal çalışmalar yapmak gerekir. Kişi, meditasyon, reiki, evrensel enerji çalışmaları, kalpten yapılan dini ritüeller vb gibi yöntemlerle veya Yaradan'ın düzenlediği bazı enerji şoklamalarıyla da kendiliğinden bu bilinç halini deneyimlemeye başlayabilir. Bu bilinç halindeki kişi, ilk üç bilinç hali olan uyku, rüya, uyanıklık bilinçleriyle beraber, bu bilinç halini de deneyimler. Dördüncü bilinç düzeyi olan aşkın bilinçte kişi yavaş yavaş uykudayken uyuduğunu ve aynı anda dışarıdaki uyaranları da hissettiğini, içine doğan şeylerin çoğunun olmaya başladığını, rüya görürken aynı anda uyanıklığı da deneyimlediğini, bedenle ilgili bazı olaylarda daha yavaş yaşlanma, ağrıların ve hastalıkların daha çabuk iyileşmesi, daha az uykuyla dinlenebilme, zararlı maddelere karşı iradede artış, daha az sinirlenme, hislerin ve algılamanın kuvvetlenmesi gibi farklılıklar olmaya başladığını gözlemler. Hisleri ve algılaması kuvvetlenmeye başlamıştır. Kişi olayları daha derinden analiz etmekle kalmaz aynı zamanda olayların nereye doğru gittiğini de hissetmeye, hatta yavaş yavaş olaylara yön verebilmeye de başlar. Rüya görürken rüya gördüğünü bilebilmekte aynı zamanda uyanık da olabilmektedir. Veya uyurken aynı zamanda uyanık gibi dışarıda olup bitenleri de algılayabilmektedir. Yani dördüncü bilinç düzeyinde derin bir uyanıklık ve gerektiğinde derin bir dinlenme hali de vardır. Kişi az uykuyla bile dinamiktir. Yavaş yavaş bu kişide evrensel enerjilerle uyumuna bağlı olarak doğa desteği de artar ve kişinin yaşamı daha düzgün ve verimli bir hale gelir.

İşte bu bilinç düzeyinden itibaren kişi artık sadece beş duyuyla algıladıklarının ötesine geçmeye başlamıştır ve bu boyutta zaten var olan, ama insanın algılayamadığı bazı enerjileri ve varlıkları da algılamaya ve deneyimlemeye başlar. Artık kişi kalıpları kırmaya ve İNSAN olma yolunda önemli bir mesafe kat etmeye başlamıştır. Hisleri, algılama yetenekleri normal diye bildiğimiz ölçülerin üstüne çıkmaya başladığından bu kişinin yaşadıkları da önceki deneyimlerinden farklılıklar gösterir. Telefon çaldığında daha açmadan kimin aradığını hisseder, depremden önce içinde tarif edemediği bir sıkıntı vardır, karşısındaki insanın ona yalan söylediğini anlar, bir hastanın iyileşemeyeceğini hisseder, başı ağrıyan birinin alnını eliyle ovuşturursa veya masaj yaparsa o kişinin çok rahatladığını görür. Bir mekâna girdiğinde oranın ne kadar nurlu, pozitif bir yer veya ne kadar kasvetli, negatif bir yer olduğunu algılayarak mekânın enerjisini bilir. Bu aşamaya insan isterse düzenli olarak spiritüel çalışmalar yaparak gelebilir. Örneğin gerçekten derin bir şekilde ve kendini vererek yapılan içe dönüş çalışmaları, meditasyon, reiki, diğer pozitif enerji çalışmaları; kendini vererek ve kalpten hissederek kilisede, havrada, tapınaklarda, camilerde yapılan dualar; sevgiyle ve hissederek kılınan namaz, tutulan oruç, bazı anlamlı ritmik kelime tekrarları gibi yöntemler zamanla kişide bazı ruhsal açılımlar yaratarak bilinç düzeyinde yükselme sağlayabilir.

Bazen de bir yakının ölümü, kaza, hastalıklar, boşanma, aşk acısı, göç vb gibi ani bir enerji şoklamasıyla kişide aniden bir üstbilinç haline geçiş olabilir. O nedenle acı adı verdiğimiz bazı sert enerji şoklamalarından sonra farklılaşırız. Önce bu sert dalga sinir sistemimize ağır gelir ve sindirene kadar acı adını verdiğimiz duyuyu yoğun yaşarız. Zamanla sinir sistemi bu olayı özümsemeye başlar ve bu olaydan sonra neyi öğrenmemiz gerektiğini, Yaradan'ın bize bu olayı neden yaşattığını ya öğrenir, kavrar ve bir üstbilinç düzeyine geçeriz ya da sürekli bir depresyon halinde, o deneyime takılıp kalırız.

Kozmik bilinç

Beşinci bilinç düzeyi olan kozmik bilinç durumunda insan artık pek çok uyuyan yeteneğini aktif hale getirmeye ve kullanmaya başlamıştır.

Uzaktaki bir kişiyle çok güçlü bağları görmeden kurabilir, neredeyse hastalanmaz veya çok az hastalanır, bir kişinin aklından geçeni bilebilir; üçüncü bilinç haline göre olanaksız gibi görünen beyin okuma, cisimleri ve metalleri dokunmadan bükme, uzun süre aç kalabilme, uyumadan veya çok az uykuyla diri olabilme, uzaktaki bir kişiyle telepatik bağlantı kurma, hastalıkları iyileştirebilme, ağrıları geçirebilme, olayları önceden hissedebilme, doğmamış çocuğun cinsiyetini bilebilme gibi pek çok olayı düşünce gücüyle gerçekleştirebilir. Kozmik bilinç düzeyindeki biri hayatına ve olaylara yön verebilmeye başlamıştır. Kişisel kader programını da çok daha iyi bir performansta işletebilmektedir.

Bu bilinç düzeyinde normalde doğaüstü dediğimiz pek çok olay, sinir sisteminin ve fizyolojinin daha üstün çalışması sonucunda artık rahatlıkla gerçekleşebilir. Bu düzeye gelebilmiş birinin cisimlerin çok derinlerini algılayabilme yeteneği de mevcuttur.

▪ *Peygamber bilinci*

Altıncı bilinç düzeyi olan peygamberlik bilincinde kişi Yaradan tarafından seçilmiş olarak ani bir enerji şoklamasıyla beyin ve sinir sisteminde çok derin açılımlar gerçekleştirir. O peygamberin, bu boyuttaki görevi neyse ona yönelik beyin devreleri şoklanır ve uyuyan potansiyeli aktive edilir. Pek çok peygamber, Yaradan'ın veya elçisinin yaptığı ani şoklamalara maruz kaldıklarını beyan etmişlerdir. Örneğin Hz. Musa, Sina Dağı'nda Tanrı'yla konuştuğunu ve bu sırada kendinin dayanması zor bir ışığa, acıya ve şoka maruz kaldığını anlatmıştır; Hz. Muhammed (sav), ilk ayet inmeden önce Cebrail tarafından üç kez boğulur gibi sıkıldığını ve ateşle titrediğini belirtmiştir; pek çok peygamberin de benzer anlatımları olduğu bilinmektedir.

Bu bilinç haline gelen bir kişide artık imkânsız gibi görünen pek çok olay sıradanlaşabilir. Denizin üstünde yürüme, balığı ve ekmeği moleküler çoğaltıma uğratma, gökyüzüne yükselme, yüzlerce yıl yaşama gibi olaylar pek çok insanın tanıklığında gerçekleşmiş ve günümüze kadar gelmiştir. İlgili peygamberin bu boyuttaki görevi her ne ise, sadece o duruma yönelik beyin devrelerinin açıldığı, onun dışında ise âdeta normal insanlar gibi olduğu söylenir. Bu bilinç düzeyine geliş Yaradan'ın seçimi ve takdiriyle olduğundan ancak seçilmiş kişiler geçmişte bu deneyimi yaşamıştır.

▪ *Birlik bilinci (bileşik alan veya Tanrı bilinci)*

Artık bu düzeye gelen kişi, kendisini ayrı bir birey olarak deneyimlemekle beraber aynı anda bütünün bir parçası olarak da deneyimler.

Tasavvufta, ENEL HAK yani "Ben Tanrı'yım" deyimiyle söylenmek istenen şey budur aslında. İnsan için dünyada bu bilinç halinin ötesi yoktur. Her şeyin birbiriyle özünde bir bütün olduğu, maddenin ve enerjinin en ince noktasına kadar deneyimlendiği ve bilindiği haldir.

Kader programı ve bilinç düzeylerinin ilişkisi

Bir insanın kader programı o kişinin yaşamı boyunca maruz kalacağı enerji akışlarını gösterir ve bu durum değişmez. Ancak kişinin hangi bilinç düzeyinde olduğu, aynı kader yazılım programını nasıl bir yorumda yaşayacağını gösterir. Bu durumu biraz açalım. Kader yazılım programını tam isabetli meteoroloji raporlarına benzetelim. Diyelim ki hava raporu size önümüzdeki yedi gün boyunca çok kuvvetli bir fırtına ve sağanak yağış olacağını söylüyor. Bu sırada siz, aynı değişmeyecek etkiye çeşitli farklı tepkiler verebilirsiniz. Örneğin çıplak ve şemsiyesiz olarak dışarı çıkıp, çukur yerlerde dolaşıp, dere yataklarında durup boğulabilirsiniz veya ince bir gömlekle dışarılarda gezinip üşütüp zatürree olabilirsiniz veya evde kalıp istirahat edebilirsiniz veya evi su basmasın diye kapılara kum torbası koyup, kepenkleri kapayıp evi koruyup, dışarıya da su biriktirmek için sarnıçlar, kuyular kazıp sonrasında da bu biriktirilen suyla tarlaları kurak zamanda da sulayarak eskisine göre çok daha fazla verim alıp zengin olabilirsiniz. Burada değişmeyecek olan, maruz kalınacak hava koşullarıdır. Ne yaparsanız yapın, o belirlenen haftada bir hafta şiddetli fırtına ve sağanak yağış olacaktır, burada değişebilecek olan sizin bilinç düzeyiniz ve o bilinç düzeyine göre göstereceğiniz davranıştır. İster boğulursunuz, ister üşütüp ıslanıp zatürree olursunuz, ister zarar görmemek için can sıkıntısıyla evde oturursunuz, isterseniz bu seller gibi yağmuru bilgiyle ve azimle değerlendirip zengin olursunuz. Etki aynıdır, ama bilinç düzeyine göre verilen tepkilerin sonuçları bambaşkadır.

İnsan kendi programını değiştiremez, çünkü doğduğunuz anda artık maruz kalacağınız enerji akışları net olarak Yaradan tarafından belirlenmiştir; ancak kişi yapacağı olumlu ve gayretli çalışmalarla bilinç düzeyini yükseltip en zor enerji dalgalarından bile öğrenmiş, güçlenmiş ve daha gelişmiş olarak çıkabilir. Doğduğumuz ana sabit kader programımız kalıcıdır, örneğin nereli olduğumuz gibi. Bu biraz da şanstır. Örneğin, kutuplara yakın doğan kişi, yaşamı boyunca soğukla mücadele etmek zorunda kalacaktır. Akdeniz'de doğan biri ise genelde iyi iklim koşullarında yaşayacaktır. Ama her ikisi için de zamanla daha keyifli havalar veya daha zor iklim koşullarının olduğu dönemler olacaktır.

Yine aynı konuyu farklı bir biçimde anlatmaya çalışırsam, size tohum veya çekirdek örneğini verebilirim. Bir elma çekirdeğini düşünün. O çekirdekte elma ağacı olma potansiyeli mevcuttur. O elma ağacı cinsinin nesiller boyunca yaşadığı tecrübeler, o küçücük çekirdeğin içine kodlanmıştır. Elma çekirdeği tüm "olabilme" bilgisine sahiptir, ancak o çekirdeğin hangi düzeyde bir etkiye maruz kalacağı çok önemlidir. Örneğin hiç ekilmeyebilir ve sadece çekirdek olarak kalır veya yanlış mevsimde ekildiğinden fidanlaşamaz ya da donar veya kurur; veya doğru mevsimde ekilir ama yeterli su verilmediği veya yanlış toprağa ekildiği için güdük kalır; veya doğru zamanda doğru yerde ekilir, yeterli su verilir ama vitamin verilmediği, aşılanmadığı, böcek ilacı verilmediği için elma verir ama meyveleri çok lezzetli olmaz. Veya her türlü emek verilir, en doğru zamanlarda en doğru bakımı yapılır ve bize şahane elmalar verir. Yani aynı çekirdeğe farklı düzeyde yaklaşımlarla farklı sonuçlar elde edilebilir.

Aslında döllenmiş insan yumurtası da tıpkı bir elma çekirdeği gibidir. OLMA POTANSİYELİNİ bilinç düzeyini yükselterek çok daha verimli kullanabilir veya FARKINDA olmayarak kendini açamayabilir ve güdük kalarak evrimleşme fırsatını kaçırabilir. İleriki bölümlerde, üstbilinç düzeylerine geçiş mümkün mü, açıklamaya çalışacağım.

Yukarıdaki satırlarda anlatmaya çalıştığım, aslında insanın kendi kaderini yaratamayacağı, ama üstbilinç hallerine geçerse aynı kader programını çok daha iyi bir versiyonda kullanabileceğiydi. Kendimizi ruhsal açıdan evrimleştirmek için çaba göstermezsek, Yaradan bize sert enerji şoklamalarıyla operasyon yapar. Biz ise bu fırsatı bilgi eksikliğinden ve bilinç düzeyimizin düşüklüğünden dolayı anlamayız ve bu durumları şanssızlık, acı, kötü kader gibi tanımlamalarla değerlendiririz. Acı aslında nedir, üstbilinç hallerinde acı var mıdır, bu konuyu ileriki bölümlerde işleyeceğim.

Beynin ne kadarını kullanabiliyoruz?

Şu anki zaman diliminde, henüz insan değiliz, ama insan olma yolunda ilerlemeye çalışan prototipleriz. Artık çoğumuzun da bildiği gibi insanoğlu beyin kapasitesinin yaklaşık yüzde onunu kullanabiliyor. Oysa daha kullanılmayı bekleyen, atıl duran esas önemli bir yüzde var. Zamanla insan evrimleştikçe bu atıl duran yüzde doksanlık kapasiteyi de yavaş yavaş harekete geçirecek ve şu an imkânsız veya akıl almaz gibi görünen sadece beyin gücüyle pek çok boyuta geçiş, güçlü sezgiler, duyu organlarını kullanmadan başkalarıyla haberleşme, hastalanmama, uzun yaşam, diğer hayvan ve bitkilerle temas kurma, çok gelişmiş hafıza kapasitesi, az uykuyla dinlenme, algıların değişmesi gibi pek çok sıradışı olay insan için çok sıradanlaşacak.

Torunlarımızda henüz şu anki kapasitemizle idrak edemeyeceğimiz çeşitli mucizevi olaylar gerçekleşecek. İnsanoğlu beyin kapasitesinde her yüzde birlik artış sağladığında ortaya çıkacak güç sadece yüzde bir daha artmış bir güç olmayacaktır, çünkü burada daha farklı bir mekanizma söz konusudur; sadece yüzde bir artış bile tahmin edilemeyecek güç artışları ve değişimler sağlayacaktır. Tabii ki evrimleşmeyle beraber insanın fizyolojisi ve fiziki yapısı da oldukça değişecek ve daha az kıllı, daha gelişmiş ve daha yetenekli eller, daha gelişmiş iri bir beyin ve kafatası gibi çeşitli özellikler görülebilecektir. Şu an maalesef hiçbirimiz henüz insan değiliz, onun prototipleri, öncüleriyiz.

Gerçek insan, tüm kutsal kitaplarda dünyadaki tüm canlılardan hatta meleklerden ve cinlerden bile daha üstün kabul edilmiştir. Şu an bulunduğumuz düzey itibariyle kötülüklerde süper evrimleştiğimizi söyleyebilirim. Öldürmekte aslandan ve kaplandan, kinde yılandan ve akrepten, sinsilikte kurttan, birbirini emip sömürmekte sülükten ve yarasadan, kabalıkta ayıdan, tahribatta filden, nankörlükte kediden, korkunçlukta köpekbalığından, sevimsizlikte fareden, iticilikte böcekten çok daha ileride olduğumuzu söyleyebilirim. Ama maalesef sevimlilikte sincaptan ve yavru kediden, yardımseverlikte karıncalardan, çalışkanlıkta arılardan, şefkatte tüm anne hayvanlardan, asillikte yunus balığından, aşkta muhabbetkuşundan ve kumrudan, işbirliğinde kargalardan, sadakatte köpekten, doğaya saygıda tüm hayvanlardan çok ama çok gerideyiz. Beynimizi tam kapasiteyle kullanmaya başlayınca, ruhsal açıdan olumlu davranış kalıplarını oturtunca ve özünde tüm canlıların bir bütün olduğunu kavrayıp sadece egomuza yönelik yaşamayı bırakınca insan olacağız.

Her adımımız, her eylemimiz hatta düşüncelerimiz insana ve insani değerlere yakışacak şekilde olmalıdır. İnsan olarak bedenlenmemizin hakkını vermeliyiz. Yaşadığımız her an, her dakika sürekli performansımızın kaydedildiği bir sınavdayız. Hiçbir şey boşu boşuna olmuyor. Aslında kaybedecek bir dakikamız bile yok. Her anımızı en olumlu şekilde ve daha üstbilinç düzeyinde yaşayarak gerçek bir insana yakışır bir hale bürünmemiz en doğru seçim olur. İnsan olarak bedenlenme şansını bulduğumuzu ve bu fırsatı çok iyi değerlendirmemiz gerektiğini unutmayalım.

Acı nedir, gerçekte acı var mıdır?

Hepimiz sürekli yaşamda acıdan ve şanssızlıklardan yakınırız. Trafik kazaları, ameliyatlar, boşanmalar, aldatılmalar, para kayıpları, göçler, cinsel tacize uğrama, hırsızlığa maruz kalma, sevgisiz kalma, yetim olarak büyüme, terör kurbanı olma, sakat kalma, saldırıya uğrama, psikolojik baskı altında kalma, savaşlar ve benzeri gibi başa gelebilecek daha pek çok olumsuz durum yaşamda acı adını verdiğimiz duygu yoğunluğuna örnektir.

Aslında acı adını verdiğimiz durum, ruhsal açıdan tekâmül etmemiz için gerekli SERT ENERJİ ŞOKLAMALARINDAN başka bir şey değildir. Acılar veya benzeri olumsuz durumlar olmasa insanın üstbilinç hallerine geçmesi çoğu zaman imkânsızlaşırdı. Normalde çoğu insan mevcut durumunu korumak ister ve hiç kimse aldatılmak, hastalanmak, fakirleşmek, özürlü olmak, öksüz kalmak, zorunlu göç etmek, savaşmak, evladının ölmesi gibi durumlarla karşı karşıya kalmak istemez. Çünkü genelde iyi diye bildiğimiz tercihleri yapmak insanın en doğal seçimidir. Kimse daha kötü yaşamak istemez, herkes daha iyi olmak ister. Ama sadece iyi diye bildiğimiz olaylarla ruhsal açıdan evrimleşmemiz mümkün değildir. Eğer sadece iyi koşullar olsaydı Yaradan'a yakınlaşma ihtiyacımız çok daha az olurdu ve ölüm sonrasındaki boyutta bize gerekecek olumlu enerjileri toplayamazdık.

İlk üç bilinç düzeyinde acı adını verdiğimiz duygu daha üstbilinç düzeylerine geçtikçe olumsuz etkisini kaybeder ve beşinci ile altıncı bilinç düzeylerinden itibaren de acı, sadece olması gereken olaylar adını alır. Bilgi arttıkça acı azalır, çünkü üstbilinç hallerindeki kişi aslında olanların kendi hayrına, uzun vadede iyiliğine olduğunu bilir. Evrende her ama her şey bir denge içindedir. Sıcak-soğuk, dişi-erkek, gece-gündüz, iyi-kötü, kuzey-güney, yin-yang, siyah-beyaz gibi.

Yaptığımız en büyük hatalardan biri, bize acı çektirdiğini düşündüğümüz insanlara, olaylara, mekânlara karşı öfke, nefret ve hınç duymaktır. Aslında o kişi kader programımızda yazılı olan acı adını verdiğimiz deneyimin yaşanması için bize aracılık etmektedir. O olay ana kader yazılım programımızda yazılmıştır ve değişmez. Tıpkı önceki bölümlerde anlatmaya çalıştığım hava durumu gibidir. Eğer "X" kişi olmasa bir başka kişi bize aynı deneyimi yaşatacaktır. Aslında o kişi bilmeden ve bizim açımızdan kötü kişi olması pahasına acı diye adlandırdığımız olayın gerçekleşmesi için gerekli enerji akışını sağlayacaktır. Neyi öğrenmemiz ve deneyimlememiz gerekiyorsa o olaya yönelik aldatma, taciz, hırsızlık, yalan söyleme, dolandırma, psikolojik baskı gibi davranışlarda bulunacaktır. O kişi sadece bizim üstbilinç düzeylerine geçmemiz ve ruhsal açıdan evrimleşmemiz için gereken enerji akışlarını sağlar.

Aslında yaşamda en çok teşekkür borçlu olduklarımız, bize en çok acı çektiren kişilerdir, çünkü onlar sayesinde yoğun enerji akışı yakalarız. Nasıl ki önceki bölümlerde anlatmaya çalıştığım gibi aşırı yağışlı ve fırtınalı havada boğulabilirseniz aynı zamanda bu yoğun enerjileri kullanarak çok önemli sıçramaları da gerçekleştirebilirsiniz. Önemli olan, bu olayı neden yaşadığınızı kavramaya çalışmak, bir kişi veya mekâna takılı kalıp sürekli aynı şahsı suçlamamak ve bir an önce sakinleşmeye çalışıp NEYİ ÖĞRENMEMİZ GEREKTİĞİNİ bulmaktır.

Yüce Yaradan asla sadist değildir ve bize zevk olsun diye acı vermez. Yaşanılanlar ya uzun vadede daha kötüden korunmamız veya bazı blokajlarımızı açıp ruhsal açıdan yükselmemiz içindir. Tabii ki hepimiz insanız ve acı adını verdiğimiz sert enerji şoklamalarını ilk başta duygusal davranıp kaldırmakta zorlanabiliriz, ancak yaşamamız gereken ilk duygu yoğunluğunu yaşar yaşamaz bu olayı bize yaşatan kişiye takık kalmaktan vazgeçmeli ve olayın esas derinliğine inmeli ve bir an önce gerekli mesajı alıp o olayla ilgili deneyimi ve öğrenme sürecini tamamlamalıyız. Eğer takık kalırsak o zaman sistem bize biz öğrenene kadar benzer deneyimi tekrar tekrar yaşatır. Ne yazık ki pek çok kişi hep takık kalmakta ve "kocam beni anlamıyor, karım beni sömürüyor, patronum beni eziyor, kimse beni anlamıyor" gibi hep karşı tarafı suçlayan bir pozisyon almaktadır. Oysa olayın neden yaşandığı ve neyin, niçin öğrenilmesi gerektiği ve sert enerji akışının ilerde nasıl en verimli şekilde kullanılabileceği çok daha önemlidir.

Aslında şöyle bir düşünün; bir insan var ki doğuştan itibaren zengin, yakışıklı, herkes tarafından seviliyor, sağlıklı, istediği tahsili ve kariyeri yapmış, âşık olup istediği kişiyle evlenmiş, anne babası hayatta, kısır değil çocukları var, hiç kaza geçirmemiş, hiç düşmanı yok, herkes onu seviyor, hayatı hep olumluluklarla dolu; böyle bir kader programı şans gibi görülse de aslında ölüm sonrası için büyük bir şanssızlık da olabilir. Eğer bu kişi bilinç düzeyi olarak kendini çok geliştirmişse yaşamındaki bu güzelliklerin Yaradan'ın bir lütfu olduğunu bilir, bunun için sürekli bir teşekkür halindedir ve kendisine bağışlanan olumlulukları doğru kullanır, hatta bunların bir kısmını bu şekilde bir lütfa uğrayamamış kişilerle ve toplumla paylaşır. Öyle yaparsa ne âlâ, yoksa kendisine bu kadar iyi malzeme verilmesine rağmen ruhsal açıdan sınıfta kalabilir. Hatta yaşamına çok şans ve artı değer bağışlanan kişilerin sınavı daha büyüktür, onlara sınavda uygulanan katsayı daha yüksektir.

Hiçbirimiz ama hiçbirimiz tesadüfen bu zaman diliminde ve bu gezegende yaratılmadık. Burada ve şimdi var olduğumuz için aslında çok şanslıyız. Bu yaşamda neyin şans, neyin şanssızlık veya acı olduğunu, ileride uzun vadede neyin bizim için daha pozitif olduğunu tam anlamıyla bilemeyiz. Aslında acı dediğimiz olaylar bizi evrimleştirecek, ruhsal sıçrama yaşatabilecek ve daha üstbilinç düzeylerine geçmemizi sağlayabilecek enerji şoklamaları olabilir. İlk üç bilinç düzeyinde acı varken daha üstbilinç düzeylerine geçtikçe acı hissi azalıp yerini olması gereken olaylar ve yaşanması gereken dersler alır. Bilgi düzeyinizi artırdıkça ve olaylar ile kişilere takılı kalmadıkça, üstbilinç hallerine geçmeyi başardıkça bu acı adı verilen sert enerji dalgalarını daha iyi kullanabilecek, hatta bu durumdan daha da evrimleşmiş ve kârlı çıkmayı öğreneceksiniz. Yoksa takık kalır ve kişileri, olayları, mekânları suçlamaya devam ederseniz bu zengin deneyimleri ve ruhsal açıdan sıçrama şansını kaybeder, deneyim tekrarları arasında gücünüzü gittikçe tüketir ve uyuşturucu ilaçlardan medet umar duruma gelirsiniz. O ilaçlar da sizi kökten iyileştiremeyebilir. Gereken cevapları siz bulamazsanız, gereken yorumları siz çıkaramazsanız zavallı uyuşturucular veya kimyasal ilaçlar nereye kadar sizi götürebilir? Onlar nereye kadar size doğal ve gerçek bir mutluluk sağlayabilir?

Şimdi geriye doğru yaslanın ve dürüstçe düşünün; yaşamınızdaki mutsuzluklar ve çektiğiniz acılar konusunda hep başkaları mı suçlu? Bu olaylarda en azından bazılarında sizin hiç mi katkınız yok? Yaradan sadist mi ki hep sizin acı çekmenizi istiyor veya hep size mi takmış? Özünde SEVGİ'nin yer aldığı bir sistem sonuçta bizim iyiliğimizi ister, aksi mümkün değildir. Bu nedenle, yaşamınızda olup biten her şey aslında sizin iyiliğiniz içindir veya sizin için bir sınavdır, unutmayın.

Astroloji / yıldızname kader programımızla ilgili ipucu verebilir mi?

Aslında öncelikle şu gerçeği belirtmek gerekir ki geleceği bilme yetkisi ve tasarrufu sadece ve sadece Yaradan'a özeldir. Ancak onun izniyle ve izin verdiği kadarıyla ve kendimizi daha iyi geliştirmek ve topluma daha yararlı olmak amacıyla bazı durumlarda bu bilgilere başvurabiliriz. Başka amaçlarla örneğin başkasının iş durumunu öğrenmek, o kişinin aşk yaşamına karışmak, başka bir kişinin geleceğiyle ilgili bilgi almaya çalışmak yanlıştır. Hele bir kişinin İZNİ ve HABERİ OLMADAN o kişinin kader yazılım programına girmeye çalışmak (bir astrolog veya medyum, hoca, papaz, mistik güçler vs) son derece yanlıştır ve vebali çok büyüktür.

Herkes bu boyuttaki yaşamına kendi ruhsal tekâmül programı için en uygun yazılım programıyla gönderilmiştir ve bu programda hata yoktur. Herkes öncelikle kendi evrim programından sorumludur. Kendi gelişimini tamamlamamış ve sorunlar içinde yüzen birinin başkalarını kurtarmaya çalışması komik ve gereksizdir. Sizden ricam, karşınızdaki tarafından istenmedikçe, kimsenin haberi olmadan, iyilik amacıyla bile olsa astroloji ve yıldızname baktırmayınız. Kendiniz içinse bu okült bilgiler kendinizi daha iyi tanımanıza oldukça yardımcı olur.

Astroloji, gazetelerde okuduğunuz fal köşelerinden çok daha farklı ve derin bir bilgidir. Çoğu kimse, astrolojinin derinliklerini bilmediğinden önemini de fark edememiştir. Aslında yıldızname veya astrolojinin kendi içinde bir mantığı vardır ve birçok açıdan aslında derin matematik bilgisi de gerektirir, ama sadece matematik bilgisiyle anlaşılamayacak kadar da ayrı bir ilimdir. Astrolojide doğduğumuz anda gökyüzünde bulunan ışık elemanlarının (Güneş ve Ay), gezegenlerin (Merkür, Venüs, Mars, Jüpiter, Satürn, Uranüs, Neptün, Pluto) ve özel etkileri olduğu kabul edilen Kuzey ve Güney Ay Düğümleri ile bazı özel noktaların (şans noktası gibi) konumlanma şekilleri, birbirleriyle yaptıkları açılar önemlidir. Ayrıca bu elemanların astrolojik doğum haritasına göre evlere dağılımları ve birbirleriyle yaptıkları açılar da çok önemlidir. Üç olay kader akışımızda ipucu verme açısından öneme sahiptir.

- Doğum sırasında gökyüzü elemanlarının aldığı konumlanma (doğum astrolojik haritası).
- Anne babanın genetik yapısı.
- Üzerinde doğulan ve yaşanılacak toprak.

Bu üç faktör de nasıl bir evrim programı yaşayabileceğimizle ilgili ipuçları verir. Sadece doğduğumuz andaki astrolojik haritamız tek başına yeterli ipucu vermeyebilir. Çünkü hangi topraklar üzerinde yaşanılacağı da bu potansiyel enerjilerin açılımını fazlasıyla etkiler. Aynı anda ve yaklaşık koordinatlarda doğsalar bile bir Kenyalı ile bir İsviçreli'nin haritaları aynı verimlilikte çalışmayabilir. Aynı ülkede aynı zamanda doğsalar bile örneğin İsviçre'de bir hastanede aynı anda doğan İsviçreli bir bebek ile Kenyalı bir bebeğin astrolojik haritaları farklı genetik hafıza arşiv bilgisi ve buna bağlı etkiler nedeniyle aynı performansta çalışmayabilir.

İyi bir astrolojik danışmanlık bize kader yazılım programımızı tam vermese de yaklaşık olarak nasıl bir formatta üretildiğimize, ruhsal evrim yolunda ne tarz enerji akışlarına ve daha çok hangi konularda deneyimlere maruz kalacağımıza, ne yönlerde rahat ne yönlerde daha öğrenmeye yönelik deneyimler ve dersler yaşayacağımıza dair ipuçları verebilir. Doğum potansiyelimiz değişmese bile zamanla transit hareket eden gezegenlerin etkisiyle doğum haritamızda uyuyan ve zamanı geldiğinde aktive edilecek devreler de uyanışa geçer ve bize ne yaşamamız gerekiyorsa ona yönelik deneyimleri ve dersleri başlatır.

O OLMA POTANSİYELİ orada doğru zaman geldiğinde aktive olmayı bekler bir şekilde âdeta uyumaktadır. Zamanı gelince tetiğe basılır ve birdenbire yaşanması gereken deneyim için olması gereken mekanizma harekete geçer. Örneğin başka şehre göç etmek, boşanmak, iş kurmak, evlenmek, çocuk sahibi olmak, zayıflamaya karar vermek, daha çok para kazanmak için çalışmak, kendini dine vermek, çılgınca ve deli gibi özgürce yaşamak, aşırı sekse düşmek, tamamen istirahata çekilmek, birisini öldürmeyi düşünmek gibi. O dönem o kişi nasıl bir deneyim yaşaması gerekiyorsa o senaryonun icra olması için gerekli düşünceler beyinde peydah olmaya başlar. O düşünceler beyne nasıl ve neden düşer? Neden kişi maaşlı bir işteyken birdenbire kendi işini kurmak ister? Neden bir kişi on yıl süren bir evlilikten sonra birdenbire boşanma isteği duyar veya başka bir şehre göç etme isteği gelir? Neden kendinden daha büyük kadınla evlenir veya sonra tersine kendinden çok küçük kızlarla eğlenmek ister? Bu düşünceler nereden gelmektedir?

Aslında burada makrokozmos-mikrokozmos ilişkisi söz konusudur. Evrende öylesine mükemmel bir sistem kurulmuştur ki her şey bizim tam olarak kavrayamayacağımız bir uyum ve mükemmellikte, olması gerektiği şekilde, gereken zamanda zaten olmaktadır. Evrende kesinlikle tesadüf yoktur. Her şey planlı ve programlı bir şekilde ilerlemektedir. Beynimize, uyuyan devreleri açmak ve zamanı gelen deneyimleri yaşamamız için gerekli olan olaylar silsilesini başlatacak, düğmeye basacak tetikleyici düşünceler kozmik sistem tarafından iletilir. Bu düşünceler beyine düşünce, ilgili sistem aktive olmaya başlar ve biz de ilgili davranışlara geçerek bu düşünceyi materyalize ederiz, yani görünür, belirgin hale getiririz veya bilinç düzeyimize göre bu enerjiyi farklı bir şekilde kullanırız. Örneğin, bir kişiyi öldürme düşüncesi gelebilir. Bu esnada ani öfkeye kapılıp birini öldürüp katil olabiliriz veya gelen bu sert enerji dalgasının aslında bir sınav olduğunu idrak eder, en verimli ve pozitif şekilde davranmaya çalışıp bu sınavda iyi bir puan almaya çalışırız. İşte astroloji bize yaşamımızın hangi dönemlerinde ne tarz deneyimlerin ne kadar süreyle ağırlık kazanabileceğini göstermesi açısından değerli bir bilgidir.

Ama şu gerçeği tekrar hatırlatmak isterim ki, geleceği bilme ve oluşturma yetisi ve yetkisi sadece ve sadece Yaradan'a mahsustur. Bu nedenle falcılar, büyücüler, cinci hocalar, medyumlar, tarot uzmanları, astrologlar ve benzeri kişiler ancak Yaradan izin verirse belki geleceğe yönelik bazı ipuçlarını bazen gösterebilirler. Ancak çevremdeki pek çok kişiden gözlemlediğim kadarıyla bu tür konulara fazlasıyla kapılan, zamanının önemli bir bölümünü hep bu tür faaliyetlere ayıran kişilerin sonu pek hayırlı olmuyor. Ne var ki bu tür tahmin yapan kişiler belki daha da zengin oluyor. Emek vermeden geleceğe yönelik aşk ve zenginlik hayalleri kurmak yerine en doğrusu çalışarak, olumlu davranışlar yaparak gerisini kozmik zekâya bırakmaktır.

Ülkemizde maalesef son yıllarda kişilerin gelecekten haber alma hevesini sömürerek ticaret yapan pek çok kişi türemiştir; bu tür kişilere karşı çok uyanık olun ve para kaptırmamaya dikkat edin. Genellikle bu tür gaipten haber alma ticaretine karşı olmama rağmen bazı özel durumlarda evrim yolunda yanlış yapmamak veya daha iyi bir performans gösterip daha doğru bir karar verme şansını kullanmak için bazen doğru kişilere ve yöntemlere başvurulabilir. Burada niyet çok önemlidir. Ayrıca bu tür bilgisine başvuracağınız kişilerin bizzat kendi enerjisinin de çok düzgün olmasına dikkat edin. Zaten kendine hayrı olmayan bir kişinin size ne yararı olabilir ki?

Bir diğer önemli konu da sizinle bu kişi arasındaki madde yani para alışverişidir. Eğer herhangi bir medyum, tarotçu, astrolog, cinci hoca, falcı vs benzeri kişi sizden basit miktarlar dışında yüklü paralar istiyorsa derhal ondan uzaklaşın, sakın paranızı kaptırmayın. Bu tür kişilerin bazıları önce başınıza bir bela veya sıkıntı geleceğini söylerler, sonrasında ise bu belayı, sıkıntıyı bertaraf etmek için sizden yüklü miktarlarda para isterler. Derhal o kişiden uzaklaşın ve bu tür sahte kişilere kanmayın. Çünkü işin içine giren para, o kişinin ruhsal olumlu enerjisini bozarak kirletir. Tabii ki burada az miktarlardaki, emek karşılığı danışma bedeli gibi minik ücretleri kastetmiyorum, çünkü o kişi size bir emek vermiştir, belki zaman ayırmıştır.

Çok ender durumlarda gerçekten de Yaradan bazı kişilere gerektiği zaman başvuranlara yardımcı olması amacıyla bazı bilgileri bildirmelerine izin verir. Ancak bu kişiler azınlıktadır ve büyük miktar paralarla asla işleri olmaz, onlar gerçekten de Yaradan'ın bir lütfuna mazhar olduklarının bilincindedirler ve asla küçük bir TANRI rolüne soyunmazlar. Bu ne demek ileriki bölümde detaylı olarak açmaya çalışacağım. Zaten Yüce Yaradan bu tarz her şeyi bildireceğini iddia eden para tuzakçılarının hiçbirine iyi bir gelecek bağışlamaz. Ben, enerjilerle çok oynayan kişilerin geleceğinin çok ağır derslerle dolu olduğunu bizzat gördüm.

İnsan gerçekten de bazı çok önemli aşamalarda karar vermekte çok zorlanabilir. Doğru kişiyle mi evleniyor? Doğru ortakla mı çalışacak? Şehir değiştirmek için yanlış bir zaman mı? Risk alıp özel iş kurması o an için doğru mu? Gerçekten çok özel durumlarda, çok özel dönemeçlerde doğanın akan enerjileriyle uyumlu doğru seçeneği bulamadığınız endişesini taşıyorsanız ne yapmalısınız?

Önce o gün sakinleşin, içe dönün ve iç sesinizle temas kurmaya çalışın (bu derinleşmenin nasıl olacağını ileriki bölümlerde açıklayacağım) önce iç sesinize güvenin, bakalım size ne diyor?

Yaradan size sürekli mesajlar (e-mailler) ve işaretler gönderiyor, ama acaba siz bunları fark edebiliyor musunuz? Önemli aşamalardan ve yaşamımızdaki önemli karar arifelerinde doğa yoluyla veya yaşamımızdaki bazı olaylar yoluyla bize aslında sürekli mesajlar gelir. Siz evrensel bilgiye kalbinizle kapalıysanız o mesajları göremezsiniz veya önemsemezsiniz. Bazen bir seyahatin olamaması, bir yakının ani hastalığı, uçağın ya da otobüsün kaçırılması, uzun süredir görülmedik bir dostun bize söylediği anlamlı bir söz, bir hastalık, birisinin ani ölümü, bir trafik kazası, piyangodan para çıkması, doğal afetler, yeni taşınan bir komşu vb gibi daha pek çok örnek bize aslında bir işaret olabilir.

Sadece önemli dönemeçler ve kararlar arifesinde bu tür işaretleri âdeta evrenin size yolladığı mesajları iyi okumaya çalışın; eğer yaşamınızı her zaman bu tür işaretlerle yönlendirmeye çalışırsanız dikkat o zaman da paranoyak veya obsesif eğilimler başlayabilir. Sadece yaşamınızdaki önemli dönemeçler arifesinde bu hassaslaşma ve derinleşme özelliklerinizi kullanın, onun dışında bırakın yaşamınız kendi doğallığında aksın.

Uyanıkken yeterince içinize dönemiyorsanız veya derinleşemiyorsanız o zaman bilinç değiştirin ve uyku bilincine geçip sonrasında rüya bilinciyle mesaj almaya çalışın, çünkü bazı kişiler üçüncü bilinç hali olan uyanıklık bilincinde çok rasyoneldirler ve spiritüel bilgilere inanmazlar veya sıcak bakmazlar. Aslında bu kişiler uyku bilincinde ve rüya bilincinde çok başarılı temaslar kurarlar, üçüncü bilinç halinde ise daha çok rasyonel ve görünür deneyimler yaşama ihtiyacı içindedirler. Siz de üçüncü bilinç hali olan uyanıklık bilincinde spiritüel bilgilere inanmayan veya soğuk bakan biriyseniz, o zaman mesaj almak için beyninizin ve fizyolojinizin farklı çalıştığı ikinci ve üçüncü bilinç hallerini kullanın. Ama öncesinde kendinizi hazırlamalısınız. Ancak siz dördüncü ve beşinci bilinç düzeylerine ulaşmış birisiyseniz zaten evrensel enerjilerin nereye doğru aktığını biliyorsunuz, hissediyorsunuz demektir ki bu da burada şimdi anlatacağım tekniklere hiç ihtiyacınız olmadığı anlamına gelir.

Bu tür mesaj almak ve zaman içersinde ileri doğru kayarak akan enerjilerle ilgili ipucu almak için üçüncü bilinç düzeyi olan uyanıklık bilinci uygun değildir, çünkü bu düzeyde fizyoloji farklıdır ve içinde bulunduğumuz ana ve zamana yönelik deneyimler yaşamak için tasarlanmıştır. Oysa ikinci bilinç hali olan rüya bilinci veya beşinci bilinç düzeyi olan kozmik bilinç hali gibi durumlarda fizyoloji daha farklı çalışır ve sinir sistemi zaten var olan ama üçüncü bilinç düzeyinde aktif olmayan bazı yeteneklerini kullanarak zaman içinde kayarak bazı ipuçları ve işaretler alabilir.

Gerçekten de ihtiyacınız olan bazı durumlarda kullanabileceğiniz çok çeşitli yöntemler olmakla beraber ben burada size iki basit yöntem önereceğim. Bu çalışmaları yapmadan önce bazı hazırlıklar yapacaksınız ve mutlaka gece saatlerini kullanacaksınız, çünkü gündüz güneşin de etkisiyle kozmik yayınlar daha zor alınır, gece ise daha az rasyonel oluruz, duygularımız daha yoğunlaşır ve dünyanın çevresindeki koruyucu tabakanın geçirgenliği artar ve daha rahat mesaj alabiliriz. Bu nedenle şimdi okuyacağınız bölümü gecenin ilerleyen saatlerinde uygulamanızı öneririm.

1. Yöntem: Gece erken saatte fazla ağır olmayan hafif bir yemek yiyin. Tercihan vejetaryen olursa daha iyidir. Sonrasında ılık bir duş alın ve sevdiğiniz hafif doğal bir koku sürünün, evin en sevdiğiniz sakin yerine geçin ve sessiz kalarak yavaş yavaş ama derin derin nefes alıp verin. İyice gevşediğinizi hissettikten sonra dikkatinizi tamamen sorunuza verin ve evrenden hakkınızdaki en doğru seçeneği hissetmeniz için size yardım etmesini isteyin. Gece size rüya yoluyla veya kuvvetli hisler yoluyla doğru mesajın gelmesini arzuladığınızı belirtin ve rahatlatıcı bir bitki çayı için yatın. Cevabı bilmeniz gerekiyorsa ve gerçekten çok saf ve içten dilediyseniz size cevap uykuda, rüyada veya uyanıkken en kısa sürede gelecektir. Ama tekrar hatırlatırım ki üçüncü bilinç düzeyi olan uyanıklık bilincinde rasyonel yani çok daha maddi kanıtlara ihtiyaç duyan kişiler bu bilinç düzeyindeyken mesajları göremezler veya önemsemezler. Bu nedenle özellikle bu tür daha materyalist yapıları olan kişilerin daha altbilinç veya üstbilinç hallerine geçerek önemli sorularına cevap almalarını öneririm. Gelen mesaj direkt olmasa bile bazı sembollerle veya manalarla yüklenerek size doğru seçenekle ilgili ipucu verecektir.

2. Yöntem: Toplumumuzda eskilerin sık sık uyguladığı istihare de oldukça yardımcı bir yöntemdir. İstihare genellikle veya tercihan cuma gecesi (perşembeyi cumaya bağlayan gece) yapılır. Klasik şekliyle istihareye nasıl yatılır, çeşitli kaynaklardan okuyabilirsiniz.

Tabii ki, sizin belirli bir konuyla ilgili en doğru seçeneği bilmeniz gerekiyorsa o cevabın size gelmesine izin verilecektir, yoksa bir şekilde o rüya size unutturulur veya anlamlı bazı işaretleri göremez, atlarsınız.

Ayrıca evrenden geleceğe yönelik ipuçları alabileceğiniz bir diğer yöntemler grubu da kendinizin değil güvenilir ve üstbilinç düzeylerine geçebilen kişilerin kanallarını kullanarak, onlardan yardım alarak edinebileceğiniz ipuçlarıdır. Dördüncü ve beşinci bilinç düzeylerine geçebilen bazı üstün yetenekli kişiler zaman içinde kaymaları gerçekleştirebilir ve bazı ipuçları elde edebilirler. Örneğin, bazı araştırmalarda üstün yetenekli bazı kişilerin medyumatik yetenekleri olabildiği, telepatik bağlantı kurabildikleri veya zaman içinde enerjilerin nereye doğru kayabileceğini hissedebildikleri saptanmıştır. Hepimizin yaşamında bazı enteresan kişilerin geleceğe yönelik isabetli tahminleriyle ilgili hikâyeler vardır. Bu kişiler zaman zaman bazı teknikleri veya doğal yetilerini kullanarak sizin hafıza arşiv bilgisi kayıtlarınıza girebilirler ve sizin bazı sorularınıza cevap verebilirler. Ancak burada bazı riskler söz konusudur: Birincisi, bu kişi güvenilir olmayabilir ve kanalı kirli olabilir ve sizi de kirletebilir, hatta sizin kader yazılım programınıza virüs bulaştırabilir. İkincisi, o kişi aslında paranoyak veya şizofrenik eğilimler taşıyan bir psikiyatrik hastadır ve sizin aklınızı iyice karıştırabilir, söyledikleri sizde beklentiler oluşturduğundan farklı davranma ve seçme eğilimleri içine girebilirsiniz, böylece kader programınızı doğal akışında değil, bir başkasının etkilediği ve yönlendirdiği şekilde yaşarsınız.

Ayrıca tekrar ve tekrar hatırlatırım ki, gerçekten Yaradan'ın yolunda olan ve kendini insanlığın ve evrenin hayrına adayan birinde normal ve basit emek miktarı dışında asla fazla para ve madde talepleri olmaz, olamaz. Sizden çok para talep eden kişilere güvenmeyin ve onlardan uzak durun. Zaten bu tür spiritüel çalışmaları yanlış yöne çeken kişilerin kendilerine de hayrı olmamakta ve zamanla yanlış kullanılan gücün hesabını veremez duruma düştüklerinden, o güç Yaradan tarafından ellerinden alınmaktadır. Aslında gelecekten bu kadar ürkmek ve hep olumlu olayların olmasını istemek de çok gerçekçi değildir. Önceki bölümlerde de açıklamaya çalıştığım gibi yaşam tatlı yönlerinin yanı sıra öğretici yönleriyle de güzeldir. Esas bilgelik ve ustaca yaşama sanatı, hayatı, her iki yönünü de bilgece kabullenerek yaşamaktır. Bu arada olumsuz diye adlandırdığımız deneyimlerden de ilk acı şokunu atlattıktan sonra alacağımız dersi bir an önce çıkarmak ve geçmişe takılı değil geleceğe hazırlanarak yaşama devam etmektir.

Yine de önemli kararlar ve dönemeçler öncesi kendinizin ve Yaradan'ın onayıyla bir ipucu almakta ısrar ediyorsanız daha verimli bir yöntem de astrolojidir. Ancak tekrar hatırlatırım, astroloji çok derin bir bilgidir ve asla gazetelerdeki fal köşesi değildir. Astroloğunuzun mutlaka iyi bir eğitim almış ve kendini iyi yetiştirmiş birisi olmasına, aşırı maddi talepleri olmamasına dikkat edin. Gerekli zamanlarda iyi bir bilgisayar programı destekli bir astrolojik danışmanlık önemli konular arifesinde size bazı destek veriler sağlayarak daha verimli bir karar almanıza yardımcı olabilir. Gerçekten de iyi bir yıldızname veya astrolojik danışmanlık, yürümeyecek bir evliliğin, iş ortaklığının, yanlış bir yatırımın risklerini önceden belirtebilir. O olayla sizin aranızda veya iki kişi arasında enerji uyumunun iyi olup olmadığını bildirebilir. Eğer kaderinizde kötü bir olaydan korunmak varsa zaten gerekli uyarı size hisleriniz, mantığınız veya bazen de ruhsal yöntemler yardımıyla gelir ve korunursunuz. Aksi takdirde o olayı yaşamanız kesin ve değişmez olarak programlanmışsa o olayı veya deneyimi yaşarsınız.

Başkalarına her zaman yardım etmek, sürekli herkese iyi davranmak doğru mu?

Yapılan hatalardan biri de sık sık iyilik adına herkese sürekli yardım etmek ve iyi davranmaktır. Tabii ki burada çok hassas bir denge söz konusudur. Gerçekten özünde iyi olup insanlık ve diğer canlılar için genelde daha olumlu seçenekleri seçmek ve evrim yolunda iyi bir birey olmak gerekir. Ancak bazen haddimizi aşıp diğer kişilerin onayı ve bilgisi olmadan da başkaları adına karar verip bize göre iyi olduğunu düşündüğümüz davranış veya eylemlerde bulunuruz. Pek çok dostumun veya tanıdığımın bir başkasının iyiliği için hocalara gidip muskalar yaptırdığını biliyorum. Veya bazı kişilere iyilikleri için okunmuş su içirdiklerini, reiki yaptırdıklarını veya yaptıklarını, çeşitli enerji teknikleri uygulattıkları, papaz büyüsü yaptırdıklarını, Kabala tekniklerine yönelik mistik çalışmalar yaptırdıklarını, kilisede mum yaktıklarını, ebced hesabına yönelik kâğıtlar yaptırdıklarını hatta vo-odu büyüsü bile yapıldığını biliyorum. Yapılan her ne olursa olsun sonuçta bir kişinin haberi olmadan onun iyiliği için düşünseniz bile asla bir çalışma yaptırmayınız veya yapmayınız.

Bizlerin aklı tam ermez, bize göre iyi olduğunu düşündüğümüz bir şey aslında o kişinin evrimi için uzun vadede iyi olmayabilir veya tersine bir kişi için kötü olduğunu düşündüğümüz bir olay aslında uzun vadede o kişi için çok hayırlı ve iyi olabilir. Üstbilinç hallerine geçmek için bazen, önceden de belirttiğim gibi acı adını verdiğimiz sert enerji şoklamaları gerekebilir. Bu sert deneyimler o kişide bir sıçrama oluşturacak dürtüleri gerçekleştirebilir. O kişinin Yaradan'a daha yaklaşmasına yardımcı olabilir. Bazen bir kızın bizim aşkımıza cevap vermemesi bize çok acı gelebilir, ama belki de olmaması daha hayırlıdır; belki de onunla evliliğimizden sakat bir bebek doğacak ve çok mutsuzluk olacak veya katil bir çocuk doğacak ve ülkeye en kötü terör belasını yaşatacak; veya belki de o çektiğimiz aşk acılarıyla olgunlaşacak ve daha sonra çok daha mutlu olacağımız bir birlikteliğe geçeceğiz ve bu sonraki ilişkiden hayırlı çocuklar dünyaya gelecek, hatta belki topluma çok yararlı birçok işi gerçekleştirecek bir çocuk dünyaya gelecek. Kim bilebilir?

Bazen sınavda çocuğumuz kazanamayacak diye panikleriz ve onun başarılı olması için akla hayale gelmeyecek yöntemler uygularız. Deli gibi ders çalıştırıp onu yarış atı gibi koşturmak yetmez bir de okunmuş pirinçler, falanca hocadan dualar, muskalar, kilisede mum yakmaya kadar bir hırsla o çocuğun kolej sınavına veya ÖSS sınavına yüklenip dururuz. Kazanamadı mı da hayal kırıklığı alır başını gider. Peki, yaptığımız şeylerin çocuğumuz için iyi olacağını nereden biliyoruz ki? Belki o sene kazanmaması daha iyi veya istediğimiz bölümü değil de başka bir bölümü kazanması daha hayırlıdır; belki de o bölümde delikanlı anarşist olacak veya o meslek beş sene sonra alelade olacak.

Hiçbir zaman bir kişi için o izin vermedikçe size göre iyilik olan bir şekilde etki yaratacak bir enerji transferi yapmayın. Tekrar vurguluyorum: Size göre iyi veya kötü olan bir şey aslında o kişi için tersi olabilir. Hatta yapılan yanlışlardan biri de zorla bir kişiye iyilik yapmak, para yardımında bulunmak, eşya vermek, belirli bir olayın olması için iyi niyetle büyü vs gibi çalışmalarda bulunmak, torpil için aşırı uğraş vermek, hak etmediği kadar karşılıksız sürekli verici olmak gibi durumlardır. O zaman o kişinin yaşaması gereken DENEYİMİ bozarsınız ve belki de bilmeden ÖĞRENMESİNİ ve TEKÂMÜL ETMESİNİ engellemiş veya geciktirmiş olursunuz. Belki de o kişinin o erkekle ya da o kadınla evlenmemesi daha iyi, belki de o kişinin o fakülteyi, okulu kazanamaması daha hayırlı, belki de ticarette daha başarılı olacak. Belki de göç etmese o şehirde çok olumsuzluklar yaşayacak gibi çeşitli örnekler verebiliriz. Bazen birine hak etmediği şekilde sürekli aşırı iyi davranarak o kişinin deneyimini bozmuş, dibe vurmasını ve tekâmül etmesini engellemiş olabilirsiniz. Hele o kişinin haberi ve izni olmadan yapılan geleceğini etkileyecek enerji çalışmaları niyet iyi olsa bile pek çok sakınca doğurabilir. Sürekli kendisinin çok iyi olup herkese aşırı iyilikler yaparak onları hep kendisine göre doğru yöne yönlendirmeye çalışan kişilerin bazılarına öğüdüm şu: "Sen Tanrı mısın ki Tanrı rolüne soyunuyorsun? O kişi için uzun vadede ve kendi yazılım programı için neyin daha doğru olduğunu sen nasıl bilebilirsin? Eğer o kişi senden yardım istiyorsa o zaman seninle arasında bir kader bağı vardır ve o zaman doğru diye bilinen bir yöntemle manevi veya maddi şekilde yardım edebilirsin. O kişinin yardım edilmesi için izni ve bilgisi varsa onun kader yazılım programına giriş iznin var demektir. Aksi aynen başka birisinin özel bilgisayar kayıtlarına ruhsatsız veya kaçak olarak girmek gibidir."

Asla ve asla küçük tanrıcıklar olmaya çalışmayın. Kendi doğrularınıza göre kendinizce tanrısallığa soyunup insanların kader programlarını ve deneyimlerini etkilemeye çalışmayın, çünkü manevi açıdan bu tarz davranışların vebali çok büyük olabilir. Hele bir kişinin izni olmadan kötü amaçlı maddi veya manevi çalışmaların vebalinin ise ne kadar büyük olduğundan ve yapana ne gibi sorumluluklar yüklediğinden burada bahsetmek bile gereksiz. Hiçbirimiz Tanrı'nın yerine geçmeye çalışmayalım ve bırakalım herkes kendi evrim programını uygun görüldüğü üzere doğal haliyle yaşasın ve öğrensin.

Tabii ki burada toplumu olumlu etkileyecek, insanlığa yararlı davranışlarda bulunmayı ayrı bir yere koyuyorum, çünkü iki davranış türü arasında ciddi bir fark var. Hatta daha da ilerisi, biri için herhangi bir dua ederken bile onun için ve evren için hayırlısını dilemek gerekir. İlla da "O okula girsin, şu erkekle evlensin, Amerika'ya okumaya gitsin, mutlaka mimarlık okusun" gibi kesin yönlendirici dualar, temenniler, dilekler yerine, "Hakkında uzun vadede iyi olacaksa, hakkında hayırlıysa dileği gerçekleşsin" diye olumlu enerji göndermek daha doğrudur. Zaten Yaradan bazı deneyimlerin yaşanmasına kesin olarak karar verdiyse sonuç pek de değişmez; yaşanacak olan yaşanır, öğrenilecek olan öğrenilir, alınacak dersler alınır.

Bu bölümde sonuç olarak söyleyeceğim, bir kişi için neyin iyi neyin kötü olduğunun her zaman tarafımızdan bilinemeyebileceği ve kendimizi küçük tanrılar yerine koyup herkesin kader programına, o kişilerin bilgisi ve onayı dışında müdahale etmeye çalışmamızın ciddi bir yanlış olduğudur.

Üstbilinç hallerine geçmek mümkün müdür?

Aslında her insanda, hepimizde yedi bilinç halini deneyimleme potansiyeli mevcuttur. Ancak şu an henüz üstün bir varlık olarak yaratılmış insanlar değiliz. Onun prototipleri yani öncüleriyiz. Dünya gezegenindeki en üstün canlı türü olarak yaratılan insan çok güçlü özelliklere sahiptir. Bu çok yüksek OLMA potansiyeli hepimizin içinde uyuyan bir halde durur. Zamanla doğru bir şekilde evrimleştikçe bu olma potansiyelindeki pek çok devre aktive olmaya başlayacak ve öncesine göre veya şu ana göre imkânsız olarak adlandırdığımız pek çok olayı torunlarımız gerçekleştirebilecek. Çoğu insanoğlu yedi bilinç halinin ilk üçünü (uyku, rüya, uyanıklık) deneyimleyebilecek şekilde doğar, çoğumuzda ise diğer bilinç düzeylerinin devreleri inaktif bir şekilde uyuyarak beklemektedir.

İnsan olmaya yaklaşabilmek için bazı aşamalardan geçmek, üstbilinç hallerine girebilmek ve bazı sınavları verebilmek gerekir. Yaradan tarafından görevli kılınan bazı kişiler ise ya doğuştan ya da yaşamındaki bazı özel enerji şoklamalarıyla kullanılmayan devrelerinde ve yeteneklerinde açılım yaşarlar. Bu özel görevli kişileri bir yana bırakırsak bizim için üstbilinç düzeylerine geçmek mümkün mü? Cevap, eğer isterseniz EVET.

Tabii ki bu açılımın gerçekleşmesi için öncelikle sizin bu yükselmeyi istemeniz gerekir. Her bilinç halinin ayrı bir fizyolojik karşılığı olduğuna göre ruhsal gelişim için sadece ruhumuz değil aynı zamanda bedenimiz de çok önemlidir ve bedeni de hazırlamak gerekir. Bazı kişiler sadece bedenlerini düşünerek sağlıklı yaşama önem verirler, bazı kişiler de sadece ruhsal konulara yoğunlaşırlar ve bedenlerini ihmal ederler. Her ikisi de eksiktir. Eğer ruhsal olma potansiyelinizi iyi bir performansta kullanmak istiyorsanız hem bedensel hem de ruhsal açıdan kendinize yoğunlaşmalısınız.

1. Kural: İsteyin...

Gerçekten ve kalpten-içten Yaradan'a daha yakın olmayı, ruhsal potansiyelinizi daha verimli kullanabilmeyi ve insan olmaya daha yaklaşmayı İSTEYİN. Bir işe başlarken en önemli konu, başlangıç enerjisi istemektir. Ama gerçekten saf, derin ve içten, kalpten bir isteme. Bu âdeta enter tuşuna basmaya eşdeğerdir. Aslında kimsenin Yaradan'la arasında bir aracıya ihtiyacı yoktur. Siz, sizi Yaradan'dan direkt olarak isteme hakkına sahipsiniz. Kimse kendi niyetini ve dileğini kendisi kadar iyi anlatamaz, kendisi kadar derin hissedemez.

2. Kural: Bedeni temiz tutun, hazırlayın...

Ruh ve beden evrimlerine bu boyutta daima beraber devam eder. Ruhun bu boyuttaki deneyimlerini yaşayabilmesi için ona hizmet edecek bir beden tasarlanmış ve ruha eşlik etmesi için verilmiştir. Ruh bedene göre, özü enerjik bir yapı olduğu için çok daha akışkandır ve hızlı evrimleşmeler, sıçramalar yaşayabilir. Beden ise çok daha katı formatta olup akışkanlığı çok daha düşüktür ve kozmik hareket yeteneği ruha göre çok daha azdır.

Bazı kişiler ruhsal açıdan çok yoğun bir yaşantıyı seçip bedenlerini ihmal ederler. Sürekli kendini namaza, meditasyona, reikiye veya benzer ruhsal çalışmalara verip bedenini ihmal eden çok kişi biliyorum. Zamanla sigara, alkol, aşırı kilo, hareketsizlik gibi pek çok hatalı durum bedeni ağrılarla doldurur, kirletir ve bedenin manevra yeteneğini azaltır. Yaş ilerledikçe ruh daha bilgeleşmek ve üstbilinç hallerine geçmek ister; işte gençken bedeninin kıymetini bilmeyen ve kendisine iyi bakmamış kişilerde ruh özel deneyimler ve yükselmeler yaşamak istese bile beden hastalıkları ve sorunlarıyla buna izin vermez, ruhu aşağıya çeker. Bu nedenle yaşamınızın ilerleyen yıllarında sağlıklı ve daha az sorunlu bir bedene ihtiyacınız olacağını düşünün ve bugünden itibaren kendinize daha iyi bakın.

Bedene daha iyi bakmanın, sağlıklı kilo vermenin yollarını, beden tipine göre beslenmenin püf noktalarını, doğal şifa kaynaklarını daha önce yayımlanan üç kitabımda detaylı olarak anlattım. Detaylı bilgi isteyenler bu kitaplara başvurabilirler. Ancak burada bedenin ruhsal gelişime ayak uydurması için yararlı olacak bazı genel önerilerden söz edeceğim.

Beden toksinlerden ve artık maddelerden arındığı ölçüde ruhun akışkanlık artışına eşlik edebilir. Unutmayalım, bu beden hepimize emanet olarak verilen bir aracıdır. Aslında kullanım hakkı bize geçici bir süre için kiralanmıştır ve doğa için çok çok kısa bir süre sonra tekrar geri dönüşüme uğrayacaktır. Bizim uzun dediğimiz yaşam evren için inanılmaz kısadır, bu dünyadaki yaşamımız bir anlık göz kırpma süresinden bile milyonlarca kez daha kısadır. Bu bedene yaptığınız her aşırılık (cinsel sapkınlık, aşırı sigara, uyuşturucu alkol tüketimi, aşırı kilolar vb gibi) aslında kendimize karşı bir ihanet ve evrene yaptığımız bir saygısızlıktır.

Şimdi mükemmel bir şekilde işleyen, harika bir teknoloji ürünü olan bedenlerinizi hissetmeye çalışın. Ne kadar mükemmel bir sistem. Aynı anda kalp atıyor, bağırsaklar çalışıyor, nefes alıp veriyoruz, böbrekler idrar süzüyor, kan dolaşıyor, savunma hücreleri vücuttaki yabancı organizmalarla savaşıyor, meni üretiliyor veya hazır yumurta çatlamayı bekliyor ve bunun gibi milyonlarca faaliyet bedende süregeliyor. Peki, size verilen bu mükemmel emanete ne kadar saygılısınız? Bedenlendiğiniz için çok şanslısınız, lütfen bunun değerini bilin.

Bedeni ruhsal gelişime nasıl hazırlayabilirsiniz?

1. Mutlaka hafif, düzenli egzersiz yaparak bedenin kondisyonunu artırın. Çok hamlaşmış ve kondisyonunu kaybetmiş beden, her türlü değişiklikte stres yaşar ve uyum sorunu gösterir. Çok ağır egzersizler ise yine bedenin enerjisini çekebilir ve ayrı bir stres yaşatabilir.
2. Bedeni bir süre için ağır ve toksik maddelerden uzak tutun. Özellikle alkol, tütün ürünleri, uyuşturucular, zorunluluk dışındaki kimyasal ilaçlar, aşırı ağır beslenmeden kaçınmaya çalışın.

Şu gıdalar ruhsal çalışma yaparken azaltılmalı veya tercihan tümden kesilmelidir: kırmızı et, pul kırmızıbiber, soğan, sarmısak, mantar, yerfıstığı.
Şu gıdaları ise abartmadan artırılmalıdır: zeytinyağı, doğal zeytin, hurma, yeşil lifli yapraklı sebzeler, ceviz, soya fasulyesi, tam buğday ve türevleri, adaçayı, yeşil çay, melisa çayı, fesleğen, limon, zencefil.

Genelde bu dönem akşam çok geç ve ağır yemeyin, miktarlar hafifçe doyuracak kadar olsun; aşırı dolu mideyle akşam saatlerine girmeyin. Bol bol sıvı ve doğal bitki çayları için. Günde en az 2–3 litre kadar su tüketin. Bu çalışmalar sırasında aşırı tatlı ve şekerli gıda ihtiyacı çoğu kişide baş gösterecektir, beyaz şeker veya aşırı tatlı gıdalar yerine bol taze meyve, kuru meyve ve taze meyve suları tüketin.

Kendini aşırı toksik hisseden kişiler için detoks programları ve pançakarma arınma tedavileri oldukça yararlı olabilir. Kendinizi ruhsal ve zihinsel açıdan yorgun hissediyorsanız, sarı kantaron (St. John's wort) hapları, mutluluk hormonu dediğimiz serotonin kandaki düzeyini doğal yolla yükselterek bu dönemde kendinizi daha iyi hissetmenize yardımcı olabilir. Yine bu dönemde bedene yapılacak hafif susamyağı masajları kendinizi daha hissetmenizi sağlar. Yine bu dönemde mümkünse cinsel açıdan kısa bir süreliğine istirahata çekilmenizde yarar var. Ancak bedeninizin aşırı bir istek ve ihtiyaç duyduğu durumların abartmadan karşılığını verebilirsiniz. Burada önemli olan bedeni rahat ve sakin tutmak, fizyolojiyi dinlendirmek, bedeni toksinlerden ve stresten uzak tutmaya çalışmaktır. Bedeni dopingleyen ve tıbbi zorunluluk olmayan vitaminleri, doğal destekleri de bu dönemde kesin. Sadece özel bir karışım olan amrit kalaş (ölümsüzlük macunu) kullananlar devam edebilirler.

Eğer kendinizi toksik ve ağır hissediyorsanız ve özel arınma programlarına katılamıyorsanız, o zaman sadece birkaç gün sulu diyetle ve bol sıvıyla beslenerek âdeta bir oruç tutabilirsiniz. Veya Musevi, Hıristiyan, Budist, Müslüman oruç günlerine denk getirip bedeni bir süre oruçla temizleyip aynı zamanda ruhsal çalışmalara başlayabilirsiniz.

3. Kural: Ruhu temiz tutun, hazırlayın...

Nasıl ki bedeni aşırı alkol, sigara, uyuşturucu, kötü beslenme, aşırı kilolar, kötü gıdalar kirletiyorsa ruhu da yalan, hayvanlara eziyet, doğayı kirletme, kin, öfke, kötü hırs, hak yeme, aşırı ego, aşırı madde ve para düşkünlüğü, cinsel sapkınlıklar ve taşkınlıklar, aşırı kıskançlık, aşırı benmerkezcilik gibi durumlar kirletir. Kirlenmiş bir ruhsal yapıyı da taşıdığı olumsuzluklardan arındırmak gerekir. Arınan ruhun akışkanlığı inanılmaz derecede artar ve normal halde gerçekleştiremediği pek çok deneyimi başarıyla gerçekleştirebilir ve üstbilinç hallerine geçebilecek akışkanlığı elde eder.

Bu çalışmaları yapacağınız dönemde yukarıda saydığım olumsuzlukları azaltır ve tersine şimdi sayacağım olumlulukları yerine koyarsanız ruha yükselmesi için gerekli enerji sağlamasında yardımcı olursunuz. İşte bu dönemde daha çok yardımseverlik, yaşlılarla paylaşım, yetimleri sevindirmek, doğru konuşmak ve dürüst olmak, başkalarının da haklarını gözetmek, sevgi ve şefkat dolu olmak, sağlıklı cinsel yaşam, hayvan beslemek veya doyurmak, bitki yetiştirmek veya sulamak, doğaya açılmak ve onu hissederek-bütünleşerek seyretmek, yıldızları ışıksız yerlerde gözlemlemek ve uzun süre uzaya gökyüzüne bakmak, ağaç altında oturmak, albümümüzdeki eski fotoğraflara bakmak, bir fakirin evine ani bir ziyaret yapıp onun ihtiyaçlarını karşılamak, körler okuluna gidip onlara kitap okumak gibi olumlu faaliyetlerde bulunmak size iyi gelecektir.

4. Kural: Affedin...

Ruhumuzda ve sinir sistemimizde en çok yük oluşturan ağırlıklar geçmişte yaşadığımız kırgınlıklar ve uğradığımız haksızlıklardır. Bu olayların hafıza kaydı âdeta ciddi bir blokaj olarak sinir sistemimizde durur ve ciddi bir yük oluşturur. Hatta daha da ötesi ilerde oluşabilecek pek çok hastalığın temeline de katkıda bulunur. Hep yaşadıklarımızdan dolayı başkalarını suçlar veya kinleniriz. Oysa önceki bölümlerde de anlatmaya çalıştığım gibi aslında bu olaylar bizim kader yazılımımızda var olan ve evrimleşmemiz için gerekli olan deneyimlerle ilgilidir. Bizim o deneyimi yaşamamız önceden programlanmıştır. Öğrenmemiz gereken bir süreçtir bu. Bize o olayı Ayşe yaşatmasa Melis yaşatacaktı, o da olmasa belki Nermin veya Damla veya Buse veya Deniz veya Fatma veya Kadriye veya Suzan veya Gamze veya Sevim veya Güzin veya Günnur veya Ayten veya Berna veya Gönül veya Yeter veya İpek veya herhangi biri yaşatacaktı. Yorumda yapılacak en büyük hata, olayı KİŞİSEL olarak ele almaktır. Yani olayın neden o zamanda ve niçin yaşandığına yoğunlaşmak yerine, olayı kişiselleştirmek ve olayın az önce bahsettiğim derin kısmına yoğunlaşmak yerine o kişiye takılı kalarak öğrenme ve sıçrama yapabilme şansını kaçırmaktır.

Aslında yaşamda en fazla teşekkür borçlu olduğumuz kişiler, bize en ağır dersleri yaşatan ve en ağır sert deneyimleri yaşatanlardır. Onlar bizim için kötü olmak pahasına farkında olmadan negatif bir senaryonun icrası için aracılık ederler, o deneyimin yaşanması için gerekli enerji akışına iletkenlik görevini görürler ve böylece o deneyim yaşanır. Olay Yaradan tarafından bizim tekâmülümüz için o şekilde programlanmıştır. Şimdi belki de spiritüel çalışmaların en zoru için hazır olun. Eğer başarırsanız sinir sisteminizde ve ruhsal dünyanızda en çok ağırlık oluşturan, size ruhsal hamallık yaptıran bir yükten, atılım yapmanıza engel olan blokajlardan kurtulacaksınız.

Affetme işlemini gerçekleştirme

Önce sessiz bir yerde rahat bir şekilde oturun; gözlerinizi kapayın ve birkaç kez burundan derin bir nefes alıp yavaşça ağızdan verin. Tüm kaslarınızın gevşediğini hissedin. Şimdi size en çok acı çektirdiğini düşündüğünüz kişiyi, olayı, mekânı hatırlamaya çalışın. Bu kişinin size yaşattığı incinmeyi, çektirdiği acıyı düşünün. Sonra bu kişinin görüntüsünü ve sizi etkileyen özelliklerini gözünüzün önünde şekillendirin ve yaşadığınız olaylarla ilgili hafıza arşiv kayıtlarını sinir sisteminizden çıkarın, yine gözünüzün önüne, hayali olarak bir karış önünüze bir bir yerleştirin. Bu sinir sisteminizden boşalttığınız anılarınızı gözünüzün önündeki hayali yerde tamamen toplandığını hissedin. Sonra gittikçe artan bir hızla bu anıların ufuk çizgisine doğru gittiğini ve ufuk çizgisinde tamamen tuz buz, paramparça olduğunu gözlemleyin.

Bu boşaltma işlemini yaptıktan sonra size en çok acı çektirdiğini düşündüğünüz kimseyi yine gözünüzün önüne getirin ve ona uzun aradan sonra ilk kez sevgiyle bakmaya çalışın. O aslında sizin için kozmik açıdan kötü olma pahasına evrimleşmeniz için gereken bir deneyimin yaşanmasına aracılık ediyordu. Eğer o olmasaydı, kader programınızda kodlanmış olan bu deneyimi, aynı veya çok benzer bir enerji akışını bir başkası yaşatacaktı. Yani olay KİŞİSEL DEĞİL. O kişi sadece yaşanması gereken deneyimin icrası için dönüştürücü güç görevini görüyordu. Şimdi içinizden sakince o kişiye yaşamınızın o döneminde size yaşattıkları olumsuz deneyimler için ve yaşamınızın bir döneminde var olduğu için teşekkür edin ve onu affettiğinizi, tamamen bağışladığınızı evrene mesaj olarak verin.

İçinizden o kişi için yine şöyle seslenebilirsiniz: "Biliyorum, benim bu deneyimi yaşamam gerekiyordu, bu sayede daha da olgunlaştım. Benim için kötü olma pahasına o zamanlar bilinç düzeyim bu kadar gelişmemişken ve farkındalığım daha azken ruhsal gelişimim için bana yaşattıklarına teşekkür ederim. Eğer sen olmasan bir başkası bunu bana yaşatacaktı. Bu sen olduğun için sana teşekkür ediyorum. Benim olgunlaşmama ve bilgeleşmeme yardımcı olduğun için seni seviyorum. Şu andan itibaren seninle KADERİ tüm bağlarımı kesiyorum, SENİ İÇTENLİKLE AFFETTİM. Artık sinir sistemim seninle ilgili olumsuz deneyimlerin yükünü, ağırlığını taşımıyor. Sana evrende iyilikler dilerim. Şu andan itibaren artık sana takık olarak kalmayacağım. Sinir sistemimdeki en büyük tıkanıklığı çözdüm ve hafifledim. Yarın yeni ve güzel atılımlarım için çok güzel bir gün olacak."

İşte artık çok daha hafifsiniz. Bilgeleşme yolunda en önemli ve zor sınavlardan biri affetmektir. Burada ego devreye girer ve sürekli olarak o kişi için olumsuz enerji göndermek ister. Bu duygu çok doğaldır, ama burada aslında kim kaybediyor biliyor musunuz? Siz! Çünkü intikam, kin, nefret, öfke gibi olumsuz duygular onu taşıyan kişiler için büyük bir ruhsal hamallık oluşturur. Dahası yaptıkları blokajlarla sizin atılım yapmanıza engel olurlar. Evrende Yüce Yaradan hiçbir enerjinin yok olmasına izin vermez, yani kozmik sistem her şeyi kaydeder.

Siz Yaradan değilsiniz; bırakın, haksızlığa uğradığınızı düşündüğünüz noktaya takılı kalmayın, olayı Yaradan'a havale edin. Asla ama asla hiç kimse için beddua etmeyin. Aslında her şey gerektiği için oluyordur belki de. Sizi üzenlere karşı asla aptalca bir pasiflik içinde olun demiyorum, hatta aktif bir şekilde savunmanızı bile mutlaka yapın. Sadece dışa karşı düzeyli bir şekilde bu mücadelenizi yaparken aslında içinizden tersine tatlı bir sakinlik ve bilgelik halinde olup, tüm bu yaşananların olması gerektiği için yaşandığını, o kişinin de bu durum için aracılık yaptığını düşünün. Dıştan düzeyli mücadelenizi sürdürüp, içten de sakinliğinizi, bilgeliğinizi ve farkındalığınızı sürdürmeye çalışın.

İşte bu ilk üç madde daha çok ruhu ve bedeni hazırlamak içindi. Şimdi de bu maddeleri gerçekleştiren kişiler için ruhun enerjisini yükseltecek, farkındalığınızı artıracak ve yavaş yavaş üstbilinç hallerine geçmenizi sağlayacak çeşitli öneriler bulacaksınız. İleri meditasyon tekniklerini, reiki çalışmalarını, değişik ve doğru pozitif spiritüel çalışmaları, dini ritüelleri özellikle zikiri bilen ve uygulayan kişilerin bu tür içe dönüş çalışması yapmaya ihtiyacı olmayabilir.

Denemek isteyenler için basit içe dönüş egzersiz önerim

Önceki maddede de tarif ettiğim gibi tercihan gece saati, mide aşırı dolu değilken, duş alıp günün kirliliğinden arındıktan sonra bir fincan huzur verici bir çay veya melisa çayı için. Sonra evin en rahat ettiğiniz ve en huzur bulduğunuz köşesine çekilin. O gün kendinize armağan olarak en sevdiğiniz çiçeklerden bir buket alırsanız daha da iyi olur. Ayrıca duştan sonra sevdiğiniz hafif ve doğal bir koku sürün. Sentetik olmamak koşuluyla güzel bir sandal ağacı veya paçuli veya lavanta tütsüsü yakın. Fonda geri planda çok hafif olarak rüzgâr, dalga sesleri, kuş sesleri gibi doğal sesleri içeren veya ney, arp, sitar, keman gibi dinlendirici bir müzik koyun. Üzerinize ipek, pamuk, yün, keten gibi doğal ve rahat bir giysi giyin. Ama kesinlikle hava ve elektrik geçirmeyen sentetik bir kumaş olmasın. Rahat bir şekilde oturun, yapabiliyorsanız bağdaş kurun. Ortamın loş ama aşırı karanlık olmaması için tercihan mor, eflatun renkli bir mum yakın. Öncelikle mumu yakarken Yüce Yaradan'ın sizi hissetmesini ve birazdan yapacağınız içe dönüş çalışmasında ruhsal enerjinizi yükseltmesini dileyin ve gözlerinizi yavaşça kapatın. Önce birkaç kez tamamen dikkatinizi nefesinize yoğunlaştırın. Hafif derince nefes alıp daha uzun bir sürede nefesinizi verin ve her seferinde daha da gevşemeye çalışın. Birkaç kez bu şekilde odaklanıp, nefes alıp verdikten sonra, yine sakin sakin nefes alıp verirken bu kez de dikkatinizi kaslarınıza verin. Yukarıdan başlayarak aşağıya doğru yüz ve mimik kaslarınızın, sonra boynunuzun, ensenizin, sırt-omuz kaslarınızın, kollarınızın, ellerinizin, parmaklarınızın, göğüs, bel, karın kaslarınızın, bacak arasının, popo-kalça kaslarınızın, bacak, ayak ve ayak parmaklarınızın iyice gevşediğini, serbest kaldığını hissedin. Sonra normalde farkında olmadan sıktığınız vücudunuzun tamamen serbest kalıp gevşediğini ve iyice rahatladığını hissedin.

Bu şekilde birkaç dakika kaldıktan sonra bedeninizden tam tepe noktasından, içinize doğru tüm vücuda yayılan ılık ve keyifli rahatlatıcı bir enerjinin girmeye ve akmaya başladığını hissedin. Bu sırada bu akan enerjinin Yaradan'dan size armağan bir özel akım olduğunu düşünün ve kendinizi akan ılık keyifli bilge enerjiye tamamen teslim edin. Güven ve huzur duygularınızı canlandırın. Birkaç dakika zamana takılmadan bu enerjiyi deneyimledikten sonra bedeninizi bir süre için terk etmeye hazırlanın ve dikkatinizi zihninize verin. Oturduğunuz yerden bedeni bıraktığınızı, sadece düşünce gücünüzle gittikçe büyüyüp genişlediğinizi ve yavaş yavaş bedeninizden taşmaya ve yükselmeye başladığınızı düşünün, bunu hissetmeye çalışın. Yavaş yavaş ve sakince önce bedeninizden, sonra bulunduğunuz odadan, sonra binadan hep genişleyerek, yükselerek geçtiğinizi düşünün. Sonra bulunduğunuz sokaktan, semtten, şehirden, ülkeden genişleyerek ve yükselerek büyümeye devam edin. Sonrasında bulunduğunuz kıtadan, Dünya gezegeninden, güneş sisteminden, Samanyolu galaksisinden, onun da içinde bulunduğu nebulalardan gittikçe büyümeye ve yükselmeye devam ederek genişlediğinizi hissedin. Artık en son öyle bir noktaya geldiğinizi hissedin ki evrenin tüm sonsuzluğuyla bir olmuşsunuz ve özünüzde kendi evinizdesiniz.

Zaman, mekân, benlik gibi hiçbir kavramın olmadığı bir noktada özünüzün olduğu boyutta ve tam bir sakinlik halindesiniz. Hem varsınız hem de yok. Tam bir sakinlik halinde sessizce ve sakince bulunduğunuz durumun içinde âdeta eriyin ve biraz öylece hiçbir şey düşünmeden kalın. Eğer düşünceleri durduramıyorsanız onlara takılı kalmayın, önemsemeyin, gelip geçmelerine izin verin. Biraz sonra sonsuzluğu deneyimlediğiniz bu noktada Yüce Yaradan'ın sevgi dolu enerjisinin sizi âdeta kapladığını ve kutsadığını hissedin. Kendinizi bu noktada tamamen serbest ve özgür bırakın. Bırakın, kutsal enerji içinizde aksın aksın aksın. Şu an sadece siz ve özünüz varsınız.

O bulunduğunuz noktada bir an için hayali olarak belki de milyarlarca ışık yılı uzakta olan Dünya gezegenine bir pencere açın ve orada sessizce oturan bedeninize bakın. Evrenin bir yerinde Dünya gezegeninde, o gezegenin zaman kavramına göre MS 2007 denen bir zaman diliminde ruhsal tekâmülü için uğraşan bir varlıksınız. Aslında evrenin inanılmaz büyüklüğü karşısında çok küçüksünüz. Belki de sorunlardan çok yorgun ve ıstıraplısınız. Ama varsınız ve bedenlenme şansını elde etmişsiniz. Şimdi evrenin sonsuzluğu içinde Dünya'daki yansımanıza kuvvetli bir şekilde pozitif enerji ve sevgi gönderin. En çok gerçekleşmesini istediğiniz dileğinizi kalpten ve derinden hissederek dileyin. İSTEYİN. İçtenlikle isteyin. Eğer hakkınızda hayırlı olacaksa bu düzeyden ısrarla ve sevgiyle dileğinizi evrene gönderin. Hem ayrısınız hem de bütünün bir parçasısınız.

Bu halde bir süre daha kaldıktan sonra yavaş yavaş tersine küçülmeye ve alçalmaya başlayın. Önce sonsuz büyüklükten nebulalara, Samanyolu'na, güneş sistemine, Dünya gezegenine, kıtanıza, ülkenize, şehrinize, semtinize, sokağınıza, evinize, odanıza ve yavaşça bedeninize tekrar girin. Önce var olduğunuzu hissedin. Şu an varsınız ve bedenlenme şansını elde etmişsiniz. Var olduğunuz için tekrar size Yaradan'a teşekkür edin ve tüm bedeni tekrar tekrar hissedin. Sonra yavaşça acele etmeden ve iyice esneyerek ve tebessümle gözlerinizi açın. İhtiyaç hissederseniz biraz uzanın ve istirahat edin.

Hem affetme çalışmasını hem de şimdi bahsettiğim içe dönüş çalışmasını ihtiyaç duyarsanız tekrarlayabilirsiniz. Özellikle bazı kişiler affetme çalışmalarını birkaç kez tekrarlamak isteyebilirler, bir sakıncası yok; ta ki o kişiyle kaderi bağınızı tamamladığınızı hissedene kadar bu çalışmayı yineleyebilirsiniz.

Ayrıca bazı özel ve derin ruhsal çalışmalar da vardır, ancak bu tür derin spiritüel çalışmalar kesinlikle yalnız yapılmamalıdır, bazen çok farklı ve riskli yerlere gidebilen durumlar söz konusu olabilir.

Yukarıda anlattığım çalışmayı düzenli olarak birkaç hafta yaparsanız zamanla kendinizde farklı hisler ve olaylar gözlemleyebilirsiniz. Her şeyden önce zamanla farkındalığınızda bir artış oluşmaya başlayacaktır. Olayları eskisine göre daha derin ve farkında olarak gözlemlemeye başlayabilirsiniz. Hislerinizde bir derinleşme ve daha önceden fark edemediğiniz detayları görebilirsiniz. Ayrıca önceden görmediğiniz veya hissedemediğiniz değişik enerjileri de hissedebilirsiniz. Zamanla size evrenin desteğinin arttığını ve yaşamınızın daha kolaylaştığını da gözlemleyebilirsiniz. Aslında beklentiler azalıp, beden daha doğal bir bakıma alınıp, sağlığa önem verilince, sadece dışa dönük değil içe dönük de yaşamaya başlayınca, sinir sistemi yavaş yavaş streslerden arınmaya başlayınca zaten önceden pasif halde bekleyen bazı devrelerimiz aktive olmaya başlar ve şaşırtıcı deneyimler yaşarız.

Daha üstbilinç hallerine geçmeye başladığınızı nasıl anlayacağınızı kitabın başlarındaki bilinç düzeyleriyle ilgili örnekler bölümünden okuyabilirsiniz. Ama kısaca hislerinizin kuvvetlenmesi, karşınızdaki insanın içinden geçenleri hissetme, rüyaların çıkması, doğa desteğinin artması ve umulmadık sürpriz yardımlar ve gelişmeler, doğru zamanda doğru yerlerde ve doğru kişilerle olabilme, şanssızlıkların azalması, daha iyi bir sağlık düzeyi, olumsuz alışkanlıklara karşı güç kazanma, içinizden daha çok olumlu duygular çıkarken olumsuz duyguların eskisine göre azalması, sizi arayacak insanları hissetme, artan bir mutluluk hali gibi sayısız örnekler yaşamınızı doldurmaya başlar.

Ayrıca bu konuda yine başka bir tıp doktoru ve yoga hocası olan sayın Dr. Neslihan İskit'ten de bir bölüm rica ettim. Bu bölümde yoga ve doğru nefesin ruhsal çalışmalar üzerine olan kolaylaştırıcı etkisinden bahsetti. Kendisinin katkılarıyla hazırlanan bölümü de yararlı olduğuna inandığım için kitabıma almayı uygun gördüm.

Bedenimizin yanı sıra bir aklımız ve bir ruhumuz var. Ancak ne yazık ki zaman zaman bedenimiz farklı bir yerdeyken, aklımız farklı, ruhumuz farklı bir yerde olabilir. Yoga bedeni, aklı ve ruhu bir araya getiren ve uyum içine sokan bir çalışmadır.

Yapılan bilimsel çalışmalar, yoga yapan insanların kalp kaslarını güçlendirdiğini, solunumu kuvvetlendirdiğini, hormon salgılayan bezlerin çalışmasını düzenlediğini, mide-bağırsak işlevlerini kolaylaştırdığını, vücudun genel duruş biçimini düzelttiğini, bağışıklık sistemini kuvvetlendirdiğini göstermiştir. Ayrıca yoganın ruh hali, konsantrasyon ve hafıza gibi zihinsel sağlık açısından da faydalı olduğu bilinmektedir. Bedenimiz, aklımız ve ruhumuzun uyum içinde olması; genel sağlık düzeyimizin yükselmesine neden olur.

Doğrusu, her gün düzenli olarak yoga yapmaktır. Sizin için uygun zamanı tespit edin ve buna bağlı kalın. Yoganın en önemli noktalarından biri disiplindir. Ancak bu disiplinin sizde bir stres yaratmadan çalışması gerekir.

Yoga yemek yedikten en az iki saat sonra ve oldukça rahat giysiler giyilerek yapılmalıdır. Yoga genellikle yalın ayakla yapılır. Yoga yapılan yerin ısısı ne soğuk ne de sıcak, ılık olmalıdır.

Yoga yaparken dikkat etmemiz gereken 3 nokta vardır. Bunlar; duruş biçimleri, doğru nefes alıp verme ve derin gevşemedir.

Duruş biçimleri: Bedeni bilinçli olarak özüne döndürmeye, gevşetmeye *asana* (duruş) denir.

Sabit ve rahat yoga pozisyonlarıdır. Yoga çalışmasında bir duruşu yaparken bedeninizde gereksiz bir gerilim yaratmadan rahat olmaya özen gösterin. Ancak her geçen gün bir miktar daha hareketin içine girmeye gayret edin ve harekette kalış sürenizi uzatın.

Doğru nefes alıp verme: Nefes almayı bilinçli olarak derinleştirmeye *pranayama* (yaşam enerjisi) denir.

Nefes: Yoganın en önemli noktalarından biridir ve üç grup nefes çalışması vardır:

- Isınırken yapılan nefes çalışmaları
- Duruşlar sırasında yapılan nefes çalışmaları
- Derin gevşemeden önce yapılan nefes çalışmaları

Nefes, duruşlara girerken ve çıkarken bedenin hareketini kolaylaştırmak için kullanılır. Nefes alırken karnımızı ve göğsümüzü genişletip, verirken sıkıştırırız. Nefesler aksi belirtilmedikçe burundan alınır ve burundan veya ağızdan verilir. Başlangıçta bir zorluk ya da hava açlığı hissederseniz bir iki nefes istediğiniz gibi solunum yapıp tekrar burun nefesine dönün. Zamanla bu nefesin günlük yaşamınıza nasıl girdiğine inanamayacaksınız. Sürekli ve derin nefesle akciğerlerin kapasitesini artırabiliriz. Bu hem organlarımızın daha iyi oksijenlenmesini hem de bizim daha sakin olmamızı sağlar.

Derin gevşeme: Aklı bilinçli olarak sakinleştirmeye derin gevşeme denir.

Zihni sakinleştirmeye yönelik bir çalışmadır. Zihin sürekli dolu olma eğiliminde olduğu için bunu başarmak zor gibi görünse de, çalışmalarınız belli bir noktaya geldiğinde bunun ne kadar kolay olduğunu fark edeceksiniz.

Derin gevşeme için önce fiziksel bedeninizi, sonra aklınızı ve ruhunuzu gevşetmelisiniz. Ne zaman ki her üçünü birden gevşetirseniz işte o zaman gerçek sıhhat için iyi bir adım atmış olursunuz.

Doğamız uyumlu olmaktır. Peki, biz özümüzde var olan uyumu ve mutluluğu neden kaybettik? Çünkü bununla doğduk ve onun değerini anlamadık. Dış dünya bizi gergin, hızlı ve endişeli olmaya yönlendirdi. Doğduğumuz da gevşek, rahat ve yavaştık (bebeğin meme emmesi, soluk alıp vermesi). Yogada amaç doğamıza geri dönmektir. Bunun için ilk yapmamız gereken şey farkında olma çalışmasıdır. Farkındalık yoksa yapılan çalışma yoga değildir. İkinci yapmamız gereken şey ise gevşeme-yavaşlama ve sakinliktir.

Tam anlamıyla derin gevşeme, stresle başa çıkma, kronik ağrıların giderilmesi, sağlığın yeniden yapılandırılması ve korunması için bilinen en güvenilir ve en etkili yoldur.

Kişisel yazılım programımıza enerji transferi yapabilir miyiz?

Evet, yapabiliriz, ancak bu çok hassas konudur. Çok özel durumlarda ancak Yaradan'ın izniyle yapılabilir. Bir başkasına asla ve asla o kişinin izni olmadan müdahale edilemeyeceğini zaten önceki bölümde işlemiştik. Kendimiz içinse durum farklı olabilir. Yaşamda bazı çok özel dönemeçler vardır ki öncesinden daha uygun pozisyon alınarak daha verimli değerlendirilebilir. Bir insana veya olaya dışarıdan çeşitli yollarla enerji transferi yapılarak o olayın veya kişinin doğal kader programının akışına VİRÜS bulaştırılabilir (bozulabilir) veya olumlu etki verilebilir *(up grade)*. Ancak burada çok önemli bir temel konu var. Siz Yaradan'ın size uygun gördüğü yazılım programını beğenmiyor ve daha iyisini gerçekleştirebileceğinizi mi düşünüyorsunuz? Bu niyetteyseniz kara büyücülerden pek de farkınız kalmaz. Ancak kader programınızı daha akıcı, verimli yaşamak ve böylece diğer insanlara ve topluma daha çok yardımcı olmak ve bunu bile önce Yaradan'ın izniyle gerçekleştirmek istiyorsanız o zaman başka. Zaten sistem izin vermeden asla bu enerji sıçramaları gerçekleşmez.

Neler yapılabilir?

Neler yapılabilirden önce insanın enerjik boyutunu etkileyebilecek enerji çalışmalarının belli başlı olanlarını sayalım:

- Meditasyon (çeşitli türleri vardır)
- Reiki (dereceleri vardır)
- Evrensel enerji (çeşitli düzeyleri vardır)
- Tai-chi (evrendeki akıllı enerji olan chi enerjisine yönelik)
- Biyoenerji (insanlardaki olumlu enerjiyi artırmaya yönelik)
- Zikir (çok etkili ve derin bir enerjik çalışma)

Ayrıca daha çok çeşitli isimlerde birbirine benzeyebilen değişik enerji çalışmaları da vardır. Burada büyü, sihir, kemgöz, haset gibi isimlerle anılan hiçbir olumsuz enerji çalışmasından bahsetmeyeceğim bile, çünkü bir kişinin değil bunları yapması teşebbüs etmesi dahi çok yanlıştır ve kozmik açıdan vebali çok büyüktür. Böyle veya benzeri şekilde bir başka kişinin kanalına girilmesi, onun kader yazılım programına virüs sokulması ve Yaradan'ın uygun gördüğü doğal enerji akışının bozularak o kişiye farklı olumsuz etki verilmeye çalışılması çok ama çok yanlıştır. Hatta Tanrı rolüne soyunmaktır ki yaşamda emek, çaba, çalışkanlık, hakkına razı olma gibi doğru değerlerden uzaklaşmaktır.

Bana çok soran olur, "Sence büyü var mı?" diye. Ben de şöyle cevaplarım: "Tabii ki var. Ben sürekli büyü yaparım! Benim yaptığım en büyük ve etkili büyüler nelerdir? Erken kalkmak, emek vererek çalışmak, projeler üretmek, disiplinli olmaktır. Önce siz de çalışkanlık, erken kalkma, işine asılma, disiplinli olma büyülerini yapın; ondan sonra hocalardan, medyumlardan falcılardan veya benzeri kişilerden medet umun."

Yüce Yaradan siz çalışmadan, emek vermeden, çok özel durumlar hariç, size hiç çabasız akıtmayacaktır. Yaradan bu boyuttaki deneyimlerimizi bu boyuttaki verilen malzemelerle yürütmemizi ister. Yoksa rutinde diğer boyutlardan sıkça enerji transferleri olmasını isteseydi umulmadık doğaüstü olaylarla iç içe olurduk. Bir gün yastığımızın altında para bulur, ertesi gün birden tümörler küçülür, sonra istediğimiz kişi hemen bize âşık olur, en iyi evler bize bağışlanır, piyangoda en büyük ikramiye bize çıkardı. Oysa Yaradan bize şu gerçeği göstermeye çalışıyor olabilir: Bu boyuttaki verilen malzemelerle, imkânlarla olayları yaşayacağız ve ona göre davranacağız, yoksa Yaradan bizim hemen bir kusursuzluk ve mutlak idrak halinde olmamızı isteseydi o zaman bedenlenmezdik ve üst boyutta bir nur-ışık halinde bulunurduk. Bu nedenle henüz maddi ve manevi evriminizi doğal yollarla yani normal yaşam kurallarıyla yaşamadan farklı boyutlardan büyü, sihir veya benzeri enerjilerle transfer yapıp bu boyuttaki deneyiminizi etkilemeye çalışmak son derece sakıncalıdır; bırakın Yüce Yaradan'ın öngördüğü kozmik akış gerçekleşsin, siz sadece bu boyuttaki malzemelerle (çalışkanlık, işe asılma, doğru proje üretmeye çalışma, disiplin, hakkını koruma, aptalca bir pasiflik içinde olmama, morali yüksek tutma, azimli ve olumlu bir yapıcı hırs halinde bulunma vb gibi) davranın.

Yaşamınızda kaldıramayacağınız kadar ağır yük ve sıkıntı olduğunu, çok zorlandığınızı düşünüyorsanız veya daha iyi bir performans sergilemek ve üstbilinç düzeylerine geçmek istiyorsanız o zaman bazı pozitif enerji tekniklerini uygulayabilirsiniz. Doğru zamanlarda doğru teknikleri, dünya yaşantısından kopmadan uygularsanız gerçekten de derindeki bazı yerlere teması sağlar ve ciddi bir doğa desteği alabilirsiniz. Böylece size verilen kader programını daha farkında ve keyifli yaşayabilirsiniz.

Bu bölümlerde insanın kendine olumlu enerjileri akıtabileceği çeşitli spiritüel tekniklerden bahsedeceğim. Çok sayıda teknik olmasına rağmen bunların hepsinden burada çok detaylı bahsetmeye imkân yok. Ben daha çok şu an Batı toplumlarında da bilinen ve ülkemizde de uygulayıcıları olan teknikleri anlatacağım.

ÖNEMLİ UYARILAR

İyi niyetle başlanan bazı ruhsal çalışmalara zamanla kendinizi çok kaptırmayın.
Yoğun bir gruplaşma veya tarikatlaşma olduğunu hissettiğiniz yerlerde bir dakika bile durmayın.
Ruhsal gelişim vaat eden kişiler veya kuruluşlar sürekli çeşitli nedenler öne sürüp para veya benzeri taleplerde bulunuyorlarsa bu kişiler aslında iyilik yolunda değildirler; kendinizi kullandırmayın.
Ruhsal çalışmalar yapılırken asla dünyevi yaşantıdan kopmayın, yaşamın her iki boyutunu da dengeli yaşayın.
Herhangi bir ruhsal tekniği öğrenirken önce o tekniği öğreten kişiye bakın, bu bilginin kendisine hayrı olmuş mu? Kendisine hayrı dokunmayan bir kişinin başkalarına hiç hayrı dokunmaz.

Reiki

Reiki, yararına inandığım yumuşak bir tekniktir. Tekniğin değişik yararlar sağladığını çevremdeki pek çok kişide ve bazı hastalarımda bizzat gözlemledim. Tekniğine inanmama rağmen zamanla bu kutsal bilginin çok ayağa düşürüldüğüne ve aşırı ticarileştirildiğine de tanık oldum. Hatta zamanla bazı reiki ustalarının kendilerini küçük bir tanrı gibi görmeye başladıklarını ve her hastalığı iyileştirmeye çalıştıklarını veya kişilerin güya geçmiş yaşantılarına girip onların orada taşıdıkları sorunların etkilerini temizlemeye çalıştıklarını ve kanseri bile iyileştirdiklerini iddia ettiklerini gördüm. Oysa bu bilginin aslı, orijinali çok temiz ve iyi niyetli ve masumdur. Ve ticari de değildir. Bu nedenle de o haliyle çok kutsal ve yararlı olabilen reiki enerjisini pek çok kişi dejenere ettiğinden veya kirlettiğinden, evrenin kozmik zekâsı bu kişilerde işlemez ve beklenen mucizeler gerçekleşmez. Aslında çok yararlı olabilen bu teknik, doğru kişilerden, saf ve temiz olarak öğrenilirse gerçekten de şaşırtıcı olumluluklar yaşatabilir ve bilinçte açılımlar sağlayabilir.

Eğer reiki öğrenmek istiyorsanız size bu tekniği öğretecek kişinin gerçekten de bu konuda bilgili ve deneyimli olmasına, çok para düşkünü olmayıp emeğinin normal karşılığını almasına ve sevgi dolu olmasına dikkat edin. Diğer enerji teknikleri gibi ruhsal evriminizi hızlandırabileceğinden bu öğreti sırasında bazen kuvvetli deneyimler veya çözülmeler yaşayabilirsiniz; çok aşırı duyarlı veya psikiyatrik hastalıklara eğilimli birisiyseniz psikiyatra danışmadan bu bilgide derinleşmeniz sakıncalı olabilir veya kaldırmakta zorlanabileceğiniz deneyimleri yaşayabilir, sonrasında dalgalı günler geçirebilirsiniz, dikkat. Ama yine de doğru kişilerden ve aslına sadık kalarak öğrenildiği takdirde reiki tekniğinin diğer pek çok tekniğe göre daha yumuşak ve yararlı olduğunu söyleyebilirim.

Reikiyle ilgili açıklayıcı bilgi

Reiki, Japoncada kelime anlamı olarak evrensel yaşam enerjisi anlamına gelmektedir. XIX. yüzyılda Hıristiyan rahip Dr. Mikao Usui tarafından geliştirilmiştir. Eski Sanskrit metinlerinde de reikiye benzer enerji tekniklerinden bahsedilmektedir. Felsefesinde bizi çevreleyen evrenin tamamen sonsuz ve tükenmeyen bir enerjiye sahip olduğu, bizi yaşamda tutan esas enerjinin de bu güç olduğu fikri yatar. Reiki bu doğal şifa enerjisidir ve uygulayıcının ellerinden güç dolu ve konsantre bir şekilde akar. Aslında zaten ortamda, evrende var olan reiki enerjisinin akması için bir usta (master) tarafından size bir inisiasyon ve güç aktarma seremonisi yapılmalıdır.

Öğrenilmesi gayet kolaydır, hatta çocuklar bile öğrenebilir. Eller bu ortamdaki şifa için aracılık yapan bir aktarıcıdır. Doğumda hepimizde var olduğuna inanılan bu enerji zaman geçtikçe tıkanmaya başlamakta ve bu yeteneğimiz ciddi bir şekilde gerilemektedir. Şifa veren reiki enerjisi herhangi bir konsantrasyon gerektirmeden kişinin enerji vereceği beden kısmına veya başka bir canlıya ellerini koymasıyla gerçekleşir. Bu reikinin 1. aşamasıdır. 2. aşamada ise elleri kullanmadan uzaktan enerji verilir. Bu aşamada da diğer aşamalarda olduğu uygulayan kişiden hiçbir enerji eksilmez, hatta tersine uyguladıkça zamanla kişinin enerjisi yükselir. Reiki sırasında uygulayıcı sadece bir kanal olmaktan öteye geçmektedir. Enerjiyi ana kaynakla temasa geçerek akıtmaktadır. Reiki hiçbir dine, mezhebe ait değildir. Herhangi bir meditasyon türü veya bir enerji çalışmasıyla ters düşmez. Hatta bazı enerjilerin daha derin hissedilmesine yardımcı olabilir. Normalde uygulanan tıbbi tedavileri destekler. Aynı zamanda ileriki bölümde anlatacağım çakraların açık olmasına da yardımcıdır. Reikinin 3. aşaması ise daha ileri sembolleri ve teknikleri içerir, kişinin evrenden daha yoğun ve derin enerji almasını sağlar.

Her derecenin kendine özgü sembolleri vardır. 1. aşamada kişi sadece kendisine enerji ve şifa verebilirken aşamalar ilerledikçe başkalarına da enerji verebilir. Bu enerjiyi ilk aşamalarda kullanmaya başlayan kişilerin çoğu ellerinde bir ısınma, uyuşma veya yanma hissederler. 1. ve 2. aşama arasında birkaç haftalık bir süre olması ve bu diğer kişilere reiki öğretme yetkisini alabilir. Hamilelere, hayvanlara hatta bitkilere bile istenirse reiki uygulanabilir. Reiki öğrenmek isterseniz dikkat etmeniz gereken en önemli konu, doğru ve temiz bir kanal olduğuna emin olduğunuz kişilerden, doğru ve aslına uygun olarak öğrenmenizdir.

Meditasyon

Çok çeşitli türleri vardır. Kelime anlamı olarak meditasyon derin düşünceye dalma, tefekküre girme halidir. Ülkemizde de çeşitli kuruluşlar veya kişiler meditasyonun çeşitli ve değişik türlerini öğretmektedirler.

Ben burada bildiğim kadarıyla Türkiye'de öğretilen belli başlı meditasyon tekniklerinden söz edeceğim.

*BRAHMA KUMARIS (RAJA YOGA)**

Raja Yoga metodu, zihni ve kalbi rahatlatmak, tazelemek ve temizleyip arındırmak için bir yöntemdir. Aslolan manevi özünüzü yeniden keşfetmenize ve onunla yeniden bağlantıya geçmenize yardımcı olur. Meditasyon, ruhsal kimliğiniz ile etrafınızdaki toplumsal ve fiziksel gerçeklikleri bütünleştirmenizi mümkün kılar; iç dünyanız ile dış dünya arasında işe yarayan ve sağlıklı bir denge tesis etmenize yardımcı olur.

Raja Yoga meditasyonunun diğer meditasyon yöntemlerinden farkı, bir mantraya değil, benliğe odaklanması, özümüze ait kimliğimizi aydınlatarak kendimizi anlayışımızı artırmasıdır. Temel amacı, uygulayıcıya düşünce ve duyguları kontrol edebilme yeteneğini kazandırmaktır. Bunun yanı sıra, bilincimizin nasıl işlediğine yönelik bir anlayış, hayatı nasıl içimizden dışarı doğru iyileştirebileceğimize yönelik bir kavrayış da kazandırır.

Brahma Kumaris, hayat boyu süren öğrenim

Brahma Kumaris, tüm insanların yaradılıştan iyi olduğunu kabul eder. Brahma Kumaris'te, kişilerin, kendi içsel güçlerini ve değerlerlerini anlamalarına yardımcı olan meditasyon yöntemi öğretilir.

Brahma Kumaris Raja Yoga meditasyonu uygulayan kişiler, kendi-

* Bu bölümün hazırlanmasında yardımcı olan Yogesh'e teşekkürler.

lerini ruhsal yükselme ve kişisel dönüşüme odaklandırmışlardır. Ruhsal yükselme ve kişisel dönüşüm, huzurlu ve dürüst bir dünya yaratılmasında esastır.

Çok hızlı gerçekleşen küresel değişimin getirdiği zorlukların farkında olmakla birlikte, Brahma Kumaris, tüm insanlık ailesinin saadetinin, daha iyi bir dünyaya doğru ruhsal anlayış, bütünlük içinde liderlik ve yüce eylemlerde bulunarak ilerlemekle sağlanacağına inanır.

Meditasyon

Çıkabileceğiniz en önemli yolculuk, içinize doğru yaptığınız yolculuktur. Bu, sizin aslında kim oluğunuz gerçeğine doğru hareket ettiğiniz yolculuktur. Ruhsal güçlenme, günlük bilincin ötesine geçebildiğinizde başlar. Ruhsal güç, sizin, otomatiğe bağlanmış düşüncede yerine, yaratıcı düşünceyi; tepki vermek yerine cevap vermeyi, stres, çatışma ve karmaşa yerine huzur, sevgi ve uyumu seçmeniz için gerekli kuvveti sağlar.

Meditasyon, sizin bu içsel yolculuğa doğru yelken açmanızı mümkün kılar. Raja Yoga meditasyonu, "kendim, ben" dediğiniz şeyin açık ve net ruhsal anlayışına kavuşmanızı sağlar, içinizde uyumakta olan olumlu niteliklerin ve karakterinizin güçlü yanlarının yeniden keşfedilmesinde ve kullanılmasında yardımcı olur. Bu şekilde, hayata karşı yeni tutum ve cevaplar ortaya koyarsınız.

Bir zamanlar kendinizle ilgili bildiğiniz, fakat unuttuğunuz bazı şeyleri hatırlayabilirsiniz.

Sessizlik anlarının, içe dönüş ve derin düşünme zamanlarının keyfini çıkarmaya başlarsınız.

Meditasyon, aynı zamanda, size, kendinize zarar veren düşünce, duygu ve tepki alışkanlıklarıyla ilginizi kesme konusunda da yardımcı olur. Bu durum, sizde bilinçli ve olumlu bir enerji açığa çıkmasına neden olur ve bu enerjiyi, tutumunuzun, eylemlerinizin ve ilişkilerinizin niteliğinin iyileşmesinde kullanırsınız.

İçe dönme, zarar veren alışkanlıklarla bağlantıyı kesme, doğuştan var olar manevi kaynaklarınızla bağlantı içine girme ve bundan sonra dıştaki hayatınızla yeniden doğru bağlantıyı kurma, kalıcı bir kişisel güçlenme getirir.

Bu çerçevede Raja Yoga meditasyonu, kendini idrake ulaşmak için kendi farkındalığını yükseltme yöntemi olarak öğretilir. Raja Yoga meditasyonu zihni sakinleştirir ve aklı güçlendirir; bu sayede, evrende uyumu sağlayan ve yeryüzünde tüm hayat seviyelerinde doğal yenileşmeyi getirebilecek ruhsal kanun ve prensipleri anlamak mümkün olur.

Tüm beceriler için gerekli olduğu gibi, meditasyonda da tatmin edici sonuçlara ulaşmak için uygulama gerekir. Gittikçe daha çok sayıda insan, strese karşı etkili bir yöntem olarak ya da sadece rahatlamak için meditasyon yöntemini uyguluyor. Her gün kısa bir meditasyon yapıldığında, kısa sürede bu, cömert sonuçlar veren doğal ev kolay bir alışkanlığa dönüşüyor.

*SAHAJA YOGA**

Sahaja Yoga "içten doğan birleşme" veya "spontane birleşme" demektir. Bu yoga metodu 1970 yılında H. H. Shri Mataji Nirmala Devi tarafından keşfedilmiştir. Yoga kelimesinin anlamı içimizdeki ruhani enerjinin evrensel enerjiyle "birleşme"si veya "bağlantı"sıdır. Sahaja kelimesinin anlamı "sizinle doğan" ve aynı zamanda "spontane"dir, bu herhangi bir çaba sarf etmeden gerçekleşen bir deneyimdir. İşte bu Sahaja Yoga'nın başlıca özelliğidir: Yoga konumu (yani birleşme) hepimizde doğumumuzdan beri var olan içimizdeki ruhani gücün uyandırılmasıyla gerçekleşir. Bu uyanış spontane (kendiliğinden, herhangi bir çaba gerektirmeden) olduğundan, herkes Sahaja Yoga'yı uygulayabilir, bunun için yaşam tarzını değiştirmek de gerekmez. "Kundalini" olarak adlandırılan bu güç uyanır ve çakra olarak bilinen 7 enerji merkezinden geçer, bu merkezleri dengeler ve temizler. Bu sayede Kundalini kişiyi her türlü fiziksel, zihinsel, hissi ve ruhani sorunlarından kurtarır. Kundalini yükselişi başımızın üzerinde bulunan 7. çakrada (bebeğin doğumunda yumuşak olan bıngıldak kemiği) son bulur ve bu enerji merkezini de açar. Bu sayede yoga-birleşme gerçekleşir. Aydınlanma denen bu Kundalini uyanma süreci tüm yoga öğretilerinin temelidir. Ancak, geleneksel yoga uygulamalarında Aydınlanma'yı almak çok zor bir olaydı. Yüzlerce kişiden sadece bir kişi buna ulaşabiliyordu ve zaten bu da uzun, zor ve ağır deneyimlerden geçerek oluyordu. Fakat Shri Mataji'nin buluşu sayesinde, Aydınlanma almak son derece basit olmuştur; artık bu konuma ulaşmak için Himalayalar'a çıkmaya veya dünya nimetlerinden el etek çekmeye gerek kalmamıştır.

Sahaja Yoga herkes tarafından kolaylıkla uygulanabilir. Kitlelere iç huzur, tatmin ve neşe verir. Bu sayede sadece bazı seçilmiş kişiler değil tüm insanlar bu yogadan faydalanabilir. Shri Mataji insanların içlerinde huzur olmadıkça yeryüzünde huzur ve barış olamayacağını söyler. Sahaja Yoga ile Shri Mataji tüm dünyaya bu barış ve sevgi mesajını yaymaya çalışmaktadır. Bu sadece vaaz vermek veya konuşma yap-

* Bu bölümün hazırlanmasında yardımcı olan Neşe Algan'a teşekkürler.

mak değildir. Sahaja Yoga gerçek içsel değişimi başlatır ve bunun sonucunda bu barış, huzur ve neşe konumu gerçekleşir. Shri Mataji'nin bunun için verdiği emek tüm dünya toplumları tarafından tanınmıştır; kendisine Birleşmiş Milletler Barış Ödülü ve değişik ülkelerde birçok başka ödüller takdim edilmiştir. Temmuz 2006'da Shri Mataji'ye İtalya fahri vatandaşlığı verilmiştir (İtalya'da Shri Mataji tarafından kurulan Dünya Sahaja Yoga Merkezi bulunmaktadır ve dünyanın her yerinden binlerce kişi buraya gelerek meditasyon yapıp kolektif olarak Sahaja Yoga uygulamaktadır).

Dünyanın her yerinde tüm Sahaja Yoga dersleri ve kursları ücretsiz verilmektedir, çünkü Shri Mataji, Kundalini uyanmasının yaşayan bir süreç olduğunu ve bunun için para verilemeyeceğini söyler. Sahaja Yogi'ler programlar için salon kiralamak türündeki tüm masrafları ortaklaşa paylaşır, ancak dersler için hiçbir zaman ücret talep edilmez. Shri Mataji, Sahaja Yoga'yı 1970 yılında kendi imkânlarıyla başlatmıştır. Ailesi Mahatma Gandhi'nin yakın dostu olduğundan Hindistan'ın bağımsızlık hareketinde faal bir rol oynamıştır. Shri Mataji çocukluğunda, altı yedi yaşlarında, Mahatma Gandhi'nin evinde kalmış ve burada sabahları yapılan kolektif meditasyonlara liderlik etmiştir. Daha sonra tıp okumuş ve Hindistan bağımsızlığına kavuşunca Shri Mataji, ilerde Hindistan Başbakanı Lal Bahadur Shastri'nin özel sekreterliğine (danışman) atanan, Sir C. P Srivastava'yla evlenmiştir. Shastri'nin vefatından sonra Sir Srivastava Uluslararası Denizcilik Organizasyonu genel sekreterliği görevine getirilmiş ve bu görevini dört dönem kesintisiz sürdürmüştür. Politik kariyerinin sonunda ise İngiltere Kraliçesi tarfından Şövalye (Sir) unvanına layık görülmüştür. Shri Mataji'nin iki kızı, torunları ve torununun çocukları bulunmaktadır. Shri Mataji kusursuz bir anne ve eş olmakla beraber, onun hayattaki asıl amacı Sahaja Yoga sayesinde insanlığın evrimidir. Şu anda kendisi 84 yaşındadır ve hâlâ tamamıyla kendini bu amacına adamıştır. Bazı kişiler ise, bazı diğer meditasyon türleri gibi Sahaja Yoga'nın da sakıncaları olabileceğini ve Shri Mataji'nin insanüstü gibi gösterilerek ve davranılarak bazı sakıncalı durumların oluşabileceğini öne sürerler.

TRANSANDANTAL MEDİTASYON

Transandantal meditasyon Maharishi Mahesh Yogi'nin ustası olan guru dev'den aldığı özel bilgiler ve öğretilerin ışığında geliştirdiği ve yaydığı bir tekniktir. Patanjali'nin sutralarıyla ve vedik mantralarla yapılan özel çalışmaları içerir. İlk aşamasında transandantal meditasyon tekniğini öğretme yetkisi olan meditasyon hocası *puja* adını verilen özel bir törenle kişiye mantrasını verir. Bu mantra, eski Sanskritçe kutsal kelimelerden oluşan ve özel titreşimi olan bir kelimedir. Kişi yirmi dakikalık bir sürede sabah ve akşam bu kelime tekrarlarını öğretildiği şekilde içinden uygular. Bu sırada oturma veya rahat bir bağdaş kurma pozisyonunda kişi içine döner ve gözleri kapalıdır. Konuşulmaz ve herhangi bir konsantrasyon gerekmez. Düşüncelerle uğraşılmaz, derin bir dinlenme ve zihnin yorgunluklardan arınması amaçlanır. Özel yatılı kurslarda isteyen kişilere *pranayama* (nefes yogası), *asana* yogalar öğretilir. Burada amaç meditasyon öncesi nefesi ayarlamak ve bedeni rahatlatıp organlardaki stresi azaltmaktır. Kişiler bu yolda ilerlemek isterlerse ileri teknik denilen öğretilerle ek mantralar alabilirler. Transandantal meditasyon tekniğinin daha ileri aşaması ise sidhi programlarıdır. Burada daha ileri meditasyon teknikleri ve sutralar ile derin meditatif bir hale geçilir ve bedenin bazı yeteneklerinin daha da açılması ve doğayla daha uyumlu bir enerji oluşturarak kişinin ruhsal açıdan ileri noktalara gelmesi amaçlanır. Bu aşamaya gelindiğinde bedenini yerden havalandırabilen bazı kişilerin olduğu ileri sürülür.

Transandantal meditasyondan çok yarar gördüğünü söyleyenler olduğu gibi bu grubu bir tarikat gibi gören ve uzun vadede ruhsal açıdan zarar gördüğünü belirten ve tekniği uygulamayı bırakanlar da vardır. Eğer ruhsal açıdan risk taşıyan bir yapınız varsa bir psikiyatra danışarak, bu tekniği öğrenmenin daha doğru olduğu da bazı doktorlar tarafından belirtilir. Bu sadece transandantal meditasyon tekniği için değil tüm meditasyon teknikleri için gerekli olabilir. Transandantal meditasyon tekniği ve devamındaki ileri aşama öğretileri en pahalı öğretilerindedir. Maharishi Mahesh Yogi halen Hollanda'da Vlodrop kasabasında öğretilerine devam etmektedir.

*SATHYA SAİ BABA**

İlahi öğretmen Sathya Sai Baba, 23 kasım 1926'da Hindistan'ın Andhra Pradesh eyaletinin, Anantapur bölgesinde, Puttaparthi köyünde doğmuştur. Ailesinin dördüncü çocuğu olup ailesi ona Sathya Narayana Raju adını vermiştir.

Raju küçük yaşlarından itibaren bölgeliğin, saflığın, şefkatin, cömertliğin ve hayırseverliğin niteliklerini sergilemeye başlamıştır. Okulda veda öğretilerinin derin anlamları üzerine yaptığı açıklamalarıyla, öğretmenlerini şaşırtmıştır.

23 mayıs 1940'ta 14 yaşındayken tarihi açıklamasını yapmıştır. "Ben Sai Baba'yım. Saliklerim (inananlar) beni bekliyor... Görevim, geçici bir ikamet yeri olan bu dünyada insanları doğru davranış (dhar-

* Bu bölümün hazırlanmasında yardımcı olan Barvir Bakkaloğlu'na teşekkürler.

ma) yoluna sokmaktır" diyerek avatarlığını ilan etmiştir.

Avatarlık tanrısallığın bedenlenmiş halini ifade eder. Doğu mistisizminde kötülük artığında ve doğruluk tükenme korkusuyla karşı karşıya kaldığında, Yüce Tanrı'nın devirden devire bedenlendiği belirtilir. Avatar'ın amaçları, zamanın ihtiyaçlarına göre seçilmiştir. Bu bağlamda da içinde bulunduğumuz, çöküş devri olan "kali yuga" yani karanlık çağdır.

Sathya Sai Baba bu dünyadaki görevini üçlü bir enkarnasyon zinciri içinde yerine getireceğini açıklamıştır: İlk enkarnasyonu Şirdi Sai Baba, şimdiki enkarnasyonu Sathya Sai Baba ve bundan sonraki erkarnasyonu Prema Sai Baba'dır. Bu enkarnasyonların arasında sekizer yıllık süreler olacağı da gene kendisi tarafından bildirilmiştir.

Şirdi Sai Baba, Bombay'a yakın Şirdi köyünde yaşamış ve hem Müslümanlar hem de Hindular tarafından kutsal kişi olarak kabul görmüştür. Binlerce kilometre uzaktaki insanların düşüncelerini algılamak, fırtınaları durdurmak, hastaları iyileştirmek gibi ünlü mucizelerini Şirdi de göstermiştir. Kendisinden Sathya Sai Baba, 1950 yılından bu yana, doğduğu köy olan Puttaparthi'de "Prashanti Nilayam" (En Yüce Huzurun Evi) olarak adlandırdığı aşramında* yaşamaktadır. "Mesajım yaşamımdır" diyen Sathya Sai Baba'nın ismi, verdiği bu mesajın canlı bir örneğini oluşturan yaşamında meydana getirdiği eserleriyle, günlük yaşamlarını ilgilendiren uygulamalı öğretisiyle, insanların karakterlerinde meydana getirdiği iyi yöndeki değişimlerle ve her türlü hastalığın karma yasası çerçevesinde iyileştirilmesi gibi mucizeleriyle dünyaya hızla yayılmıştır.

Prashanti Nilayam, dünyanın her yanından tinsel yolculuğa çıkan milyonlarca insan tarafından yıllardır ziyaret edilmektedir. İnsanlar arasında yapılan her türlü ayrıma karşı olan Sathya Sai Baba, belirli bir toplum belirli bir din veya bir çıkar için değil, aralarında hiçbir fark gözetmeksizin tüm insanlık için geldiğini söyler. "Bırakın farklı inançlar var olsun; bırakın gelişsinler ve Tanrı'nın görkeminin şarkısı tüm dillerde farklı melodilerle söylensin. Amaç bu olmalıdır. İnançlar arasındaki farklılıklara saygı gösterin ve birlik ateşini söndürmedikleri sürece, hepsinin geçerliliğini tanıyın. Eğer herkes, hırs veya nefretten etkilenmeden, kendi dinlerinin kurucularının ortaya koyduğu ideallere göre yaşarsa, o zaman dünya insanoğlu için mutluluk ve huzur dolu bir yer olacaktır."

Sathya Sai Baba'nın görevi; nefret, kin, kıskançlık, öfke ve hırs yerine sevgi ve dayanışma aracılığıyla insanların hakikat, doğru davra-

* Bir bilgenin ruhsal öğretisini almak için saliklerinin toplandığı yer.

nış, sevgi, huzur ve şiddetten kaçınma prensiplerine uymalarını sağlamaktır.

"İnsanlığa karşılıksız hizmette bulunmak, en yüksel tinsel eğitimdir" der. "Hizmette bulunun; çünkü hizmette bulunmazsanız huzura kavuşamazsınız. Bütün insanlığın ve bütün canlıların geniş bir aile olduğunu deneyimlemek, içten gelen bir dürtüdür. Şefkatinizin ufkunu sürekli genişletin. Yaşamın amacı, sevgide gelişmek, bu sevgiyi büyütmek ve Sevgi olan Tanrı'da erimektir. Ve bu da, en iyi şekilde, başkalarına hizmette bulunarak yapılır."

Tüm dünyada milyonlarca gönüllü insan hizmet faaliyetleri göstermekte, özellikle de ihtiyaç içindeki insanlara yardım etmektedir. Her insanın içindeki ilahi vasfın uyandırılması gerektiğini vurgulayan Sathya Sai Baba, bunun en iyi yolunun hizmet ve sevgi tatbikatı olduğunu söyler.

Sathya Sai Baba şöyle der: "Karakter yaratmayan bir eğitim, insanlıktan yoksun bir bilim, ahlaki olmayan bir ticaret, yalnızca faydasız olmakla kalmaz, aynı zamanda çok tehlikelidir."

Sathya Sai Baba, kendisinin belirli bir toplum, belirli bir din veya menfaat için değil, tüm insanlık için geldiğini söyler. Onun öğretisi, bir mezhep/tarikata ait değil evrenseldir.

Sai Baba'nın temel öğretisi şudur:
Tüm dinlere ve uluslara saygı gösterin.
Bencilliksiz, sevgiyle dolu bir hayat yaşayın.
Hizmet edin. İnsana hizmet etmek Tanrı'ya hizmet etmektir.
Egonun eriyip yok olmasına çaba sarf edin.
İçinizdeki ilahi vasfı (atma prensibini) idrak edin.

Sai Baba yeni bir din veya felsefe getirmediğini, sadece insanların unuttuklarını hatırlatmaya geldiğini söyler. Evrensel "bilgi" zaten en yüce varlık olan insanda mevcuttur, fakat çeşitli sebeplerden dolayı unutulmuştur. Doğru yaşamla bize bunları tekrar hatırlatır. Öğretinin temeli bilinen en eski yazılı kutsal metinler olan "Veda"lardır. Bunlar yaşamımızın her alanında (inanç, ibadet, aile, eğitim, sağlık vs) doğru davranışın nasıl olması gerektiğini anlatır.

Burada bahsetmediğim çok çeşitli ve birbirine benzer meditasyon teknikleri vardır. Örneğin Anandavarga gibi. Bu meditasyon tekniklerinin bazıları herhangi bir cisme, resme, renge, muma konsantre olarak zihin üzerinde etki ederken bazıları da özellikle herhangi bir cisme veya düşünceye konsantre olmayıp, zihni serbest bırakıp düşüncelerin kendiliğinden yüzeye gelmesini ve böylece zihnin derin dinlenmeye daha rahat geçmesini amaçlar. Sonuç olarak aslında çoğu diğer teknikler gibi meditasyon öğretisi yapan kişiler veya kuruluşlar da iyi niyetle bazı çalışmalara başlamakta ve öğretmektedirler. Ancak uzun vadede bu kişi veya kuruluşlardan bazıları çok farklı yollara sapabilmekte ve yarar verebilecek bir dinlenme ve rahatlama tekniğini çok değişik yerlere çekip kişilere bazı olumsuzluklarıda yaşatabilmektedirler.

Eğer sizde psikiyatrik bir bozukluk olan psikoz grubundan bir rahatsızlığa eğilim varsa (sanrılar, halüsinasyonlar, gerçeği değerlendirme yetisinin bozulduğu durumlar) o zaman kesinlikle psikiyatrınıza danışmadan kendi başınıza bu tür derinleşilen zihin tekniklerini uygulamayın. Hele kendi başınıza kullandığınız psikiyatrik ilaçları asla kesmeyin. Gittiğiniz yerde herhangi bir kişiyi bir guruyu çok özel bir peygamber, hatta her derde ve soruna deva âdeta küçük bir tanrı gibi lanse ediyorlarsa derhal oradan uzaklaşın, zira kandırılma olasılığınız oldukça yüksektir. Ayrıca sizden hep yeni bir bilgi veya teknik öğretisi adı altında sürekli para veya katkı isteniyorsa yine orada fazla durmanızı öneririm. Gerçekten de insanlığın ve evrenin yararına olan bilgilerin öğretisinde emek ve bazı rutin masrafların karşılığı olarak alınabilecek makul miktarların dışında aşırı maddi karşılık olmaz; dikkatli olunuz.

Chanting/zikir (kelime veya ses tekrarı)

Aslında zikir veya *chanting* belirli bir ses veya anlamı olan bir kelimenin ritmik veya belirli sayılarda tekrar edilmesi prensibine dayanır. Sadece Budistlerde veya Hindularda değil Müslüman toplumlarda da uzun dönemlerden beri kullanılmaktadır. Ülkemizde maalesef insanları çok yanlış yerlere yönlendirebilen veya çekebilen bazı cahil ve kötü niyetli tarikatlar veya gruplar yüzünden bu değerli bilgi âdeta sakıncalı veya tehlikeli bir konumda kalmış ve çok etkili yararlar sağlayabilecek bir bilgiden uzak durulmuştur. Tabii ki burada hiçbir siyasi veya başka niyeti olmayan, sadece Yaradan'a daha yakın olmayı, kendini geliştirmeyi, nefsini terbiye etmeyi, insanlığa faydalı olmayı amaçlayan insanları ve grupları bu görüşten uzak tutarım. Bu konuda uzun süreli kişisel çalışmalarım ve gözlemlerim oldu. Hiçbir zaman bir grubun üyesi veya fanatiği olmadım.

Zikir demek kafaları abartılı şekilde sağa sola sallayıp, vücuda şişler geçirip, tuhaf sesler çıkarmak değildir. Kendini tanımaya, Yaradan'ın bazı özelliklerini hissetmeye ve daha da önemlisi kendimizde uyur halde duran bazı potansiyellerimizi uyandırmaya yöneliktir. Düzenli veya belirli program şeklinde yapılan ses tekrarları veya zikir kişide belirli sürelerin sonunda geniş açılımlar sağlar. Kişinin etkili bir program yürütmesi için mutlaka bir tarikata veya gruba bağlı olması gerekmez. Hatta önceden de değindiğim gibi bazı meditasyon grupları veya tarikatlar zamanla normal yaşantıdan veya toplumdan kopmalar da yaratabilirler, zamanla başka konulardan veya faaliyetlerden veya insanlardan zevk alınmaz bile olabilir.

Tabii ki bazı bilgileri ehlinden almak ve gerektiğinde belirli bir disiplin altında olmak ve bu yolda ilerlerken soruları doğru şekilde sorabilmek ve doğru cevapları alabilmek çok önemlidir. O zaman sizi sevgiyle kollayacak, dünya yaşantısından koparmayacak, asla şeyhlerin tanrı veya peygamber gibi gösterilmediği, sizi huzurla dolduracak, bilgiyle aydınlatacak bir grup bulursanız ne âlâ. Sonuçta tüm bu öğretiler sizin daha mutlu, huzurlu, sevgi dolu, başarılı olmanız ve daha önemlisi manen gelişmeniz içindir. Bu tür çalışmalar yaparken dikkatli olmanız konusunda sizi sık sık uyarıyorum, çünkü bazı kişilerin daha mutlu ve gelişmiş olmaya çalışırken yanlış yerlere gidebildiklerini de gördüm. Ülkemizde her türlü ruhsal teknik ve bunları öğreten kişiler çok rahat davranabilip istedikleri şekilde her türlü çalışma ve propagandayı yapabildiler, zaten burası da demokratik bir ülke ve dünyanın çeşitli kültürlerine açık olmak çok güzel. Ayrıca dünya üzerindeki her toplumun birbirinden öğreneceği çok şey var. Gerçekten de Uzakdoğu bilgileri ve ruhsal teknikleri insana çok şey katıyor, gelişime yardımcı olabiliyor. Özellikle meditasyon ve reiki gerçekten de doğru kaynaktan ve doğru şekilde öğrenilip, doğru şekilde uygulanırsa hem bedene hem de ruha çok olumlu katkılar sağlayabiliyor.

Uzun süredir "Bizim kültürümüzde de benzer bir şekilde insanlığın bedensel ve ruhsal gelişimine yararlı olabilecek bir teknik ve enerji akışı olabilir mi?" diye düşünüyor ve araştırıyordum. Çeşitli kişilerle görüştüm, çeşitli yerleri gezdim, çeşitli kurslar aldım, çeşitli kitaplar okudum ve sanıyorum insana çok olumlu etkileri olduğunu deneyimlediğim bazı bilgilere ulaştım. Bu özel bilgiler aslında önceden de var olan bilgilerdir, ama sanıyorum ben bu bilgileri daha sistematik ve anlaşılır bir şekilde toparlayabildim. Bu kitapta belki de benim için en önemli bölüm özellikle bununla ilgili olan bölüm oldu.

Bilindiği üzere gezegenimize gönderildiği öne sürülen ilk yazılı metinler VEDA metinleridir. Son gönderilen metin ise KURAN'dır. İlk metin olduğu öne sürülen VEDA'larda tanrıların adları çeşitli şekillerde bahsedilmiş ve kutsal seslerin (OM veya mantralar) belirli şekillerde tekrarının BRAHMANA ulaşmada önemli bir yol olduğu anlatılmıştır. Kabala öğretisinde ise Tanrı'nın 72 isminin meditatif bir şekilde okunmasının veya zikredilmesinin de özel açılımlar sağladığı beyindeki bazı merkezleri etkilediği öne sürülmektedir. Son ve bozulmamış kaynak olan Kuran da ise, ALLAH'ın sonsuz ve kavranamayacak kadar çok özelliği ile 99 güzel ismi olduğu, bu isimlerin her birinin enerjisinin ve özelliğinin farklı olduğu ve en güzel isimlerin onda olduğu belirtilmiştir. Benim hissettiğim kadarıyla ise bu isimler en güzel olma sıfatlarının yanı sıra en etkili enerjileri yayma ve açığa çıkarma gücüne de sahiptir. ALLAH'ın 99 ismiyle bilerek ve tekniğine uygun enerji çalışması yapan kişi birkaç hafta içinde bedensel ve ruhsal yapısında şaşırtıcı değişiklikler görecektir. Öncelikle daha sonra anlatacağım bölümü anlayabilmeniz için ilerde biraz astrolojiden ve sonrasında da Esma ül Hüsna'dan ve sonrasında kader programına nasıl enerji transferi yapılabileceğinden bahsedeceğim.

Evrensel enerji: taici çüen

Taici çüen özgünleşmiş bir çigong, yani bir yaşam enerjisi çalışmasıdır. İleriki aşamaları göz önüne alınırsa, bir öz savunma sanatı, temelleri açısından bir ruh-zihin-beden eğitimidir. Temelde yaşam enerjisini yoğunlaştırmayı, uzuvlara yaymayı, tüm bedende dolaştırmayı, yer ve gökle serbestçe iletişime sokmayı öğretir. Bedeni bir makine gibi yüksek tempoda çalıştırmayan, yorulma hissi yaratmayan, her yaşta yapılabilen bir hareket etme sanatıdır. Bu sanat, dirençsizlik öğretisinin harekete uyarlanmış biçimidir.

Taici çüenin meditatif çalışmaları, hazırlanma hareketleri, dizi hareketleri ve ileri düzeylerinde iki kişiyle yapılan öz savunma alıştırmaları vardır. Taicinin sözcük anlamı en yüce köken, yaşamın yüce soluğudur, çüen ise sıralı hareketler ya da yumruk anlamına gelir. Çinliler tarafından binlerce yıldan beri bir yaşam tarzı olarak sürdürülen taici, yaratıcı boşluktan çıkan doğal değişim, dönüşüm hareketlerinin, yin-yang'ın anlatımıdır. Çok eski zamanlarda Çin'deki Taocu ustalar bu hareketlerin ilkelerini insan bedenine uyarlamaya başlamışlar ve hareketleri zaman içinde belirginleştirmişlerdir.

Aşağı yukarı dört yüzyıl önce ortaya taici çüen adı altında hareket etme sanatı çıkmış, günümüze aile stilleri aracılığıyla gelmiştir. Taici çüen dünyanın diğer ülkelerine göçmenler ve kültürel alışverişler aracılığıyla sıçramıştır.

Hangi amaçlarla çalışılır?

Taici çüen tüm dünyada çeşitli amaçlarla çalışılmaktadır. İlk ortaya çıktığı zamanlarda yüksek düzeyli bir savunma sanatı kimliğindeydi. Zamanla gözden geçirilip değişikliklere uğratıldıkça sağlık alıştırması yönü ön plana çıkmıştır. Çin tıbbının enerji çalışmaları (çigong) içinde özgün bir konumda olduğu için Çin'deki tıp kuruluşları ona sağlık amaçlı uygulamalarda yer vermektedir. Hastane ve sanatoryumlarda hekim gözetiminde tedavi amaçlı olarak da kullanılmaktadır. Günümüzde Uzakdoğu'da yaygın olarak ya savunma sanatı ya da sağlık alıştırması kimliğiyle çalışılmaktadır. Çin'in geleneksel gösteri sanatları (Vuşu) içinde ve ilköğretim programında yerini almıştır. Çin'de ilkokulu bitirebilmek için sanatın yirmi dört hareketlik Pekin dizisini iyi düzeyde icra edebilmek gerekmektedir.

Sağlığa yararları

Taicinin, insanın ruh-zihin-beden bütünlüğü üzerindeki faydaları kanıtlanmıştır. Zihni dinlendirir. Beynin iki yarımküresini işbirliğine sokarak eşgüdüm içinde çalıştırır. Dikkat verme ve yoğunlaştırma yeteneğini artırır. Merkezi sinir sisteminin çalışmasını iyileştirir. Duyu organlarının etkinliğini artırarak algılamayı keskinleştirir. Hareketlerde eşgüdüm (koordinasyon) ve denge geliştirir. Çeşitli duruş bozukluklarını düzeltir. Karın solunumu kazandırarak soluma kapasitesini artırır. Karaciğeri kanlandırır. Mide ve bağırsağın dalga hareketini kuvvetlendirir. Sindirimi canlandırır. Kas, bağ ve tendonları gevşeterek esnetir. Kan dolaşımını uyarır. Kalbin çalışmasını düzenler. Çeşitli dolaşım sistemi düzensizliklerini ortadan kaldırır. İç organların faaliyetlerini ve bedendeki tüm madde alışverişini canlandırır. Yaşam boyu çalışılmasının en iddialı ve güzel ödülü yaşlanmayı geciktirmesidir.

Sağlığa olan faydaları bilimsel olarak kanıtlanınca Batılı ülkelerde yaygın kabul gören taici için okullar açılmıştır. Uzakdoğu'da olduğu gibi Batılı ülkelerin sanatoryumlarında da çeşitli hastalıkları tedavi etmek amacıyla taicinin dizi hareketleri kullanılmaktadır. New York'ta ve bazı Batılı kentlerdeki yaşlılarevinde denge geliştirme ve yaşlanmayı geciktirme amacıyla öğretilmektedir. Birçok tiyatro okulu taicinin dizi hareketlerini temel eğitimlerine almıştır. Taicinin özellikle dizi hareketleri çeşitli alanlarda çok amaçlı olarak değerlendirilmekte, dünyanın çeşitli ülkelerinde yalnızca bir savunma sanatı ya da sağlık alıştırmaları dizisi olarak değil, dans ve tiyatro eğitimine destek amaçlı olarak da kullanılmaktadır. Sanatın özellikle Yang stili birinci sırada sağlık ve esenliği amaçlar. Diğer çigong alıştırmaları gibi taici çüen de yaşamın kalitesini artırır, ömrü uzatır.

Taici, düzenli çalışılırsa yorgunluk belirtilerini, dikkat eksikliğini, öfkeyi, ruh halindeki oynamaları, neşesizliği, başın içindeki basınç hissini, özellikle darbeli baş ağrılarını, ani baş dönmelerini, uykusuzluğu, sersemliği, kalp çarpıntısını, mide rahatsızlıklarını, pekliği, ishali ve psikolojik kökenli iktidarsızlıkları giderir; bacaklardaki dolaşımı ve kas hareketliliğini iyileştirerek varis oluşumunu ve yağ dokularının meydana gelmesini önler; duygusal sorunlu ve gergin zihinli insanların psikolojilerini düzeltir; kronik durumlarda ve nevrasteni, yüksek tansiyon, akciğer şişmesi, soluk borusu nezlesi, mide ve bağırsak sorunları gibi hastalıklarda etkili iyileşme sağlar; eklem katılaşmasına karşı korur, hafif kireçlenme ve romatizmada eklem esnekliğini artırıp hareketlerin sınırlanmasını engeller, kas liflerini uzatır ve geliştirir; kemikleri güçlendirerek kırılmalara karşı korur ki bu özelliğiyle osteoporozlu hastalara özellikle önerilir; tüberküloz enfeksiyonuna ve amfizeme karşı koruyucudur, adrenalin salgılanmasını ve kolesterinle ilgili madde alışverişini düzenler, tansiyonu ve kiloyu dengeler, duyuları keskinleştirir. Özellikle dolaşım, sindirim, kilo ve tansiyon sorunları, kireçlenme ve romatizmal sorunlar, varis, osteoporoz, zihin yorgunluğu ve stres, taici çalışanlarda oldukça seyrek görülür.

Taici çüen insanı, Çinlilerin anlatımıyla bir çocuk kadar "ben" duygusundan uzak, bir oduncu kadar sağlıklı ve bir bilge kadar sakin ve huzurlu yapar.

Biyoenerji

Beş bin yıllık bir geçmişi olan geleneksel Çin tıbbına göre insan vücudunda bir elektrik akımı bulunmaktadır. Buna qi (chi) denir. Bu akımı oluşturan iki çeşit enerji vardır. Bunlar "yang" (pozitif) ve "ying" (negatif) akımlardır. Sağlıklı vücutta "ying" ve "yang" uyumlu ve dengelidir. Bu dengenin herhangi bir nedenle bozulması çeşitli hastalıklara sebep olur. Akupunktur noktaları vücuttaki elektrik akımının konsantre olduğu yerlerdir. Vücuda batırılan iğneler bozulan elektrik akımını engeller. İğne bir "anten" rolü oynar, eğer noktada fazla elektrik varsa çıkartır, elektrik az ise artırır.

Akupunktur noktaları 12 meridyen üzerinde bulunur. Her meridyen de belirli bir organa bağlıdır. Enerji dengesi ayrıca çakra (şakra) adı verilen enerji merkezlerinden de dengelenebilir.

Yedi tane büyük (ana) çakra vardır:
1. Kuyruk sokumunun sonunda
2. Göbeğin dört parmak altında
3. Tam göbek üzerinde
4. İki göğüs arasında
5. Boyunda iki kas arasında
6. Alında, iki göz arasında
7. Başımızda tepede, çocuklarda tam bıngıldak bölgesinde

Her insan biyoenerji aktarabilir. Ancak, tedaviyi uygulayanın enerjisi, tedavi olan kişininkinden daha güçlü olmalıdır. Daha güçlü enerjiye sahip insan, evrensel enerji ile hasta arasında bağlantı kurup

* Bu bölümün hazırlanmasına katkıda bulunan Dr. Yegâne Mutlu'ya teşekkürler.

hastaya enerji aktararak dengeyi sağlar. Yani biyoenerji tedavisi uygulayan insan bir kanal rolü üstlenir.

Evrensel enerji, yerküresinin etrafında oluşan güçlü elektromanyetik alandır. Evrensel enerjinin diğer adı "makrokozmos"tur.

Her canlının (hayvanlar ve bitkiler dahil) kendine özgü bir biyomanyetik sahası vardır, bu alana da "mikrokosmos" veya "aura" denir. Bizim auramız makrokozmosla daima bağlantı içindedir. Enerji kanalımız açık olduğu sürece çakraların enerjisi bozulmaz. Enerji kanalı kısmen veya tamamen "bloke" olduğunda (kapandığında) genetik olarak zayıf organlarımızda sorunlar ortaya çıkar.

Bu enerji blokajını evrensel enerjiyle güçlü bir bağı olan ve bir aracı olarak devreye girecek bir biyoenerji uzmanı ortadan kaldırabilir. İnsanlar kendi kendilerine de enerji toplayabilirler. Bunun için yoga, reiki, meditasyon veya dua (namaz) vs gibi yöntemler kullanılabilir. Kesin ve kalıcı sonuçlar bu yöntemler uzun süre kullanıldığında alınabilir.

Biyoenerji tedavisinin genel faydaları

Bağışıklık sistemini güçlendirir Vücuttaki kan dolaşımını hızlandırır. Metabolizmayı hızlandırır. Kronik yorgunluğu ortadan kaldırır. Ruhsal durumu düzenler. Her türlü ağrıyı azaltabilir.

Biyoenerji tedavisi nasıl yapılır?

Bunu anlamak için "makrokozmos" ve "mikrokozmos" kavramlarını açıklamak gerekir. Evrende güçlü bir elektromanyetik alan vardır ve buna "makrokozmos" veya evrensel enerji denir. Vücudunuzun etrafında da küçük bir alan olan "mikrokozmos" veya "aura" vardır.

Fiziğin bir kuralı da şudur: elektrik olan bir yerde muhakkak elektromanyetik bir alan oluşur. Vücuttaki qi de auramızın boyutunu belirler.

Biz devamlı evrenden bir vibrasyon veya enerji alırız. Farklı meditasyon yöntemleri bu vibrasyonu daha yoğun almamıza yardım eder. Yoga, reiki, meditasyon ve namaz enerji almak için farklı tekniklerdir. Enerji kaynağı tektir: evrensel enerji, vücuda giren enerji biyoenerji oluyor.

Bazen meditasyonla enerji sağlanamaz. O zaman daha güçlü enerjisi olan insanlardan yararlanılabilir. Bu kişiler (biyoenerji uzmanları) evrenden enerji alıp hastaya transfer eder, yani hasta ile evrensel enerji arasında bir kanal oluşturur. Bu da genelde 7 büyük çakra üzerinden yapılır. Şifa veren kişi çakraların üzerine ellerini koyar (temaslı çalışma) veya 10–15 santimlik mesafeden enerji vererek çalışır (temassız çalışma).

Ayrıca uzaktan uzağa enerji transfer etmek de mümkündür. Bunun için özel bir yetenek gerekir.

Çakraların belirli renkleri vardır ve bazı doğal taşlar bu çakraları dengeler.

	1	2	3	4	5	6	7
Çakra	kuyruksokumunun sonu	sakral bölge	göbek solar plexus	kalp çakrası	boğaz çakrası	iki kaş arası	tepe çakrası
Taş	akik, kaplangözü	aytaşı, kaplangözü	pembe, kuartz, malachite	yeşim taşı, pembe kuartz	aquamarine, Lapis, firuze	lapis, ametist	kaya kristal, saf kuartz, yeşim taşı
Renk	kırmızı	turuncu	sarı	yeşil	mavi	mor	altın, indigo

Enerji dengesi neden bozulur?

Bunun birkaç sebebi vardır.

Aldığımız kötü besinler vücutta toksin birikimine yol açar. Toksinler de enerji kanallarının tıkanmasına sebep olur.

İnsanlar birbirleriyle devamlı enerji alışverişindedir. Bazen birbirimize negatif enerji verebiliyoruz.

Yaşanan yoğun stres enerjimizi tüketir, zayıf noktalarımızda sorun olarak ortaya çıkar.

Çok sık rastlanan bir enerji blokajı da duş aldıktan hemen sonra dışarı çıkan kişilerde meydana gelir. Sıcak su enerji yollarını açar. İki saat beklemeden dışarı çıkarak rüzgâr veya klima etkisine maruz kalınırsa soğuk hava kanalımıza yerleşir ve orayı bloke eder. Bu da zaman içinde ağrılara sebep olur.

Esas enerji kanalımız omurgadan geçer. O kanal kapanınca harcadığımız enerjiyi alamayız ve zaman içinde tükeniriz. 7–8 saat uykudan sonra bile yorgun kalkıyorsanız büyük ihtimalle kanalınız kapalı demektir. Gece beyin dinlenir ve enerji toplar. Zinde ve mutlu uyanılmalıdır. Ruhsal durumumuz da enerjiye bağlıdır. Güçlü enerjisi olan insan ruhsal olarak da güçlüdür.

Astrolojide gezegenler ve evler neyi temsil ediyor?

Astroloji nedir?

Astroloji, gök cisimlerinin canlı ve cansız varlıklar üzerindeki etkilerini araştıran bilimdir.

Horoskop nedir?

Horoskop dünyanın belirli bir yerinde ve belirli bir zamanda doğmuş bir kişinin karakteristik özelliklerini ve ona olabilme olasılığı olan olayları açıklamak için hazırlanılan evlerden oluşan bir diagram ya da haritadır. Doğum haritası da denir. Doğru bir yıldız haritasına sahip olmak için doğum yeri ve zamanını tam olarak bilmek gerekir.

Astrolojide gezegenler ve evler neyi temsil ediyorlar?*

"İnsanoğlu dünyayı
zincirleyen bütün güçlerden,
iradesini kazandığında kurtulur."
Goethe

Ruhun ilahi devinimi

Gelecek, ihtimallerden oluşur. Ve özgür iradeniz de geleceğin kalitesini belirler. Kararlarınızın değişikliğe uğradığı zamanlardan sonra hayatınızın nasıl da yön değiştirdiğini hatırlayın.

Bir horoskop, size önerilerde bulunan ve onu doğru okuyan bir kişiyle çalışıldığında, size hayat programınızın amaçlarını gerçekleştir-

* Bu bölümü hazırlamamda yardımcı olan astrolog Oğuzhan Ceyhan'a teşekkür ederim.

menizi sağlayan yolları tarif etmek üzere çekilmiş bir resimdir.

Bu doğum anınızın resmi, taşıdığı değişmezlik ile geleceğin ana yollarını çizmiştir. Bu yollara ulaşmak için hangi yolları kat etmeniz gerektiğini size bırakmıştır. Her yolculuğun bazı bölümlerinde olduğu gibi girilmez levhalarını ya da tehlikeli patikaları bulabilirsiniz. Buna benzer nitelikte olan, yolun karakteristik yapısını belirtmek için tarif ettiğimiz mutlaklar, astrolojiye gelecek hakkında kesin konuşuyor damgasını yerleştirir.

Evet, yol her zaman açık ve pürüzsüz olamaz. Ancak zorluklar, bu yolu seçen kişi için özel olarak belirlenmiştir. Ve tüm bunlara rağmen, yolun ne kadarını ve nasılını tercih ettiğiniz size bırakılmıştır. Zorlukları nasıl aşacağınız da haritanızda saklıdır. Bu yüzden iyi bir okuma ile horoskop kişinin bu zor yolunda her zaman destek olacaktır.

İçsel oluşların enerjisel bir aktivasyon olduğunu, tüm bunların görünen herhangi bir şeyle ilgisi olmadığını düşünmek, hormonlara, sinir ağlarına ya da beynin yapısına gözleri kapamak gibi, gezegenlerin enerjisel ilişkilerine de gözünü kapamak demektir.

Bizlerin, Ay'ın Dünya üzerindeki etkilerini kabul edişimizin ardında görsel ispatlar vardır. Bu yüzden bu görünmez iplerle bağlı etkiye kolayca inanırız. Ve bizim için kabul edilebilir bir ilişki aralığında olduğunu düşündüğümüzden dolayı, Dünya-Ay uzaklığı bu sonuçları verebilir nitelikte görünür. Neptün ya da Plüton'un uzaklığı aynı sebeptendir ki, pek uzak görünür bize. Ancak hatırlamalıyız ki, bizim ulaşılamaz gördüğümüz bu aralık, evren için sözü edilmez bir küçüklüktür. İlişkilerin, bizlerin ulaşamadığı mesafelere göre belirlenmesi gerçeği, evrenin bu olağanüstü büyüklüğünü ayakta tutan gerçeğe büyük bir inançsızlıktır.

Hayat bağlarımızı ayakta tutan, yalnızca beynimizden geçen impulslar ve buna bağlı pek çok hormonun düzeyleri değil, onların işlerliğini sağlayan daha büyük bir enerjisel kaynağın gücü ve mesafeleri aşan etkileridir.

Astroloji, insanoğlunun ulaşabileceği gezegenlerin mesafelerinin kurallarını aşar. Ve bin yıllar önceden beridir insanoğlu, hayatın bağlarında bu ilişkilerin büyük etkileri olduğunu görmektedir. Ve bunları anlatmak için, teleskopların gördüğü gerçekleri kullanır. Astrolojide kullanılan Zodyak sembolizmi ise, ruhun evrimsel gelişiminin Zodyak'ın burçları boyunca resimlenmiş harika bir hikâyesi olarak insanlık tarihindeki yerini özenle alır.

Şimdi yakınlaşıp, insanın Burçlar Kuşağı'ndaki serüvenine farklı bir noktadan başlayarak yaklaşalım. Hem de Koç değil, Yengeç Burcu'ndan...

Yengeç Burcu, ezoterik astrolojide, ruhun bedeni dünyada ilk deneyimlediği burç olarak kabul edilir. Zodyak'ın dördüncü burcu olan Yengeç, geleneksel olarak Ay tarafından yönetilir. Yengeç; anne ile çocuğun ilişkisiyle, beslenmeyle, aile ilişkileriyle, duyguların geliş ve gidişleriyle alakalıdır.

Ruh; yeni tanıdığı bedendeki duyguları deneyimlerken, ben egolarına sahip olmayan birey, sezgi yeteneklerini kullanarak, içinde daha tam anlamıyla gelişmemiş olan güdüleri sezer. Arzunun doğasını ve doruk deneyimleri bir bütünlük içinde gösteren sezgisel birey, bir sonraki Aslan Burcu ile ben egosunu deneyimler.

Aslan Burcu; Zodyak'ın beşinci burcu olup, doğasından ayrılan ruhun bedenlenme süreci içindeki, bireysel ben egosunu tanıdığı yerdir. Yengeç'in ruhsal girdapları yoktur. Ve Ay'ın gümüşi ışığı altında, herkesin somut olarak eşit olduğu dünyada, artık ruhun ona ait olan ve onun sahibi olduğu, kendisine bir ego olarak gördüğü bir yeri vardır. Benliğin doğumu sayesinde, bilinç bireyselleşmiş bağımsızlığa, yaratıcılığa ve bedene ait olan hazlara alışmıştır. Güneşin ışığı altında ise ruh, dünyaya ait farklılıkları algılar, renkler, tatlar, kokular ve bedensel hazları deneyimler.

Aslan Burcu, dünya tiyatrosunu ve zihnin yaşamı bir bütün olarak algılamasıyla ilgilidir. Beden ruhtan ayrı bir bireymiş gibi görünür. Aslında beden, zihnin hapsolduğu yerdir. Yengeç Burcu'nda ruh bedenin birliğini görürken, Aslan Burcu sembolizminde bedenin zihni gerçek olarak kabul ettiği ve kendini meydana getiren ruhsal bütünlük içindeki yapıya ait olan şeyleri unutma sürecine girdiğini gösterir. Ben egosu gururu, gurur ise onaylanma arzusunu doğurur. Tam anlamıyla maddeleşmiş ruh, zaman içinde kendisine ait tüm enerjisel formlarla ilişkiyi keser. Artık dünyasal karma başlamıştır. Yengeç Burcu beden ile ruhun birbirine tensel formda ilk yaklaştığı burçtur. Aslan Burcu ise ruh ve bedenin birbirlerine olan farkındalıklarını kaybettiği yerdir. Yaşam oyununda oyun yazarı olan bilinç, artık ruhunun aynası olma özelliğini kaybetmiştir.

Zodyak'ın altıncı burcu Başak'ta ise ruh, bu bireysel bağımsızlığı devam ettirmek için, beden sağlığının önemini fark eder. Beden sağlığı düzgün olduğu takdirde birey kendini daha rahat, üstün ve daha tinsel hissedecektir. Başak Burcu, yazın bitimini, sonbaharın başlangıcını müjdelediği gibi, geçmişte ektiğimiz iyi veya kötü tohumların vakti geldiğinde, yeni meyveler vereceğini bize hatırlatması adına önemlidir. Ruh, Başak Burcu'nda maddenin farklı varyasyonlarını deneyimler.

Kişi Aslan Burcu'nda sahip olduğu bedene, Başak Burcu'yla beraber iyi bakması ve önemsemesi gerektiğini görmelidir. Bireysel özgürlüğün, hizmet etmenin, çalışmanın ve karmadaki ekilen meyvelerin sonuçlarının, ilk alındığı bölge olması adına bu burç önemlidir. Burada ne yazık ki, can ile beden arasındaki ilişki tamamen kesilir. Kişi kendi ruhsal evrimini tam anlamıyla unuttuğu gibi, dünyasal gerçeklikleri belli aşırılıklar içinde kabul eder ve bedeninin devamlılığı için, hizmet eden ve kendisine hizmet edilmesinden hoşlanan tüm mizaçları kavrar. Tanrı ilahi doğasını kaybederek, burada yaşamsal kozmik enerjiye döner. İnanç ve inançsızlık başlar. Kişi kendi dışındaki tanrısallık dahil tüm gerçekleri eleştirir. Onaylanma, kabul edilme ve bireysel kimliğin gelişimi burada ait olduğu kozmik sisteme aykırı bir şekilde hareket eder. Aslında, evrensel yasaların doğayla algılanması ve Dante'nin *İlahi Komedya*'sının başlangıcı Başak'ın bittiği yerdedir. Kibir, arzu, benmerkezcilik, burcun son derecelerinde çok baskın görünür. Hiçbir zaman makrokozmik bir anlayışın kendisini kapsadığını kabul etmek istemez. Kısacası, insanın ölümsüz bir Tanrı olduğunu unuttuğu yer olan Başak Burcu'ndaki can, ruhun geri dönüş yasasında anlatıldığının aksine, hapishanesindeki hücresini dekore etmeye başlar. Bedensel hastalıklar, dünyasal işlerden kaynaklanan yorgunluklar, kas gücü ve ter, emekçilik ve materyalizm, maddesel ilk deneyimde tüm gerçeklikleriyle açığa çıkar. Ve insan doğar.

Zodyak'ın yedinci burcu Terazi, ben egosuna sahip bedenin devamlılığı için çalışma ve ihtiyaçların karşılanması için mücadele etme amacındaki Başak Burcu'ndan sonra, bedenin toplum içindeki yalnızlığını ve bu yalnızlığın uzun zamanlar önce kaybettiği eksik parçaya olan bağlılığından kaynaklandığının nihayet bilincine varır ve kaybettiği değerleri yeniden aramaya başlar. Başak'la çok vakit kaybetmiştir. Ruhani arayış bedene indiğinde arzular ve bağlılıkla beraber, ayrılığın tezahürünün farkına varır. Ruh eksik olan parçayı tamamlamalı, bedensel ihtiyaçlar doyum bulmalıdır. İşte o tezahürün şafağında bulunan şey, bir eş, bir sevgili veya daha da ötesidir.

Zodyak'ın sekizinci burcu Akrep, ruhani, ruhani olduğu kadar da bedensel şehveti temsil etmesiyle hepsinden ayrıdır. Bedeni deneyimleyen varlık, bedenin tatmin edilmemiş şehvet dolu arzularını, Terazi Burcu'nda tezahür eden sevgi açlığıyla gidermeye çalışır. İşte burada, aslında kaybettiği parçanın, kalbinin derinliklerinde olduğunu ve kendi dışında olmadığını fark eden benlik, kendisi gibi yaratılmış çeşitli bedenlerle birleşir. Arzu bağlılıktır. Karma bağlılıktır. Sevgi ise yalnızca araçtır. İşte burada, beden cinselliğinin en üst düzeyde paylaşımını ve bedenin kendisini kopyalamasını deneyimlerken, benlik bilgisi büyük bir sarsıntıya uğrar. Ruhunun aynası beden değildir. Beden fani olan, ölüp giden ve geçici olandır. Gizemli burçların burcu Akrep, tıpkı kendi sembolü gibi hem kendisini bedensel arzularıyla birleştirmiş, hem de bedenin yok olmasını sağlayarak yeni bir samsara döngüsü yaratmıştır.

Ölümü ve cinselliği deneyimleyen ruh; Zodyak'ın dokuzuncu burcu Yay, insan aklının en felsefi ve anlaşılmaz olan bireyselliğini, kendi tinselliği içinde açıklamaya çalışır. Felsefi olarak çok kişiseldir, ruhsal olarak da çok toplumsal. Yeni bilgilerle donanmış beden, entelektüel gelişimiyle farklı inançlara ve farklı doğalara doğru yönelir. Ve bir şey fark eder: Ne yazık ki, toplumdaki bireyler kozmik döngülerle ve kozmik varoluşla ilgili değildirler. Bu nedenle kozmik döngülerle yakın hareket etmektense, onlara aykırı davranmaya ve tanrısal bilgiyi bile maddeyle satın almaya çalışır. Ruh, bunun farkına vardığı anda, kozmik etki veya kader ona yardım eder. Ve ruhun aydınlanma süreci işte tam burada başlar. Artık akıntıya kürek çekmemeli, kendini yaşam suyunda serbest bırakmalı ve gidilmesi gereken yere gitmelidir. İşte mikrokozmos ile makrokozmosun arasında bulunan tüm şeyleri ve erekleri inceleyen, artık kendi başkalaşmış benliğinden başkası değildir.

Oğlak Burcu, Zodyak'ın onuncu burcu olup, karmanın başladığı Yengeç Burcu'nun karşısıdır. Tüm dünyasal mecburiyetler ve karmik verilmiş sözlerin takipçisi Satürn tarafından yönetilir. Ne gariptir ki, makrokozmos, bize karmik gerçekleri görmemiz için Ay ile Satürn'ün kendi hareketleri içindeki yörünge sürelerini aynı kılmıştır. Yengeç Burcu'nun yöneticisi Ay'ın, bir döngüsünün 28,5 gün olması ile Oğlak Burcu'nun yöneticisi Satürn'ün bir döngüsünün 28,5 yıl olması acaba nasıl bir tesadüftür?

Beden artık Ay'ın yönettiği bilinçaltı, otomatik arzular ve çocuksu isteklerden kurtulmak zorunda olduğunu, ilk Satürn döngüsü ve Oğlak Burcu'nun soğuk ve baskıcı, geçmek bilmeyen sınavları içinde öğrenmek mecburiyetinde kalır. Onun artık amacı; bilinçli farkında olmak, kendi bedenini fiziksel düzeyin ötesine götürmek, bütünden kopmuş parçanın bütüne dönerken kaybettiği tüm değer ve yetenekleri, yeniden birleştirme arzusundan başka bir şey değildir. Hem fiziksel hem de ruhani düzeyde kişi, tatmin edilmemiş arzularla yaşamaya mahkûm edilir.

Ruhu kabul etmeyen tüm bedensel inatlar, karmayı kendi içinde çözülemez bir samsara girdabına çeviren ve tüm varoluşları içinde yaşanılan duygusal travmalar, Oğlak Burcu'nun ve karmanın yöneticisi Satürn'ün görevidir. Onu kişisel düzeyde yorumlarsak, kutsal düzeni hiçbir zaman anlayamayız. Sürecin başlangıç noktası Yengeç'in karşısı olarak ruhsal sürecin bittiği, canın bedeni her koşulda sahiplenmek zorunda bırakıldığı burç olan Oğlak, benlik bilgimizin gelişmesi, kendimizi doğru bir şekilde kavramamız için gerekli tüm doğal yetenekleri de bize verir. Artık iyi veya kötü kader, Satürn'ün elindedir. Satürn ise yapılan karmanın gelişimi için tüm haklı karşılıkları verecek bir başöğretmen gibi çalışmaya devam eder. İnsan ne ekerse onu biçecektir. Karma, tek ama o derecede basit olan, en önemli ve evrensel doğa yasasıdır. İşte Oğlak Burcu, herkesin ektiğini biçtiği, haklının haklılığının, haksızın ise farkındalığının bilinçsiz olan aklının, duygusal travmalarla çözüldüğü yerdir. İlahi adalet, Yay Burcu'na kadar serbest bırakılan ruhun bundan sonra tanrısal yasalarla sınanacağını, ahlakdışı yollarla edinilenin ahlakdışı yollarla kaybedileceğini, alın teriyle kazanılanın ise, kat ve kat fazlasıyla geri kazanılacağını, bizlere farklı şekillerde tezahür ettirerek bilinçli aklımıza sunar. Tıpkı Yengeç Burcu'nda olduğu gibi. Yalnız ve çıplak doğan, ruh ruhsal âleme de yalnız ve çıplak dönecektir.

Zodyak'ın on birinci burcu Kova'yla beraber birey, yaşamda ve eylemde harekete geçmede, benim, bana ait olan, bireysel ve toplumsal tüm değerlere kendi adına bakan Aslan Burcu'nun karşısına geçmiştir. Artık, "Ben Ay Balık Burcu'ndayken doğmuşum, ben sanatçı ve duygusalım veya Venüs, Uranüs ile üçgen yapmış, duygusal ilişkilerimle özgürlüğe ve çeşitliliğe ihtiyaç duyarım" şeklindeki tüm önermeler, Kova Burcu'nun kendisi içinde zıtlıkları ve tezahürün şafağındaki kaosu temsil eden Uranüs'ün etkisiyle yok olmalı ve benlik tümleşik egonun içinde binlerce parçaya bölünmelidir. Artık kökleri derinlere uzanan deneyimler bitmiştir. Üzerinde çok fazla odaklanarak kendini anlama çalışmaları da...

Kendini anlamak için yarattığı tüm kavramlar, Kova Burcu'nun özgürlüğü ve o toplumsalmış gibi görünen bireyselliğiyle birlikte ben egosunu çözer, yok eder, ayrıştırır. "Ben"i öğrenmiş olan ruh artık geriye dönmek için "biz" demeyi öğrenmelidir. Ve bunun için ruhunun derinliklerine inmeden, kendi dışında var olan diğer bedenlerle ilişki kurmalı ve o ilişkilerden edindiği deneyimleri tatmin edilemez içgüdülerine ve ihtiyaçlarına gem vurmak için yeni ortamlar sağlamaya çalışmalıdır. Benlik kavramlarımız, Kova Burcu enerjisini yaşadığımız anda bile her şeye rağmen şişirilmiş egolarımızla çok fazla ilintilidir. İşte burada, artık kaderi akışın yöneticisi Uranüs'tür. Satürn'ün temel dünyasal baskısı burada hafiflemeye başlamış ve karmanın sembolik olarak yöneticisi Uranüs görevi devralmıştır. Tabii ki, Uranüs'ün görevi devralmasıyla, Satürn'ün görevi de henüz bitmemiştir. Uranüs aşırılıklarımızı sınarken, Satürn ise, sahip olduğumuz değerleri korumamız gerektiği konusunda bizi uyarır. Sorun şudur ki, acının kaynağı arzular mıdır? Yoksa arzuların kaynağı acılar mıdır? Marjinal olmak ve farklı olmak ve toplumda devrimleri yaratmak acaba toplum için gerekli ve hayırlı mıdır? Bencillik ve "her şeyi ben bilirim" tavrıyla ve sahte bilimselliği kullanarak, insanları kandırmak gene bize ait olan karmik değerlerin ilahi değerlerle örtüşmemesinin bir sonucu değil midir?

Ruh geçmişteki hatalarına ait tüm kalıpları Kova Burcu'nun farklı Uranüsyen titreşimi sayesinde atmaya çalışır. Aslında bu yalnızca, holistik bir kendini kandırmadan başka bir şey değildir. Uranüs'ün sinirli, sert, kabul edilemez tavrıyla beraber tüm geleneksel değerleri yıkarak, aşırı uçlara gitme eğilimleri gösterir. Bilimsel göründüğü için kabul edilendir... Eskiyi bırakıp, yeniyi takip ettiği için de beğenilen...

Meydan okuyucu ve yaşamın tanığa tanıklık eden kendi değerini ifade etme çabası, bir süre sonra, kişinin kimlik anlayışında radikal bir değişime sebebiyet verecektir. Burada kişi, aşırı uçlara giderek ya Oğlak Burcu'na geri dönecek ve durması gereken yeri öğrenecek ya da Balık Burcu'nun enerjisiyle durmayı ve hayal etmeyi öğrenecektir. Duygusal aşırılıklarından kurtulduğu takdirde içindeki derin tatminsizlik duygusu bitecek, kendisine karşı olan acımasızlığı ve sertliği kendi imajını ve var olan benlik duygusunu yıkma arzusuna dönecektir. Annelik, babalık, eşlik, çocukluk... Her şeyin bittiği Kova Burcu'nda, okült cinsellik, derin konsantrasyon gücü, aklın bedenin kontrolü dışına çıkarak, yüksek spiritüel ideallerin peşinde koşması görünür. İşte bu olumlu Uranüsyen titreşimleri alan varlık, bundan sonraki durağına doğru yolculuğa başlarken, tüm ilişki modellerindeki tabuları yıkar. Acı çekme pahasına dahi tüm duygusal ve cinsel ilişkileri deneyimlemiş olan ruh, artık bedensel kozanın kendisini tatmin etmediğini fark ederek büyük bir arzuyla yükselişe geçer.

Artık Akrep Burcu'nun sabit nitelikli, bedene ait olan içgüdüsel kendini kopyalama savaşı bitmiş, Kova Burcu'nun egoyu yenileyerek, aslında uşağın gerçek efendi olduğu bilgeliğiyle kotarılan ruh, Zodyak'ın on ikinci burcu Balık'la kendi içsel dönüşüne ve evrensel sezgi yeteneklerine yeniden dönmüştür. Artık dünyadaki bedensel etkilerin ve bedenin güvenilirliği konusunda asılsız bir iktidar duygusuna sahip olan ruh, çok yakın geçmişte Kova Burcu'nda kaosu deneyimleyerek uzağındaki bilinmeyenle olan beden tamponunu kaldırmıştır. Engin kâinatta yapayalnız olduğunun farkına varan birey, dehşet verici ve tüm beklenmeyenler ile karşılaştığı bedensel tüm karmalarını gözden geçirerek, derin meditasyonlara dalar. Bilgileri, onun derin koruma altında olduğu duygusuna kapılmasına neden olur. Meditasyonunun başında panik ataklar, depresyonlar, çift kişiliklilik, şizofreni, bir hayal gibi olan bu süreci aşmasında ruhun en büyük tuzaklarından başka bir şey değildir. Ve biz olan ben, korkularını, kararsızlıklarını ve güçsüzlüklerini bizzat meditasyon yaparak ve bir zamanlar kaybettiği ışığı, tanrısal özgüvenle beraber ortaya çıkararak derin bir düşünce süreci geçirir. Kontrol ve güç arayışı bitmiştir. Artık Neptün'ün bilinçli sezgilerini ve yol gösterici içsel güçlerinin yolunu aydınlatmasıyla önsezilerini kullanarak derin uykusundan uyanır.

Zodyak'ın birinci burcu Koç'la ruh, dünya illüzyonundan kurtulmuş, gerçekliğe sahip olmayan tümleşik, zihinsel bireyselliğe sahip olmuştur. Artık reddedilme korkusu, kendini gerçekleştirememiş olma, gitmek istediği yere ulaşamayacak olma fikri, Koç Burcu'nun ve Mars'ın aktivasyonuyla beraber biter. Yeniden başlamış bir hayat vardır. Bunun ismi; aslında karmada tüm bedenlerinin farkına varmış olanın yaptığı hataların, farkındalık hapishanesi içinde, zincirlerinden özgürleşerek, tüm yanlışlarını bir mantık çerçevesinde görebilmesidir. Ancak, derinlerde bağlı olduğu yapbozun, hâlâ bir parçası eksiktir. Aslında hem erkek hem de dişi gibi hissetmektedir. Artık birliği bilmektedir. Erkeksiliğin içindeki dişiyi ve dişiliğin içindeki erkeksiliği kavramıştır. Zihinde kalan tecrübeler, başkalarına karşı davranış modelleri yaratmamaktadır. Hayat tıpkı tiyatrodaki dram gibi ona son kalan rolünü oynaması için davetkâr bir tarzda yeni kapılar açmaktadır. İşte bu yeni bir başlangıçtır. Eksik olan yanı ise sağduyusudur.

Zodyak'ın ikinci burcu Boğa'yla ruh, bedenin ihtiyacı olan formu ve evrendeki tüm tanrısal olanı keskin, estetik güzelliği ve pi sayısını (altın oran) algılar. Artık güzelliğin ve tanrısal estetiğin, oran olduğunun farkına varan birey, kendi içindeki Tanrı'yla birleşmeden önce eksik olanı bulmalıdır. Tedbirsizlik, eksiklik, hastalık, çirkinlik... Bunlar insanoğlunun ilahi düzeni bozmasıyla ortaya çıkmış eksik formlardan başka bir şey değildir. Ve ruh kötülüğü ve yanlışın ilahi düzenden değil de, insanlığın kurduğu toplumsal düzenden olduğunun farkına varır. Her durumda tanrısallık, farklı sembollerle kendini bilinçsel olarak dışarıya yansıtır. Evet, yapbozun diğer parçası bulunmuştur.

Bu tanrısal formdan başka bir şey değildir. Bunun içinde sağduyu, sabır ve gerçekçilik mevcut değil midir? Çözüme kavuşturulmamış tüm sorunların özünde, ilahi formun insansal bakışla kirletilmesinden başka bir şey durmamaktadır. Hayatımız boyunca irademizi, amaçlarımızı bir biçimde gerçekleştirememememizin sebebi, tanrısal formun veya ilahi bütünlüğün mükemmel olmayışı değil, tam Boğa Burcu'nun karşıtı olan Akrep Burcu'ndaki Plütonist enerjilerle ifade edilen bedenin hayvansı doğasıdır. İşte burada devreye tüm ikiliklerin, tek bir bütünden çıktığı fikri gelir.

Zodyak'ın üçüncü burcu İkizler ile ruh, kendi içindeki diğer yanla iletişim kuran varlık, halk deyişiyle eş ruhunu, okültist deyişle gizemli karanlık ikizini bulur. İkizler Burcu ile ruhsal İkizler tek bir bedende birleşmiş, Tanrı'nın ilahi üçlüsü ile bedenin eksik olan parçası bütünleşmiştir. İkizler Burcu'nun karşıtı Yay Burcu'ndaki, bana ait olan tüm felsefeler, ben ve benim gizemli ikizime ait olan tüm bilgiyle birleşir. Yüceltilmiş egoları temsil eden Jüpiter, tanrısal haberci Merkür'ün kıvraklığı ve psiko sentezi sayesinde alt iki kişilikten tek bir bütün kişiliği yansıtır. Aslında kişi, İkizler Burcu'nun kıvrak ve hünerli enerjisiyle beraber kendisinin çok üst bir kişiliğin altbilinçlerinden biri olduğunun farkına varır. Artık yönetmeni olmayan bu tiyatroda, otomatik rolleri üstlenen sanatçılar yoktur. Doğaçlama olarak birbirlerini çeşitli hesaplarla yönlendirmeye çalışan senaristlerin olmadığı gibi.

Tüm bilinç, kendisiyle doğrudan temas kurar. Paradoksal bakış açıları biter. Ve en derin benliğiyle temasını kuran ruh, artık evrensel bir entelektüel olarak, bir başka boyuttaki tekâmülüne başlar.

Burçların temel özellikleri ile pozitif ve negatif özellikleri

KOÇ

Temel özellikleri: Kendini beğenir, inisiyatifini rahatlıkla kullanır, öncüdür.

Pozitif özellikleri: Tutkuludur, cesaretli, yürekli, yiğittir, girişimcidir.

Negatif özellikler: İnatçıdır, huysuz bir mizaç gösterebilir, kaba ve sert olabilir, zorbalık yapabilir, otoriteye karşı gelebilir.

BOĞA

Temel özellikler: Kararlılık, dünyevi işlere ilgi, kurmak ve inşa etmek, ağır ağır ve zorla yürümek.

Pozitif özellikler: Dayanıklılık, dikkatlilik, tutuculuk, uyum.

Negatif özellikler: İnatçılık, tartışmacılık, bedensel zevklere düşkünlük, ağır ve yağlı yemekleri sevme.

İKİZLER

Temel özellikler: Entelektüellik, edebi uğraşlar, el işleri, dualite.

Pozitif özellikler: Hünerlilik, bilgiye dayalı ilerleme yeteneği, yazma veya konuşma becerileri.

Negatif özellikler: Değişkenlik, kararsızlık, batıllık.

YENGEÇ

Temel özellikler: Ev sevgisi, ev kurma kapasitesi, kolay etkilenirlik, beslenme, güvenlik ihtiyacı.

Pozitif özellikler: Sempati, duyarlılık, sanatkârlık, sebat.

Negatif özellikler: Ayrılıkçı, grupçu, ürkek, huzursuz, üşengeç, aşırı duygusal ya da hassas.

ASLAN

Temel özellikler: Canlılık, otorite.
Pozitif özellikler: Çekicilik, soyluluk, cömertlik, asalet, onur, liderlik.
Negatif özellikler: Kabalık, zorbalık, zalimlik, küstahlık, kibir, gösterişçilik, sahte gurur.

BAŞAK

Temel özellikler: Hizmet, zihniyet/düşünüş.
Pozitif özellikler: İnce farkları görme kabiliyeti, zevk sahibi olma, analiz, çalışkanlık, gayret, sağlık bilgisi, saflık.
Negatif özellikler: Eleştiricilik, kinizm/ahlakı hor görme, içe bakış, hastalık korkusu.

TERAZİ

Temel özellikler: Ortaklıklar, sanat, uyum arzusu.
Pozitif özellikler: Denge, çekicilik, adalet, nezaket, umut, sanatkârlık, cazibe.
Negatif özellikler: Kararsız, dengesiz, duygusal gelgitler, hayır diyememek.

AKREP

Temel özellikler: Doğanın gizli güçleri, cinsellik, iyileştirici güç, askeri işler, ameliyat, büyü.
Pozitif özellikler: Yenilenme, cesaret, beceriklilik, gizli soruşturma yeteneği.
Negatif özellikler: Anlaşmazlık, cinselliği kötüye kullanma/suiistimal etme, tutku, huysuzluk, inatçılık, kincilik, kıskançlık, haset, sahiplenme.

YAY

Temel özellikler: Amaç, idealizm, din, felsefe, kanun.
Pozitif özellikler: Yardımseverlik, ev dışındaki hayata ve atletizme duyulan sevgi.
Negatif özellikler: Fazla güven, dogmatizm, fanatizm/tutuculuk, kumar.

OĞLAK

Temel özellikler: Mevki, şeref, hırs.

Pozitif özellikler: Adalet, organizasyon, dikkat, ekonomi, otorite.

Negatif özellikler: Kibir, şüphe, gücenmişlik, kötümserlik, affetmeyen, merhametsiz adalet.

KOVA

Temel özellikler: İnsanları sevme, bilime merak, yeni sistemlere ilgi, evrensel dostluk, evrensellik, kardeşliğe önem verme, buluş yapma, icatlara ilgi duyma.

Pozitif özellikler: İlericilik, işbirlikçilik, yardım etme, diplomatik olma, başkalarını düşünme.

Negatif özellikler: Arkadaşlarının kıymetini bilememek, inatçılık, dogmatik olma, diktatörlük.

BALIK

Temel özellikler: Metafizik etkilere duyarlılık, bütün yaşamla birlik hissi, mistisizm, kemale ermiş alın yazısı, fedakârlık.

Pozitif özellikler: Sezgisellik, ilham, merhamet, feragat etme.

Negatif özellikler: Psişik olumsuzluk, kendini dinleme, güven eksikliği, gizlilik, kaytarma, keder.

GÜNEŞ

Temel özellikler: Bireysellik, kişinin gerçekte ne olduğu, canlılık, esas arzular, otoriteler, erkekler.

Pozitif özellikler: Cömertlik, saygınlık, asalet.

Negatif özellikler: Despotluk, kabalık, gösteriş merakı, arzu eksikliği, hayvansal nitelikler, sahte gurur.

AY

Temel özellikler: Karakter, hayalgücü, içgüdüsel zihin, duygular, değişim, üreme, alışkanlıklar, bilinçaltı, toplum, kadınlar, en çok ihtiyaç duyulan şey.

Pozitif özellikler: Olumlu psişik güçler, kişisel çekicilik.

Negatif özellikler: Olumsuzluk, hayalcilik, tereddütte kalmak, saçmalamak, huysuzluk, kaytarma, kararsızlık, yanlış izlenimler.

MERKÜR

Temel özellikler: Mantık, her türlü kendini ifade etme, konuşma, yazma, jestler, mantığa dayalı bilgi, duyular.

Pozitif özellikler: Çabuk kavrama, hitabet, edebi yetenekler, hünerlilik.

Negatif özellikler: Huzursuzluk, dedikodu, küfürbazlık, demogoji, sahtekârlık, ihanet, asabiyet, endişe, kararsızlık, unutkanlık, sakarlık.

VENÜS

Temel özellikler: Çekim, bağlılık, birleşme, koalisyon, kişisel sevgi, sosyal sezgi ve aktiviteler, sanat, süsleme, güzellik.

Pozitif özellikler: Uyum, sanat yeteneği, neşeli olma, tatlı dillilik.

Negatif özellikler: Şehvet düşkünlüğü, ahlaksızlık, sefahat, kabalık, tembellik, duygusallık, kendini övme, değişkenlik, vefasızlık.

♂ MARS

Temel özellikler: Dinamik enerji ve hareket, içgüdü, öncelik bende.

Pozitif özellikler: Yapıcılık, cesaret, girişim, heves, kahramanlık.

Negatif özellikler: Kavgacı, sürtüşme, sinirlilik, yıkıcılık, şehvet, ahlaksızlık, tepkisellik, küstahlık, kabalık, bencillik.

♃ JÜPİTER

Temel özellikler: Genişleme, vizyon, iyimserlik, kavrayış yeteneği, dinsel eğilimler, bir ödül ya da fırsat olarak beklenilen şey.

Pozitif özellikler: Cömertlik, açık fikirlilik, idareci yetenekleri, yasal yetenekler, yasaya saygı, şeref, yardımseverlik, hürmet, muhafazakârlık, zenginlik, popülerlik, başarı.

Negatif özellikler: Aşırı kendine güven, abartı, zaaflara olan düşkünlük, israf, hava atma, mübalağalı konuşma, sefahat, kanunsuzluk, kumar, kaytarma, sahte gurur.

♄ SATÜRN

Temel özellikler: Daralma/çekilme, direnme/sebat, tedbir, yapı, disiplin, kısıtlama, limitler, sınırlar.

Pozitif özellikler: Sadakat, sağlamlık, konsantrasyon, analiz, sistem, nitelikler, yaratıcılık, tertip, diplomasi, adalet, tasarruf/tutum, ekonomi, ihtiyat, tutuculuk, dayanıklılık, kendini disipline etmek.

Negatif özellikler: Kristalleşme, engelleme, bencillik, yavaşlık, korkaklık, sınırlama, materyalizm, melankoli, karamsarlık, tamahkârlık, sır saklamama, şüphe, sertlik, insanların iyi olduğuna inanmama (olumsuzluk).

♅ URANÜS

Temel özellikler: Uyandırıcı/farkına vardırıcı, başkalarını düşünme, keskinlik/yoğunluk, orijinallik, ani hareket, göreneklere uymama, ayrılık, dalgınlık.

Pozitif özellikler: İlericilik, evrensellik, insanlığa duyulan evrensel sevgi, özel bir şahsa ya da şeye bağlı olmama, bağımsızlık, özgürlük sevgisi, romantizm, sezgi.

Negatif özellikler: Tuhaflık, birden gelip geçen hareketler, serbest hayat, fanatizm, sorumsuzluk, ahlaksızlık, anarşi.

♆ NEPTÜN

Temel özellikler: Fizikötesi her dereceden mevcudiyetler ve onların izlenimleri, ilahiyat, okültizm, mantık ötesi kaynaklardan gelen bilgiler, vizyonlar, metafizik varlıklar.

Pozitif özellikler: Spiritülizm, sezgiler, ilhamlar, duru görü, kehanetler, hayal gücü, dua, müzik.

Negatif özellikler: Saplantılar, kaotik zihinsel durumlar, hastalık, sahtekârlık, tutarsızlık, aldatma, hilekârlık, medyumluk.

♇ PLÜTON

Temel özellikler: Yenilenme, uzun ömür, kabuğunu kırmak, filizlenmek, patlamak, yeniden düzenlemek, tahrik etmek, dönüşmek, değişmek, kalabalıklar.

Pozitif özellikler: Rejenerasyon, dönüşüm geçirme, pozitif duru görü, yeniden canlanma, evrensel iyilik, spiritüel güç kazanmak için çabalamak.

Negatif özellikler: Kaba kuvvet, itaatsizlik, ölüm, yıkım, fanatiklik, mücadele, duyarlılık, sıkıyönetim, yeraltı dünyası, kara büyü, çürüme, diktatörlük.

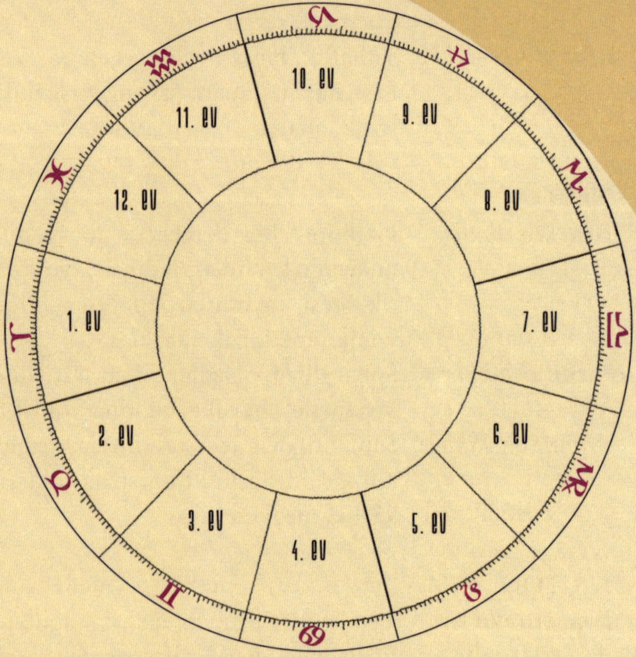
10. ev
11. ev
9. ev
12. ev
8. ev
1. ev
7. ev
2. ev
6. ev
3. ev
5. ev
4. ev

Evlerimiz nedir?

Evlerimiz, dünya sınavının değişmez soruları olarak görülebilir. Onlar gezegen, açı ya da sabit yıldızlar gibi tetik mekanizmalarıyla yalnızca nitelik ve nicelik değiştiren sınavımız, evlerin değişmez soruları ve cevaplarıyla kişinin dünyadaki yolculuğunun yapıtaşlarıdır. Gelişen dünyayla ortaya çıkan kavramlar, her ne kadar olanı daha kalabalık hale getirse de, evler aracılığıyla ortaya konan ana kavramlar özünü asla değiştirmemektedir. Sınav yeri aynı, sınav soruları aynı, zaman ve deneyimleyen her zaman farklıdır.

Bir deneyi paylaşmak ve hatta deneyi yapan kişi olmakla bile, deneyin sonucuna daima etkide bulunuruz. Bu yüzden yaşam skalasındaki tüm değişken karakterler, deneyimleyen kişinin tanıklığıyla değişime uğrar ve başkalaşır. Kişi her zaman, aslında bir türlü aşılamamış bir problemin sorularından birine yeniden odaklanmak üzere yeni deneyimlere yelken açmaktadır. Evlerimiz işte bunların deneyim alanlarının 12/1'lik bölümlerini oluşturur.

1. Ev: Koç Burcu ve Mars tarafından yönetilir. Genel kişiliğimizi, yaşama karşı tavırlarımızı, bireyin tüm dünyaya gösterdiği yüzünü, hayatı algılayış biçimimizi, yeni girişimlerimizi, bedenin tüm sağlığını yönetir. Buraya yerleşen gezegenlerin kişiliğe ayrı bir anlam kattığı bilinmektedir. Horoskopun en önemli evlerinden biridir. 1. evdeki gezegenler insan yaşamının ve kaderinin gelişimi hakkında pek çok bilgi verirler. Uyanışı ve yeni hareketi de simgelerler. Kişinin yaşamını ve yaşamı nasıl algılayıp, tüm bu bilgiyle kendini dışa nasıl yansıttığını gösterirler. Bu evle kişinin bedensel görünümleri hakkında bilgi sahibi olabilirsiniz. Sağlığımıza gelince; Koç Burcu tarafından yönetildiği için, baş, başa ait duyu organları ile saçlarımız ve beyin epifizini yönetir. Baş yaralanmaları, başımıza gelecek darbeler, nöronlardan kaynaklanan beyin iletim bozuklukları da 1. evin yönetimindedir.

2. *Ev:* Çalışarak elde ettiğimiz tüm kazançları, maddi tüm kazanç ve kayıpları, taşınabilir mallarımızı, finans çevrelerini, kişiye paranın verdiği güvenilirliği ve güvenliği bunun yanında kişisel özgüveninizi, gelecekteki maddi gücünüzü, kendi değerinizle ilgili sınavları temsil eder. Kişi kendine verdiği değeri ve kendisine verilen değeri sorgulamak için bu evi kullanabilir. Boğa Burcu ve Venüs tarafından yönetilir. Boğa, boynumuz, boğazımızı ve tiroit bezimizi temsil eder.

3. *Ev:* İnsanda akıl ve zekâyı yönetir. Temel öğrenme ve iletişim becerilerinizi, hayatı algılama şeklimizdeki merakı, ilk eğitimimizi (liseye kadar) temsil eder. Ayrıca konuşma, okuma, editörlük ve araştırma yetenekleri ile tüm edebi yetenekler, bu evin etkisi altındadır. Merkür ve İkizler Burcu tarafından yönetilir. İnsan yaşamında, anlaşmalar, kontratlar, ticaret, satış pazarlama, reklamcılık, tanıtım, ulaşım ve nakliyeyi de kapsar. 3. ev kardeşlerimiz, kuzenlerimiz, komşularımız gibi yakın sosyal çevremizi temsil ettiği gibi, kısa yolculuklarımızı, kullandığımız araçları, otomobilleri, motorsikletleri, medyayı, radyo televizyon ve basın yayın kuruluşlarını temsil eder. Buraya yerleşen ana gezegenler kişiliğin problemlere yaklaşım şeklini ve analiz yeteneğini gösterir. Buradaki gezegenlerin zararlı pozisyonları, konuşma ve işitme problemlerine sebebiyet verebilir.

4. *Ev:* Anneniz, yuvanız, çocukluğunuzda ailenizle kurduğunuz ilişkiler, bebek bakıcınız, eviniz için tasarım yapan dekoratörler, iç mimarlar, çocukluğunuzdaki aile yaşamınız, mülk edinme, mülk kiralama, dekorasyon ve emlakla ilgili tüm işler, bunun yanında anne ve babanızın sağlıkları, yaşama bakış açıları, arazi, tarla, aile geçmişiniz, geleneklere bağlılığınız ve yaşam sonunuz, hayatınızın ileri döneminde sahip olacağınız yaşama bakış açınız, ölüm yeriniz ve mezar yerinizle ilgilidir. Yengeç Burcu ve Ay tarafından yönetilir.

5. *Ev:* Güneş ve Aslan Burcu tarafından yönetilir. Yaratıcılık gücünüz, flörtleriniz, hobileriniz ve spor hayatınız, partiler, toplantılar, eğlence yerleri, şans oyunları, borsa, bahisler, zevkler, geçici aşk ilişkileri, tatil, tiyatro, öğretme yeteneğini temsil ettiği gibi, bu ev yaşamınızda şansa ait olan tüm etkileri gösterir. Bu ev ayrıca çocuklarınız ve eşinizin hamileliği konusunda da bilgi verir.

6. *Ev:* Başak Burcu ve Merkür tarafından yönetilir. Günlük rutin işleriniz, iş yaşamınızda yanınızda çalışan yardımcılarınız, hizmetlileri-

niz, sağlıklı kalmak için aldığınız tüm önlemler, hafif hastalıklar, ilaçlara bedeninizin verdiği tepki, diyetleriniz, egzersiz ve form tutma çalışmaları, beslenme çeşitlerini ve ikinci mevki işleri gösterir. Ayrıca, küçük hayvanlar, kuşlar, bahçıvanlar, hemşireler, diş hekimleri, sivil hizmette olanlarda 6. evin yönetimindedir.

7. Ev: Terazi Burcu ve Venüs tarafından yönetilir. 7. ev alçalan burcunuzdur. Yükselen burcunuzun tam karşılığı olduğu için, müstakbel eşinizin ve/veya eşlerinizin kişilik yapılarını, onların size gösterdiği yüzlerini, sözleşmeli tüm ortaklıkları, evliliği, size açık düşmanlık gösteren bireyleri, boşanmayı, hukuku, halk düşmanlarını, hırsızlığı, kız ve erkek yeğenleri, ikinci çocuğunuzun kişiliğini gösterir.

8. Ev: Mars ve gizemli Akrep Burcu tarafından yönetilir. Astrolojide anlaşılması en güç evlerden biridir. Cinselliği, ölümü, cinsel yaşamınızdaki çeşitliliği, ailenizden veya eşinizden size kalacak mirası, başkalarından gelecek paraları, banka borçlarını, kredileri, vergi ve sigorta primlerini, ödemeniz gereken tüm yükümlülükleri, aynı zamanda vârislerinizi, ölüm sebebinizi, 1. ve 4. ev ile beraber hayat uzunluğunuzu, geçirmeniz gereken ameliyatları, yaralanma ve kazalarınızı, cerrahları, kiralık katilleri gösterir. Çoğunlukla 8. ev, horoskopunuzdaki potansiyel ölüm sebebinizi, spiritüel ve ruhsal yetenekleri ve büyüyü gösterir.

9. Ev: Yay Burcu ile şansın koruyucusu Jüpiter tarafından yönetilir. Yabancı ülkeleri, yabancı ülkelere duyulan ilgileri, aydınlanma gücünüzü ve üst aklınızı, eşinizin akrabalarını, öğrenme arzunuzu, din ve felsefe merakınızı yönetir. Din adamları, yabancılar, gezginler, araştırmacılar, kitap yayıncıları, üniversite hayatınız ve torunlarınız da bu ev tarafından yönetilir.

10. Ev: Güneş battıktan sonra doğduysanız babanızı, gündoğumu esnasında doğduysanız annenizi, şöhretinizi, mesleki fırsatlarınızı, alacağınız ödülleri gösterir. Yaşamın ve karmanın gelişimi, Satürn ve Oğlak Burcu tarafından yönetilir. Kişi yaşamdaki izini nasıl bıraktığı ve bırakacağı konusunda bu evden bilgi alır.

11. Ev: Arkadaşlıklar, sosyal ilişkilerinizi, grup ve kulüp üyelikleriniz, ortak amaç için insanların toplandığı bütün ortamları temsil eder. Ayrıca, bu ev çalıştığınız firmanın maddi ve ekonomik durumunu, partileri, çevre örgütlerini, tüm platonik aşk ilişkilerini, üvey çocuklarınızı veya eşinizin çocuklarını son olarak da dileklerinizi umutlarınızı, uzun zamandan beri gerçekleştirmeye çalıştığınız hayallerinizi, hayatınızdaki tüm hoş sürprizleri temsil eder. Değişimlerin, şansın ve farklılıkların gezegeni Uranüs tarafından yönetilir.

12. Ev: Balık Burcu ve spiritüel ve fedakâr Neptün tarafından yönetilir. Bilinçaltını, hayallerinizi yönetir. Sezgi, içgüdü, sırlarınız, gizli korkular, saklı güçleriniz, kaderi eğilimleriniz, geçmişinizden gelen tüm yetenekleriniz, geçmiş yaşamınızdaki yükselen burcunuz çoğunlukla 12. ev çizgisidir. Bunun yanında, ağır hastalıklarımız, hastane hayatınız, hapsedilme, tutuklanma, kaçırılma ve tutsak edilme, yaşlılarevleri, bakım evleri, hastane personelleri, bakıcıları, gardiyanları ve gizli düşmanları ve rahibeleri, keşişleri, münzevileri, hayatınızda gizemli olan her şeyi ve hayatta ödemeniz gereken ruhsal tüm borçları yönetir. 8. evle beraber ailenizden gelen bedensel özür ve kusurlarınızı, fedakâr yönünüzü, duygusal ıstıraplarınızı, yardımseverliği ve bağışları, vahşi olmayan tüm büyükbaş hayvanları temsil eder.

Ay düğümleri

Batılı astrologlar tarafından uzun süre ihmal edilen Ay Düğümleri, bir haritadaki en önemli noktalardır. Bir haritanın yorumlanması sırasında ruhun evrim yolunda geldiği ve izleyeceği yolu bizlere gösterir. Bu hayatta gösterdiği yol ise, düğüm pozisyonlarında açık edilmiş ve kişinin kişisel gelişimi, farkındalık tırmanışı için uygulanması gereken programı anlatmaya çalışmıştır.

Ay Düğümleri, gökyüzünde Ay'ın Güneş etrafındaki yörüngesi ile Güneş'in yörüngesinin kesiştiği noktalar olarak açıklanabilir. Bu iki görünmez, yani teorik çember, bizim yıldızlarımızın otoyolu gibidir. Bu çemberler iki noktada kesişir. Biri, Yükselen Düğüm adı verilen Kuzey Ay Düğümü'dür. Diğeri ise Alçalan Düğüm adı verilen ve Kuzey Ay Düğümü'nün tam karşısında bulunan Güney Ay Düğümü'dür. Düğümler Ay'ın yolunu, yani gökcisimlerinin kendisine en yakın olduğu ve kişinin günlük hayatını en fazla etkileyen noktayı gösterirler.

Bu düğümler her gün gezegenlerin hareket ettiği yönün tersine üç yay dakikası kadar hareket ederler. Yani geri gittiklerinde bu onların normal hareketi olur. Bu geri hareket düğümlere, karmayla bağlantılı olan özel anlamlarını verir. Aslında Ay Düğümleri geçmiş (Ay), şimdiki zaman (Dünya) ve geleceğin (Güneş) kesişim noktasıdır.

Kuzey Ay Düğümü, bu yaşantımızda neye yöneldiğimizi, bu zamana ve mekâna göre hangi amaçlara doğru yelken açmamız gerektiğini gösterir.

Hayatımız, Ay Düğümleri ekseninin etrafında döner. Bizler sürekli, Güney Ay Düğümü'nün simgelediği geçmişimizden uzaklaşırız ve Kuzey Ay Düğümü'nün simgelediği geleceğimize doğru ilerleriz. Buna rağmen bazılarımız bütün güçleriyle Güney Ay Düğümü'ne tutunurlar ve doğmadan önce seçtikleri, kabul ettikleri, izlemeleri gereken yoldan yani Kuzey Ay Düğümü'nden kaçarlar. Onları daha ileriye taşıyacak olan deneyimlerle, hayat sınavlarıyla yüzleşecek cesareti kendilerinde bulamazlar. Düğümler kişinin farklı hayatları arasındaki iletken bir bağdır.

Her 18-19 yılda bir Kuzey Ay Düğümü, başlangıç pozisyonuna geri döner. Bu kişi için yeniden doğuş olasılığıdır. Bu süreç, Güney Ay Düğümü'nün ve düştüğü evin belirlediği geçmişin negatif etkilerini ortadan kaldırmak için bir fırsattır. Bu dönemde ruhsal bir kriz bile geçirebiliriz, ancak eğer Kuzey Ay Düğümü'nün gösterdiği yolu izlemeye karar verirsek bu krizi atlatabiliriz. Hepimiz 38 yaşında geçmiş hayatın etkilerinden kurtulmak ve Kuzey Ay Düğümü'nün belirlediği gelecek hayata devam etmek için yeni bir şans yakalarız. Eğer Kuzey Ay Düğümü'nün getirdiklerini reddedersek, Güney Ay Düğümü daha negatif bir hal alır. 57 yaşında üçüncü bir ruhsal kriz geçirebiliriz ve eğer o zamana kadar düğümlerin etkilerini reddettiysek çok acı veren bazı kararlar almak zorunda kalabiliriz. Eğer 76 yaşında veya sonrasındaysanız; geçmişin getirdiği kalıntılardan tamamen kurtulmalı ve Kuzey Ay Düğümü'nün bulunduğu evin belirlediği yolda ilerlemelisiniz.

Bizi kendimizle yüzleştiren ve hayatın telaşları içinde yitip gitmemizi engelleyen, yaşam yolunun en önemli ipuçlarıdır. Büyük resmin ne anlatmaya çalıştığını kaybetmeneden düğüm noktalarıyla nereden geldiğinizi ve nereye gitmeniz gerektiğini öğrenerek büyük sınavın cevaplarını da erkenden almış olursunuz.

Transit (gökyüzünde hareket eden) gezegenlerin etkileri

Gökyüzü doğduğumuz andaki gibi kalmaz, sürekli hareket halindedir. Merkür, Venüs, Ay gibi gökyüzü elemenları dünyaya göre hızlı hareket ederken, Satürn ve ötesindeki elemanlar olan Uranüs, Neptün ve Plüton ise Güneş etrafında daha uzun seyahat ederler. Bunlara astrolojide yavaş hareket eden gezegenler denir. Yavaş hareket eden gezegenlerin ilerleyen yıllarda doğum astrolojik haritamıza yaptığı tetikleyici enerji aktarımları çok önemlidir, çünkü bekleyen bazı devreleri uyarırlar. Bu âdeta zamanı gelince gereken olayların olması gibi bir durumdur. Ama bilinç düzeylerinde bahsettiğim gibi bu durum aynen hava durumunun bilinmesi gibidir. Bu enerjiye nasıl bir tepki verileceği ise bilinç düzeyimizle ilgilidir. Astrolojiyle ilgili gelişmiş sitelerde transit etkileri içeren bilgileri bulabilirsiniz. Her gezegen temsil ettiği isimlerin özelliklerine uygun olan enerjileri tam zamanı geldiğinde akıtacaktır. Böylece ne zaman hangi tarz deneyim yaşanması gerekiyorsa onun gerçekleşmesi için gerekli devreler akan kozmik enerjilerle aktive edilecektir. Gerisi ise bizim farkındalığımıza bu evrensel mesajları deşifre edebilme yeteneğimize ve bilgi-bilinç düzeyimize kalmıştır.

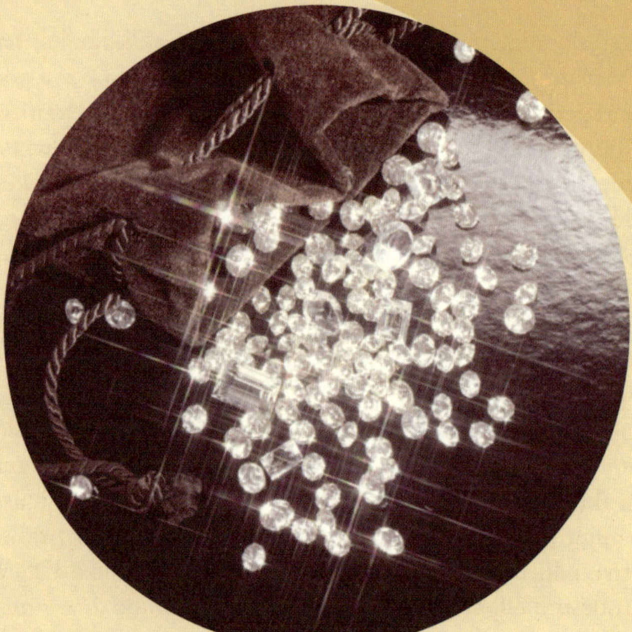

Doğal taşlar ve önemi

İnsanoğlu çok uzun bir süredir hep taşların enerjisiyle ilgilenmiş ve onlarla yakın bir bağ kurmuştur. Bazıları binlerce, bazıları ise milyonlarca yılda oluşan bu doğal taşların gerçekten de şaşırtıcı özellikleri vardır. Çok değişik doğal işlemlerden geçen taşlar farklı ve bazen çok yoğun olabilen özellikler ve enerjiler içerirler.

Bu bölümde uzun uzun taşların özelliklerinden bahsetmeyeceğim ama spiritüel çalışmalar yapanlar için bir enerji kaynağının da taşlar olduğunu hatırlatmak isterim. Yaşamınızda yolunda gitmeyen bazı olaylar için doğru taşların enerjilerinin olumlu etkilerinin olabileceğini de unutmamak gerekir. Taşlar aslında belli bazı kalıplara göre önerilebilir. Örneğin burca, yükselen burca, aylara veya istenilen olaylara göre. Ama siz bazı açılardan daha açık olduğunuz bir anda hislerinize güvenerek de iç sesinize göre seçim yapabilirsiniz. Nasıl ki markete gittiğimizde bazen bedenimiz bize ipuçları verir ve ihtiyacımız olan maddeleri içeren gıdaları canımız çekerse, benzer şekilde renkler, kokular ve taşlarla da aramızda bir iletişim vardır, tabii ki açık olana ve görmek isteyene.

Taşlardan maksimum yarar görmek için mutlaka doğal olduklarından emin olmalısınız. Başta elmas olmak üzere pek çok pahalı taşın taklidi veya çok benzer yapayı yapılabilmektedir, o zamanda istenilen enerji akışı gerçekleşmez. Taşınızın sahte olmadığından emin olun. Genelde taşın bedene temas etmesi en iyi kullanım şeklidir, ancak bazen direkt bedene temas etmese de, içinden geçen ışınların cilde vurması da etkili olabilir. Ayrıca taşların, zamanla topladığı negatif enerjiyi atması, dengelemesi için belirli aralıklarla, örneğin haftada bir kaya tuzlu suyun içinde bekletilmesi veya temiz toprağa gömülmesi de gerekir.

Bazı taşlar ve özellikleri

Agat: Akik taşı diye de bilinir. Çeşitli renkleri vardır. Negatif enerjiyi emici özelliğe sahiptir. Bedeni güçlendirici, çevreyle daha iyi ilişki kurmaya yardımcı, cesaret artırıcı, stresi azaltıcı, korkaklığı azaltıcı etkisi vardır. Daha mantıklı ve akıllı düşünmeye yardımcı olabilir. Bazı toplumlarda nazara karşı koruma sağladığına da inanılır.

Akuamarin: Açık mavi özel renkli güzel bir taştır. Hafif yeşilimsi veya grimsi olanları da vardır. İçine kapalı sıkılgan, utangaç, pasif duyguların yenilmesinde itici güç verir. Kişinin iyimser ve coşkulu olmasına yardımcı olabilir. Kişiler kendilerinden daha emin ve özgüvenli olabilirler. Özellikle duygularını açamayan kişilerin bu duygularının içlerinde kalıp baskı yapması gibi durumlarda yardımı olabilir. Ayrıca meditatif çalışmalar yaparken yararlıdır. Daha berrak bir hafıza ve akışkan bir zihin sağlamaya yardımcıdır. Zararlı maddelere bağımlı olan kişilerde bu maddelerden uzak kalmaya yardımcı olabilir.

Ametist: Morumsu, eflatun tonlarında çok güzel bir taştır. Ortamdaki negatif enerjiyi emerek her türlü olumsuzluğa karşı korur veya olumsuzlukların etkisini azaltır. İnsanın üzerindeki negatif enerjiyi temizler ve ağırlığı alır. Uykunun daha kaliteli olmasını sağlar ve rüyaların anlamını artırır veya rüyalarla mesaj gelmesine yardımcı olur. Korku, evham, endişe, stres gibi olumsuz duyguları azaltır. Meditasyon veya dini ibadetleri yaparken derinleşmeye, içe dalmaya yardımcı olur. Öngörü yeteneğini artırır. Özellikle astrolojide Neptün'ün kuvvetli etkisi altındaki kişilerde çok yardımcıdır. Uyanıkken de dinçlik verir. Ayrıca her türlü olumluluğu artırırken her türlü olumsuzluğu azaltır.

Apatit: Başta yeşil tonları olmak üzere, sarı, kahverengi, gri, mavi gibi çeşitli tonlarda olabilir ve diğer taşlarla karışabilir. Özellikle esinlenme, ilham gelmesi gibi konularda yardımcıdır. İnsanın iç dünyası ile evren arasındaki ilişkiyi sağlar. Düşünme, kavrama ve öğrenme yeteneklerini destekler. Stres azaltıcı etki bu taşta da vardır. Olayları bir düzene sokma ve birbirleriyle koordine etme etkisi verebilir. İyi yönde çalışma azmini ve şevkini artırır. Özgüvene yardımcıdır.

Aytaşı: Gerçekten de aya benzer sedefimsi, inci gibi bir görüntüsü vardır. Gece yönümüzü olumlu etkiler. Özellikle geceleri sevmeyen veya gecelerle, gece yaşanan duygularla sorunları olan kişilerde olumlu etki yapabilir. Sezgileri güçlendirir, evli kişilerde aradaki bağı kuvvetlendirir, anneye karşı daha olumlu duyguları yükseltir. Kabullenme duygusunu kuvvetlendirir, yin-yang dengesinin sağlanmasına yardımcı olur.

Elmas: Tüm taşların en değerlisi olarak kabul edilir. En sert taş olup diğer tüm taşları kesebilir. Oldukça parlak, genelde renksiz veya hafif renklidir. Elmas daha çok maddi güçle ve maddesel deneyimlerle ilgili enerjileri yoğun olarak taşır. Kişinin maddesel etkileme gücünü artırır. Ayrıca madde enerjisine ihtiyacı olan kişilerde mutluluğu artırdığı, başarı ve cesaret verdiği, bize maddi açıdan zarar vermeye çalışan kişilere karşı daha uyanık olmamızı sağladığına inanılır. Ayrıca erkek ile kadın arasında sevgi ve aşkı artırdığına inanılır.

Hematit: Ağır koyu gri renkli bir taştır. Stresin, korkuların giderilmesi ve negatif enerjinin azalmasında yardımcı olur. Çekiciliği artırır. Aşırı duygu yoğunluğu ve heyecan yaşayanlarda sakinleşmeye yardımcı olabilir. Belleği güçlendirir.

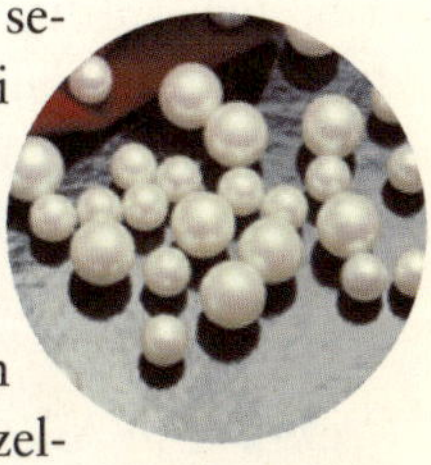

İnci: İnci, istiridye midye grubu canlıların yaptığı sedefli, organik maddelerdir. Piyasadaki kültür incileri de sonuçta doğal maddelerdir, ancak son yıllarda sentetik maddelerden yapılan taklit incilere dikkat. Genelde sedefimsi beyaz olmakla beraber, pembe, gri, siyah gibi çeşitli renklerde de olabilir. İncinin özellikle astrolojide Ay etkisini ve Yengeç Burcu özelliklerini etkilediği bilinir. Hassasiyeti artırır, uyumlu duyguları canlandırır. Anneye, ülkeye, eve sevgiyi ve bağlılığı artırır. Güçlükler karşısında duygusal dayanıklılık verir. Gece ve gece duygusal dünyasını daha derin yaşamaya yardımcı olur.

Jasper: Işığı geçirmeyen kırmızımsı, bozumsu, sarımsı kahverengimsi renklerde olabilir. Jasper taşının özellikle toprak enerjisini çekip bedene iletici bir etkisi vardır. Olumsuz enerjileri, kötü düşünceleri âdeta topraklar. Kendinizi daha kaliteli ve etkin bir şekilde ifade etmenize yardımcı olur. Ayrıca bereketi artıran taşlardan olduğuna inanılır.

Kantaşı: Koyu yeşil, mavi–yeşil renkli ve üzerinde kırmızı kahverengi dağınık lekeler bulunan bir taştır. Genelde inci, dişi yönümüzü açıp kuvvetlendirirken, bu taş ise daha erkeksi özelliklerimizi güçlendirir ve açığa çıkmasına yardımcı olur. Akıl ve zekâyı kuvvetlendirir, kendimizi, doğal güç ve yeteneklerimizi açığa çıkarmamıza yardımcı olur. Cesareti artırıcı ve korkuları azaltıcıdır.

Kaplangözü: Uzakdoğu'da tiger-eye adıyla yaygındır. Koyu boz, siyah renklerdedir. Nepal'dayken çoğu erkeğin üzerinde gördüğümde etkilenmiştim kendime de bir bilekliğini almıştım. Erkeğe çok yakışan ender taşlardan olduğunu söyleyebilirim. Bağımsızlık ve erkeksi özellikleri artıran bir taştır. Önseziyi artırır, psikolojik baskıların üstesinden gelmemize yardımcı olur. Cesareti artırır. Pasifliği atmaya yardımcı olur. Tuhaf, ne olduğunu bilmediğimiz gizemli ortamlara girileceği zaman koruyucudur. Uykuyu kolaylaştırabilir. Kopamadığınız aşırı bağlandığınız ve tutku haline gelip esiri olduğunuz ilişkilerde daha rahat davranmanıza yardımcı olabilir.

Kehribar: Amber diye de bilinir. Ağaçlardan akan fosilleşmiş reçinedir. Saydamdır. En çok koyu sarı-turuncumsu olanı bilinir. Kehribarın sahteleri yaygındır, dikkat. Bedenin solunda özellikle el bileğinde bulunduğunda bedendeki aşırı elektriği dengeler. Strese bağlı depresyonda yararlı olabilir. Kem göze karşı biraz olumsuz enerjileri emici özelliği vardır. Yaşamdan alınan zevki ve coşkuyu artırır. Yaşamdan bıkanlar için yararlıdır. Ayrıca melankoliyi azaltır ve ortamdaki negatif enerjiyi emer. Doğru ve isabetli kararlar vermeye yardımcıdır. Zekâyı olumlu etkiler. 7 çakranın negatif enerjiden temizlenmesinde kullanılabilir.

Oltu taşı: Aslında bir cins sert kömür veya fosilleşmiş ağaç reçinesidir. Ülkemizde Oltu yöresinden çıkarıldığı için bu adı almıştır. Koyu siyah renkli veya siyaha yakın kahverengidir. Son yıllarda Ukrayna'dan gelen Oltu taşına çok benzeyen bazı taşlarda ülkemize girmiştir. Aslında bir cins kehribar olduğundan üstte bahsedilen yararlara benzer etkisi vardır.

Kuvars: Osmanlı devrinde necef adıyla da bilinirdi. Çok yaygın türleri vardır. En bilineni ve yaygın olanı beyaz renksiz olanıdır. Ayrıca açık renklerde olarak pembe, sarı, mor, yeşilimsi gibi renkleri de vardır. Kuvars programlanabilen bir taştır. Ne amaçla isterseniz o amaca göre etkisi programlanabildiğine inanılır. Elektronik aletlerin verdiği olumsuz enerjiyi emer. Berraklık verir ve negatif enerjiye karşı koruyucudur. Sezgiyi artırır. Altıncı hissi kuvvetlendirir. Sevgi ve şefkat duygularını güçlendirir.

Lâl: Nara benzetildiği için granatta denilmiştir. Kurnazlık ve buluşlar yapma yeteneği verir. Yaratıcılığı artırır. İradeyi kuvvetlendirir. Toplum içinde silik kalmaktan korkanlara yardımcı olur. Kişiyi sosyalleştirir.

Lapis lazuli: Bazı minerallerle birleşmiş kireçtaşından oluşur. Üzerinde ince renkli çizgiler olabilir. Genelde koyu mavi bir rengi vardır. Berrak bir zihin verir, doğru bir şekilde doğru bilgilere ulaşmaya yardımcı olur. Zekâyı aklı güçlendirir. Depresyon ve melankolik duyguları azaltır. Kişinin kendisiyle olan çatışmalarını azaltır. Akıl ve kalp gözü arasında kalan insanların her ikisiyle de görmesini sağlar.

Mercan: Aslında taş değil, doğa harikası bir canlı, bir tür hayvanın fosilleşmiş halidir. Oluşumu çok uzun yıllarda, genelde sıcak denizlerde olur. Çok değişik renklerde olmasına rağmen en değerlisi kırmızı mercandır. Özellikle Mars enerjisini olumlu kullanmak için yararlıdır. Akılı ve zekâyı güçlendirici, pasifliği azaltıcı ve aktif-etkin olmayı artırıcı etkisi vardır. Daha dirayetli olmaya yardımcı olabilir. Gerilimi azaltıp keyif verir. Huzuru artırıcı, negatif enerjiyi azaltıcı etkisi vardır.

Opal: Beyaz camsı bir taştır. Aslında renksizdir ama içindeki ek bileşenlere göre değişik renkler ve röfleler alabilir. Sevgi, şefkat, umut, büyüleyici güzellik ve erkeksi güç simgesidir. Eğer bu taşın bu gücü kötü niyetle kullanılacaksa o zaman o kişiye kötü şans getirdiği söylenir. Opal meditatif ve sakin bir şekilde seyredilirse stresin azalmasına yardımcı olur. Rüya yoluyla gelecek mesajlarda ve önsezilerde yardımcı olur. Risk altında cesareti artırır. Maddi başarı ve şans getirir. İlhamı artırır. Yaşamdaki önemli olaylara bağlı değişikliklerde uyum ve rahatlama verir. Utangaçlığı azaltır, iç güzelliğini artırır, negatif duyguları emer, aşırı duygu patlamalarını azaltır.

Safir: Sert ve en değerli taşlardandır. Genelde mavi veya koyu mavi renkte olmakla beraber sarı, siyah, morumsu, pembe, eflatun, gri, yeşil gibi çeşitli başka renkleri de vardır. Eskiden üst düzey kişiler ihanet, kötülükler ve yenilgilerden korunmak için kullanmışlar. Safir gerçek bütünleşmeyi, sadakati, samimi dostlukları ve uygunluk oluşmasını destekler. Sezgiyi artırır ve ruhsal yetenekleri güçlendirir. Diğer bilinç düzeylerinin gerçeklerini algılamamıza yardımcı olur. Sarı safir kullanana yükselme, başarı, bolluk, bilgelik, akıl, mutluluk verir ve istediğiniz konularda yükselme şansını artırır. Star safir içe dönüş ve meditasyon için iyidir. Bilgeliği artırır, zihni açar. Şansı artırır. Mor-eflatun safir meditasyon ve üstbilinç hallerine geçişi kolaylaştırır, 7.

çakrayı çalıştırır. Mavi safir korkuları, telaşı, dağınık zihini, endişe ve kuruntuları, çoğu olumsuz duyguları azaltır ve bu olumsuz duyguları dönüşüme uğratıp daha olumlu duyguların onların yerine geçmesine yardımcı olur.

Yakut: En değerli taşlardandır. Kırmızı renkte ve serttir. Cinsel enerjiyi dengelemeye yardımcıdır. Zor durumlar olduğunda mücadele gücünü artırır. Sınırları aşmamıza yardımcı olur. Başka insanları da düşünmemize yardımcı olur. Negatif enerjiyi temizleyici ve dışarıdan gelecek olumsuz enerjiye karşı da koruyucudur. Korkaklığı atar, cesareti ve özgüveni artırır. Evrensel sevgiyi artırır.

Zümrüt: Yeşil renkli en değerli taşlardandır. Özellikle Merkür enerjisini iyi çalıştırır. Çarşamba günü zümrüt kullanmak iyidir. Zekâ, iletişim, haberleşme ve beş duyunun enerji alışverişini iyi yönde etkiler. İkili ilişkilerde sadakat ve sevgiyi artırır. Olumsuz enerjilere karşı koruyucu kabul edilmiştir. Ruhsal gelişime yardımcıdır.

Taşlarla ilgili aslında size bu bölümde çok kısa ve genel bilgi verdim. Bu konuyla ilgili çok değerli yabancı kaynakların yanı sıra artık Türkçede de güzel kitaplar var. Daha burada bahsetmediğim, enerjileri kullanılabilecek ve ucuza elde edilebilecek çok sayıda doğal taş mevcut. Örneğin krizopraz, krizokol, kantaşı, malakit, mıknatıs taşı, sitrin, topaz, türkuaz gibi. Bu taşlarla ilgili detaylı bilgi için Hasan Kocabaş'ın güzel bir çalışması olan *Şifalı Taşlarla Sağlıklı Yaşam* adlı kitabına başvurabilirsiniz.

Beyaz:	Etkili günü pazar, gezegeni Güneş.
Sedefi beyaz:	Etkili günü pazartesi, gezegeni Ay.
Kırmızı:	Etkili günü salı, gezegeni Mars.
Yeşil:	Etkili günü çarşamba, gezegeni Merkür.
Turuncu:	Etkili günü perşembe, gezegeni Jüpiter.
Pastel renkler:	Etkili günü cuma, gezegeni Venüs.
Mavi/lacivert:	Etkili günü cumartesi, gezegeni Satürn.
Mor:	7. çakra (enerji merkezi) üzerine etkilidir. Bu nedenle bu boyuttan daha öte noktalara geçiş ve ilişki için etkili olduğu söylenir. Kozmik etkili bir renktir.
Siyah:	Oldukça etkili bir renktir. Aynı zamanda hiçliği de temsil eder. Etkisi bazı kişilere ağır gelebilir.

Aslında renklerin, taşların, astrolojik elemanların yanı sıra günlerin ve günün saatlerinin de farklı özellikleri ve etkileri vardır, ama fazla detaya girmemek için ben ayrıca bunların önemine girmeyeceğim.

Esma ül Hüsna (Allah'ın 99 güzel ismi)

ER RAHMAN

Bağışlayıp esirgeyen, iyi veya kötü tüm kullarına BU DÜNYADA ayrım yapmadan nimetlerini veren ve canlılara yayan, yaratıkların hepsine merhametle davranan. Tüm zamanlarda tüm yaratılmış olan varlıklar hakkında hayır ve rahmet iradesi buyuran, rızıkları ve her türlü iyilikleri ihsan eden. Sonsuz esma ve sıfat sahibi.

ER RAHİM

Engin merhamet sahibi, bu dünyada emirlerine uyanlara ahirette kalıcı nimetler verecek olan. Verdiği nimetleri iyi kullananlara daha büyük ve kalıcı nimetler veren. Ahiret yaşamında sadece müminlere ihsan ve ikram eden. Varlıklar içinde seçtiklerine kendini tanıtan.

EL MELİK

Bizim görüp algılayabildiğimiz veya algılayamadığımız tüm boyutların sahibi ve hâkimi olan, tüm varlıkların sahibi ve tek yöneticisi. Tek, tasarruf sahibi.

EL KUDDÜS

Tüm özelliklerinde hiçbir eksikliği olmayan, her türlü şaibenin ve yakıştırmanın dışında olan. Sınırlılıktan mukaddes ve arı.

ES SELAM

Esenlik ve selamet kaynağı olan, varlıkları her türlü tehlikelerden güvenliğe ve selamete erdiren; kendi kusurdan sıfatları eksiklikten, eylemleri şerden salim olan.

EL MÜMİN

Mümin olanları ve olacakları sağlayan, kendine inananları ve emirlerine uyanları kurtuluşa erdiren, insanların tek, yegâne kurtarıcısı.

Kendisine sığınanları emin kılan, emniyet verici, kullarını iman şerefiyle şereflendiren. Gaybın sonsuz sırlarına açık idraki oluşturan.

EL MÜHEYMİN

Evrenin tüm işlerini görüp gözeten. Gözetici ve koruyucu, ibadetlerin sevabını eksiksiz veren.

EL AZİZ

Yenilmeyen, tek galip. En üstün ve şanı en yüce olan.

EL CEBBAR

İradesini herkese ve her şeye rağmen daima yürüten. Yaratıkları iradesine uymaya zorunlu kılan. Dilediğini zorla yaptırma kapasitesine sahip olan. Yaratıkların eksiklerini düzelten, işlerini ıslah eden.

EL MÜTEKEBBİR

Azametini, yüceliğini, büyüklüğünü açıklayıp gösteren ve bu durum sadece kendisine ait olan zat. Büyüklüğünü her şeyde ve her olayda gösteren. Azamet ve kibriyle kendisine özgü olan.

EL HALİK

Her şeyin yaratıcısı, her şeyi takdirine uygun yaratan. Eşyayı bir takdir ve ölçüyle yaratan, yoktan var eden.

EL BARİ

Tamamen kendine has ve hoş bir şekilde düzenleyip yaratan. Eşyayı çeşitli şekillerde ve görüntülerde birbirinden mümtaz surette yaratan. Her varlığı bir örneği olmaksızın var eden.

EL MUSAVVİR

Şekil ve özellik veren. Yaratıklarını güzel şekillendiren. Tasvir eden, her şeye bir suret ve şekil veren. Her şekli diğerinden farklı kılan. Yaratıkları istediği sıfat ve seçtiği surette yaratan.

EL GAFFAR

Daima affeden, günahlar tekrarlansa da yine de affeden. Mağrifeti bağışlaması pek çok olan. Kullarının günahlarını affetmekle örten. Tekrar tekrar affeden.

EL KAHHAR

Müstahak olanları şiddetle kahreden, zalimleri berbat eden. Kudretinin karşısında her şeyi âciz bırakan. Her şeyi hükmüne itaat ettirebilen bir galibiyet ve hâkimiyet sahibi. Düşmanlarını kahrederek zelil ve perişan hale getiren.

EL VEHHAB

Hiçbir karşılık beklemeden bol bol veren. Kullarına karşılıksız ihsan eden. İhsanları ve bağışları bol ve devamlı olan. İstihkakı olmayan kullarına da ihsan eden.

ER REZZAK

Sayısız canlının bedeni ve ruhi rızıklarını yaratıp veren ve onların yaşamasını sağlayan. Maddi ve manevi her türlü rızkı ve bu rızklara muhtaç olanları yaratan. Canlıların rızklarını dilediği şekilde veren.

EL FETTAH

Hayır ve güzellik kapılarını ve müminlerin yolunu açan, olanaklar sunan. Rahmet ve rızk kapılarını açan. Zorlukları kolaylaştıran. Hidayetiyle kalplere iman ve mağfiret kapılarını açan. Blokajları kıran/çözen.

EL ÂLİM

Her şeyi en iyi bilen. Ezeli ilmiyle büyük küçük, mümkün muhal, gizli aşikâr her şeyi bilen. İlmi, yaratılmış ve yaratılmamış her şeyi birlikte kapsayan.

EL KABID (EL KAABİZ)

Olayların akış şeklini, kullarının rızıklarının verilişini elinde tutan ve ruhları kabzeden/alan. Daraltıp sıkan, kıtlık veren. İzhar ettiklerini geri alan.

EL BASİT

Rızkı, gönülleri, olanakları genişleten, lütuf ve keremini esirgemeyip yayan. Açıp genişlik veren, bollaştıran.

EL HAFİD

Kibirlileri, kötüleri, münkirleri, asileri, zalimleri, kâfirleri alçaltan. Kötüleri rahmetinden uzaklaştırıp AHİRETTE zelil eden ve cezalandıran. En değersiz hale düşüren.

ER RAFİ

Maddeten ve manen yücelten, şereflendiren, kullarını derece derece yaratan. Sevdiği kullarını yükselten. Müminleri kendisine yaklaştırarak yücelten.

EL MUİZZ

İzzet ve şeref verip yücelten. Dilediğine izzet ve kuvvet veren, ilimde yükselten. Değerli kılan.

EL MÜZİLL

Dilediğini zelil kılıp rahmetinden uzaklaştıran. Hor ve hakir kılan. Dünya menfaatlerine düşenleri alçaltan.

ES SEMİ

Gizli açık söyleneni, gönülden geçenleri ve duaları hakkıyla işiten, insanların ve diğer yaratıkların duyamadıklarını da duyan. Algılama kapasitesi sonsuz olan.

EL BASİR

Gizliyi, açığı, saklananı, ortada bulunanı, kısaca her şeyi her koşulda gören, basiret sahibi. Aydınlık karanlık, uzak yakın, büyük küçük her şeyi gören, gözlemleyen, değerlendiren.

EL HAKEM

Kullarını ıslah için hükümler koyan ve son hükmü verme yetkisini elinde tutan zat. Hükmeden hakkı yerine getiren. Hükümlerinde zulüm bulunmayan.

EL ADL

Mutlak adalet sahibi, asla zulmetmeyen, zulmü yasaklayan. Tüm uygulamaları hak ve adalet üzerine olan. Her hak sahibine hakkını veren ve haksızları cezalandıran.

EL LATİF

Tüm yararlı şeyleri ve güzellikleri en ince noktasına kadar bilen ve onlara çok kolay nüfuz eden ve kullarına ihsan eden. Kullarına sezilmez yoldan faydalar ulaştıran. Lütufla muamele eden.

EL HABİR

Mülkünde olup bitenleri hiçbir gizli yönü kalmayacak şekilde bilen, her şeyden haberdar olan. Eşyanın hakikatlerini ve gizliliklerini bilen. Batıni haberler kendisinden saklanamayan.

EL HALİM

Asilere, münkirlere, günahkârlara her an ceza verme kapasitesinde olduğu halde bekleyen, onların tövbe etmesi için süre veren ve bu esnada da rızklarını kesmeyen. Cezalandırmaya gücü yettiği halde hemen ceza vermeyen. Kullarının isyanlarına karşı hemen öfkeye kapılmayan. Yumuşaklık ve hoşgörü sahibi.

EL AZİM

Zatını ve sıfatının derecesi düşünülemeyecek kadar ulu zat. Pek azametli. Hem zatı hem de sıfatları sonsuz kemalde olan. Büyüklüğü kavranamayacak kadar sonsuz olan.

EL GAFUR

Tüm günahları örtüp bağışlayacak olan zat. Affediciliği tam olan. Kullarının kusurlarını melaike ve ruhanilere karşı örten. İsterse hakkımızdaki olumsuz davranışlara ait enerji kayıtlarını silen, kayda almayan.

EŞ ŞEKUR

Az iyiliğe çok ödül veren. Mükâfatını kat kat artıran zat. Kendisine yapılan şükre çok bonkörlükle yanıt veren. Cüzi ibadete karşı kulli mükâfatlar, yüksek dereceler ve çok sevaplar veren.

EL ALİY

Kemal derecelerinin en yücesinde bulunan. Şerefinin, izzetinin, hükümranlığının üzerinde hiçbir yüceliğin bulunmadığı yüce zat.

EL KEBİR

Zatının ve sıfatlarının mahiyeti anlaşılamayacak, büyüklüğü karşısında her büyüklük küçük kalacak kadar ulu, mutlak büyük zat. Büyüklükte kendisinden daha üstünü düşünülemeyen. Sonsuz manalarının büyüklüğünü hakkıyla ancak kendi değerlendirebilecek olan.

EL HAFİZ

Koruyan, gözeten, beladan saklayan zat. Varlıkları, kaderle tayin edilmiş bir ecele kadar zevale uğramaktan koruyan.

EL MUKİT

Bedenlerin ve ruhların gıdasını sağlayıp veren zat. Her şeyi layıkıyla bilip gözeten ve her şeye kudreti yeten.

EL HASİB

Kullarını hesaba çeken ve onlara hesaba çekici olarakta yeterli olan zat. Kullarının yaptıklarını muhasebeye tabi tutan. Eylemlerin karşılığını verme konusunda yeterli olan.

EL CELİL

Kayıtsız şartsız ve kimseyle kıyası mümkün olmayan azamet sahibi zat. Sıfatları sonsuz kemalde bulunan. Heybeti akılları dehşete bırakan. Malikiyet, hâkimiyet, kudret, azamet gibi bütün celal sıfatlara sahip olan.

EL KERİM

İyilik ve türlü faziletin en mükemmeline bol bol sahip olan ve bunu bol bol gösteren zat. Keremi ve bağışı bol olan. Cömertliği daimi olan. Bir karşılık gözetmeden inayetiyle ihsan eden.

ER RAKİB

Yarattıklarını her an kontrol eden ve onlardan bile gafil olmayan ve her şeyi kayıt ve saptama yapan zat. Kullarının her şeyini gözeten ve gözlem altında tutan. Her şey ilmi, nazarı ve murakebesi altında bulunan.

EL MUCİB

Kullarının dualarını kabul eden ve isteklerini yerine getiren zat. Tüm yönelenlerin dileklerine cevap veren.

EL VASİ

İlmi gibi ihsanıda mağfiret ve merhametide her şeyi kaplayacak kadar geniş olan zat. Bütün sıfatları sonsuz ve sınırsız olan. Geniş rahmetiyle bütün varlıkları kuşatan. Sınırsız ilmi olmuş ve olacak her şeyi içine alan.

EL HÂKİM

Her şeyin en iyi tarafını en iyi şekilde bilen ve yapacaklarını da en iyi şekilde yapan zat. Hüküm ve hikmet sahibi. Her şeyi olduğu gibi bilen. Gerekeni en güzel ve en yararlı şekilde yapan.

EL VEDUD

Kullarını çok seven ve salih kulları tarafından çok sevilen ve gönüllerde sevgi yaratan zat. Sonsuz muhabbete yegâne layık olan. Tüm yarattıklarını seven ve onların iyiliğini isteyen. İyi kullarını seven, onları rahmet ve rızasına erdiren. Aşk kaynağı.

EL MECİD

Şanlı, şerefli, lütfu ve keremi çok bol olan yüce zat. Zatı mukaddes, şanı yüce, keremi ve ihsanı bol olan.

EL BAİS

Ölümden sonra dirilten, elçi gönderen, elçi göndererek gönülleri dirilten, bilgi göndererek cehaletteki kalpleri uyandıran, insanları kıyamette yeniden diriltecek olan zat. Kıyametten sonra ölüleri tekrar dirilten.

EŞ ŞEHİD

Her şeyi gözleyip gören her şeye şahit olan zat. Bilinen ve bilinmeyenin şahidi. Her zaman ve her mekânda hazır ve nazır.

EL HAK

İnkârı ve reddi mümkün olamayan, varlığı ve ululuğu kesin ve açık olan zat. Değişmekten münezzeh olan.

EL VEKİL

Kendisine güvenilip dayanılan ve bazı işlerin çözümü kendisine bırakılan liyakat sahibi zat. Yaratıkların bütün işlerine kefil olan. İşleri kendisine bırakanların, isteklerini en iyi şekilde yerine getiren. Kendisine tevekkül edilen.

EL KAVİY

Kuvveti her şeye yetecek güç sahibi. Tam ve olgun bir kuvvet sahibi. Kuvveti tam olup hakkında zaaf söz konusu olmayan. Tüm kuvvetlerin kökü, bileşkesi.

EL METİN

Çok güçlü, çok kuvvetli ve çok dirençli zat. Kuvveti çok şiddetli olan. Sapasağlam kalan.

EL VELİ

Kuluna yardımcı ve dost. İyi kullarını seven ve onlara yardım eden. Yaratıklarını koruyup onların işlerinde yardım eden.

EL HAMİD

Her bakımdan övgüye ve teşekküre layık olan zat. Sena edilen övülen. fiileriyle ve nimetleriyle hamda layık olan. Ancak kendisine hamdedilen.

EL MUHSİ

En ince detayları sayıp dökecek kadar her şeyi bilen. Her şeyin sayısını bilen. Sonsuz varlıkları her zerrelerine kadar özellikleriyle yaşayan.

EL MÜBDİ

Her şeyin başlangıcı olduğu gibi varlıkları da ilk olarak yaratmaya başlayan zat. Varlıkları daha önce bir misli ve benzeri olmaksızın ilk defa yaratan.

EL MU'İD

İade eden, ölümden sonra bitki, hayvan, her türlü canlıyı hayata iade eden. Ölümden sonra dirilten. Yaratılmışları yok ettikten sonra yeni bir biçimde yeniden var eden.

EL MUHYİ

Hayat veren, öldükten sonra da dirilten. Yaşamı icat eden. Can veren.

EL MÜMİT

Ölümü yaratan ve dolayısıyla kullarını sonra diriltmek üzere öldüren. Canlılara ölümü tattıran. Dönüştüren.

EL HAYY

Sonsuz bir hayatla daima diri, canlı olan. Ezeli yaşama sahip olan. Hayat sahibi.

EL KAYYUM

Zeval bulmayan, daim olan ve evreni koyduğu kurallarla yöneten zat. Her şeyi ayakta tutan, varlıklarını devam ettiren.

EL VACİD

Kullarının isteklerini yerine getirmekten yüksünmeyen, istediğini istediği anda bulan ve kimseye gereksinimi olmayan. Kendisine darlık, fakirlik ve âcizlik gelmeyen. Ne bağışlarsa bağışlasın varlığından bir şey eksilmeyen.

EL MACİD

Şanın şerefin kaynağı olan zat. Zatı mukaddes, şanı yüce, ihsanı bol olan.

EL VAHİD

Artması ve eksilmesi olmayacak kadar bütün ve tek varlık. Bir, yani Allah. Kemal sıfatları bütün eşyayı kuşatan, eşi ve benzeri olmayan, bölünmez ve parçalanmaz tek zat.

EL EHAD (EL AHAD)

Tüm eksik sıfatlardan münezzeh olan yegâne zat. Bir, tek olan, çoluğa çocuğa, yardımcıya gereksinimi olmayan.

ES SAMED

Bütün varlıkların ihtiyaçlarını karşılayan, fakat kimseye ve hiçbir şeye ihtiyacı bulunmayan zat. Her şey kendisine muhtaç olduğu halde kendisi hiçbir şeye muhtaç olmayan. Varlığına bir şeyin girmesi çıkması olanaksız.

EL KAADİR

Tam kudret sahibi, kudretine sınır olmayan. Dilediği gibi yapmaya gücü yeten; dilerse yapan, dilemezse yapmayan.

EL MUKTEDİR

Her şeye gücü yeten. Kuvvet bakımından kendisine kimsenin karşı çıkamayacağı zat. Kudretini izhar edip gösteren.

EL MUKADDİM

Öne alan, bazı işleri bazı işlerin, bazı kişileri diğerlerinin önüne alan. Dilediğini öne geçiren. İleri alan.

EL MUAHHİR

Tehir eden, bazı hususları geri bırakan. Dilediğini geri bırakan. Erteleyen.

EL EVVEL

Varlığına başlangıç olmayan. Başlangıcı olmayan, ilk.

EL AHİR

Varlığına son olmayan, her şey sona erse bile kalıcı olan. Sonu olmayan.

EZ ZAHİR

Varlığı ve birliğine dair açık işaretler ve kanıtlar bulunan. Kesin kanıtlarla bilinen. Apaçık ortada olan, algılanabilen.

EL BATIN

Zatının görülmesi ve içeriğinin amnlaşılması olanaksız ve görünen görünmeyen âlemin egemeni olan zat. Mukaddes zatı kavranamayacak derecede yüce olan. Gizli, ortada olmayan, algılanamayan.

EL VALİ

Evrenin egemeni, yöneticisi, nimetlendiricisi. Tüm yaratıkları yöneten.

EL MÜTEALİ

Yücelik, yükseklik, şan ve şerefin sahibi ve kaynağı. Şanına layık olmayan özelliklerden uzak. Aklın olası gördüğü her şeyden, her hal ve tavırdan çok yüce.

EL BERR

İnanıp ibadet eden kullarına hidayet eden, iyilik yapmayı düşünüp yapamayanlara, kötülük yapmayı düşünüp yapmayanlara bile ödül veren zat. İyilik ve ihsan eden. Kullarına karşı iyiliği çok olan.

ET TEVVAB

Kullarını günahtan ve isyandan dönmeye teşvik eden ve bunu canı gönülden yaparlarsa affedip, onları hiç günah işlememiş gibi kabul eden zat. Kullarının tövbesini kabul eden. Kullarına tövbe kapılarını açan, onları tövbeye yöneltecek nedenler yaratan. Kullarını cezalandırmayıp mağfiret eden.

EL MÜNTAKİM

Suçluları müstahak oldukları şekilde cezalandıran, intikamı adalet olan zat. Zulüm etmeksizin intikam alan. Asilerin belini kıran, canileri cezalandıran.

EL AFÜVV

Cezalandırmaya kadirken ve kulları hak etmiş olsa bile, onların günahlarını affeden, silen ve affetmeyi çok seven zat. Çok affedici olan. Günahları imha edip sahibini cezalandırmaktan vazgeçen. Kayıtlardaki negatif enerji kayıtlarını "delete" eden/silen.

ER RAUF

Kullarına karşı çok şefkatli, çok merhametli ve çok âlicenap davranan zat. Kulları hakkında kolaylık murat eden.

MALİK'ÜL MÜLK

Mülkün, devletin ve her türlü otoritenin asıl sahibi. Tüm mülk âleminin tek sahibi. Mülkünde dilediği gibi tasarruf edebilen.

ZÜ'L-CELALİ VE'L- İKRAM

Azamet, yücelik ve kerem sahibi zat. Celal ve ikram sahibi.

EL MUKSİT

Adaletle hükmeden, ölçüyü ve dengeyi daima koruyan. Mazlumun hakkını zalimden alan. Haksızlıkları düzeltip hakkı yerine getiren. Kullarına muamelesi tam adalet ve merhamet üzerine olan.

EL CAMİ

Bu dünyada tüm varlıkları canlı cansız düzenleyip toparlayan, ahirette de tüm insanları hesaba çekmek üzere toplayacak olan ve bu nedenle de tüm övgüleri zatında derleyen. Kıyamet gününde insanları bir araya getiren. Varlıkları bir araya toplayan. En güçlü çekim alanını yaratan.

EL GANİY

Kendisi her şeyden müstağni olduğu halde, herkesin kendisine muhtaç bulunduğu zat. Nimet ve rahmet hazineleri sonsuz olan. Tek zenginlik sahibi.

EL MUGNİ

Kendisi zengin olduğu gibi, dilediğine de hesapsız zenginlik veren. Her mana ve boyutta zenginleştiren.

EL MANİ

Korunma çarelerini yaratarak kullarını beden ve din bakımından her türlü eksiklik, tehlike ve noksanlardan koruyan. Bir şeyin meydana gelmesine izin vermeyen, engelleyen.

ED DARR

Her şeyi yarattığı gibi, zarar verici şeyleri de yaratan. Dilerse kullarına zarar veren. Zarar verici şeyleri yaratan.

EN NAFİ

Fayda veren, yarayışlı şeyleri yaratan. Dilediği kullarına fayda veren.

EN NUR

Nurlandıran, nur kaynağı. Fiziki âlemdeki ışığın çok ötesinde ve üstünde ve başkasında aydınlatıcı. Kendisi görünen olduğu gibi, başka varlıkları da gösteren. Âlemleri nurlandıran, aydınlatan.

EL HADİ

Lütfuyla yol gösteren, hayra erdiren, murada ulaştıran, doğru yola davet eden. Kalplere iman yolu gösteren. Hidayet lütfederek batıldan ve dalaletten uzaklaştıran. Tüm canlılara her türlü ihtiyaçları için yol gösteren. Gerçeğe yönlendiren, gerçeği görmeyi sağlayan.

EL BEDİ

Bir şeyi ve şeklini yoktan var edip, en güzel şekilde yaratıp, ortaya koyan ve başlatan. Eşi ve benzeri olmayan. Örneksiz olarak yaratan.

EL BAKİ

Fani olmayan, ebedi olan, herkes gibi sonu olmayan. Varlığının sonu olmayan. Yaratıklar yok olduktan sonra da varlığı devam eden.

EL VÂRİS

Mülkünü insanlara süreyle bırakan ve insanların birbirine bıraktığı mirasın dönüp dolaşıp en son karar kılacağı ebedi zat. Her şeyin tek vârisi, hakiki sahibi, her şey yok olduktan sonra da baki kalan.

ER REŞİD

Her işi isabetli olan ve kullarını doğru yola irşat edici. Ezelde takdir ettiği her şeyi, hedefine en hikmetli şekilde ulaştıran. İnsanları hayırlı yollara irşat eden.

ES SABUR

Çok sabırlı hiç acele etmeyen. Azap etmeden acele etmeyen. Cezayı bir vakte kadar erteleyen.

ALLAH (c. c.)

Allah evreni yaratan ve yöneten mutlak kudret sahibi Cenabı Hakk'ın bütün sıfatlarını içine alan ve hepsini birden ifade eden en büyük ismi, mutlak zat ismi.

Özel bir zikir çalışması

Astrolojik elemanların etkisi, renklerin etkisi, günlük ve aylık döngülerin etkileri, taşların etkisi, meditasyon mantralarının ve reiki sembollerinin etkisi ve bunlar gibi kader yazılım programımızı etkileyen daha pek çok faktör vardır. Aslında bilinenler ve ayrıca henüz daha saptanamayanlar da dahil olmak üzere pek çok faktör enerji akışımızı etkiler. Ancak ben bu bölümde özellikle ALLAH'ın son yazılı metin olarak gönderdiği Kuranıkerim'de adı geçen 99 ismiyle ilgili özel bir *chanting*, kelime tekrarı veya zikirle yapılan bir çalışmadan bahsedeceğim. Doğru yapıldığı takdirde oldukça etkili bir çalışma. Gerçekten de kader yazılım programınızı size verilenin daha üstünde bir performansta yaşamak ve daha üstbilinç hallerine geçmek istiyorsanız oldukça yararını görebilirsiniz.

Sonuçta Yaradan aslında bize pek çok ipucu vermiş, kullanırsınız veya kullanmazsınız, seçim sizin. Tekrar hatırlatıyorum, aslında istemek ve dua çok büyük bir silah ve güç, ama benim gözlemlediğime göre Yaradan bizim BU BOYUTTAKİ deneyimlerimizi BU BOYUTTA VERİLEN MALZEMELERLE yapmamızı istiyor. Yani bu toprakla, bu taşlarla, bu yiyeceklerle, bu renklerle, bu kutsal kitaplarla, bu beynimizle, bu bedenle.

Hepimizde ALLAH'IN 99 isminin belirli açılımları zaten var. Bazıları uyuyarak veya daha pasif halde duruyor. Örneğin El Kahhar ismi kuvvetli doğmuş veya o sırada etkili ve sert bir Mars transiti yaşayan bir kişide oldukça agresiflik, meydan okuma, kavgacılık, kazalara ve kanamalara eğilim gibi El Kahhar isminin ve aynı etkiyi kozmik olarak veren Mars'ın etkisi artmış olabilir. Bu kişi sürekli sinirlilik ve saldırganlık dürtüleri hissedebilir. İstemeden kırıcı olabilir, kazalar yapabilir istediklerini zorla kabul ettirmeye çalışabilir, hatta katil bile olabilir. Bunun ters etkilerini veren Venüs etkisi veya El Halim gibi isimler ise başka bir kimsede aşırı sakinlik, sevgi ve yumuşaklık içinde olma hali verebilir ve bu kişi ise o dönemde aşırı sakin, hatta bazen aşırı yumuşak ve kayıtsız kalabilir. Bu iyi de olabilir, kötü de. Örneğin bir atılım dönemindeyseniz ve mücadele etmeniz gerekiyorsa bu pasiflik ve aşırı kayıtsızlık size zarar verebilir, ama tersine bir önceki örnekteki gibi aşırı saldırgan dürtüler duyuyorsanız ve zorlayıcıysanız, sık kavga ediyorsanız o zaman tersine El Halim isminin enerjisine ve Mars'ın tersi dengeleyici olan Venüs enerjisine ihtiyacınız var demektir.

Başka bir örnek daha vereyim: Satürn etkisi kuvvetli olan kişilerde Satürn bulunduğu eve ve aldığı diğer gezegen etkilerine göre sert deneyimler yaşatır, genelde daha sıkıcı, daraltıcı, zorlayıcı etkiler verir. Bu etkilere kibarca ben öğretici deneyimler diyorum. Her ne kadar bu tarz deneyimlerden hoşlanmasak da bunlar evrimleşmemiz için gereklidir. Örneğin küçükken bir türlü kilo alamayan diş, diz ve kemik sorunları olan çeşitli zorluklara maruz kalan kişide Satürn etkisi ve Ed Darr isminin enerjisi yoğundur. Tersine Jüpiter ve El Mugni isminin etkileri ise genişletici, bolluk verici, büyütücü, şans getiricidir. Ed Darr ve Satürn etkisi sizi boğarken, sıkarken her şeyi kısıtlar veya geciktirirken tersine En Nafi ve El Mugni isimlerinin etkileri ise bu etkileri dengeler.

Başka bir örnek ise; sürekli her konuda sürekli geri kalıyorsunuz, hep arka planlardasınız, sürekli herkes sizi her konuda geçiyor, o zaman El Müzill isminin etkisi kuvvetlidir; tersine El Mukaddim ise öne geçirici bir etki yapar, onun enerjisini kullanmayı bilerek atak yapılabilir. Veya yaşamınızda muhabbet, aşk, cinselliğin estetiğin zayıf olduğunu düşünüyorsunuz o zaman El Vedud isminin enerjisini daha çok çekmeniz gerekir. Veya ani değişiklikler yapan aniden yıkıcı olabilen Uranüs etkisine karşı biraz korunmak istiyorsunuz, yaşamınızda birden ve ani yıkımlar olabileceğinden korkup enerjileri biraz sabitlemek istiyorsunuz o zaman El Metin isminin enerjisine ihtiyacınız vardır. Bu kadar yıkımı veya ani değişiklikleri kaldıracak durumunuz yoksa o zaman sizin için de El Metin isminin etkisine ihtiyaç vardır. Veya sağlık canlılık ve diriliğinizde sürekli bir azalma ve sık hastalanma söz konusu ise o zamanda El Hayy isminin enerjisine ihtiyacınız vardır.

Aslında isimleri ve astrolojik gezegen etkilerini tanırsanız kendi yaratılış formatınızı bir ölçüde kavrayabillir ve eşyanın tabiyatına uygun davranabilirsiniz. Çoğu zaman da boşu boşuna akıntıya karşı kürek çekmez ve evrensel enerjilerle daha bir uyum içinde olursunuz. Kendinizi çok iyi tanıyor ve hangi ismin etkisinin sizde kuvvetli hangisinin zayıf, hangisinde uyur durumda açılmayı beklediğinizi bilebiliyorsanız o zaman ona göre canlandırıcı veya pasifleştirici zikir programları yapabilirsiniz. Eğer kendinizi iyi değerlendiremiyorsanız o zaman iyi bir astrolojik danışmanlık, doğuş haritanızdaki etkiler ve şu an transit gezegen etkileri gibi yani sabit ve değişken etkileri saptayabilir, ona göre enerjileri etkileyecek çalışmalar yapabilirsiniz. Çok ince ve özel hesapların söz konusu olduğu özel ve derin enerji çalışmalarından burada detaylı bahsetmem çok zor, çünkü bu tür özel enerji çalışmaları için o kişinin doğum astrolojik haritasını görmek ve gökyüzündeki gezegenlerin şu anki konumunu ve oluşturdukları etkileri bilmek ve ondan sonra fazlalığı veya azlığı söz konusu olup sıkıntı yaratan enerjiyi tanımlayıp ona göre kişiye ve zamana özel bir program vermek gerekir.

Bu sıkıntı yaratan enerjileri dengelerken renklerden sembollere, mantralardan reiki yöntemlerine kadar çeşitli etkiler söz konusu olabildiği halde en etkilisi, bilinçli ve bilimsel şekliyle yapılan zikir çalışmalarıdır. Çeşitli zikir yöntemleri olmakla beraber ben burada daha çok Esma ül Hüsna ile Yaradan'ın bize verdiği kendi özelliklerinin bazılarının bizim sinir sistemimizdeki karşılıklarının açılımı ve etkileşimine dayanan zikirden bahsedeceğim. Her şeyden önce şu noktayı önemle vurgularım ki zikir çoğumuzun sandığı gibi bazı tarikat üyelerinin acayip sesler çıkararak, kendilerine şişler batırarak, kendinden geçmiş bir halde abartılı sağa sola sallanmalarla ve ürkütücü olabilen görüntülerle kendilerinden geçme hali değildir. Tanrı'ya yaklaşma, bilinci açma, farkındalığa ulaşma yoludur.

Aslında her canlı varlık kendine göre bir zikir halindedir ve Allah'ı zikreder. Diğer pek çok canlının da biz tam anlamasak bile kendine göre bir zikir hali ve yöntemi vardır. Bu gezegende en üstün sinir sistemi ve donamımla yaratılmış olan insanoğlu ise zikirden en çok verim alabilecek canlı olma şansına sahiptir. Yaşamın her anı büyük bir fırsattır. Ölüm dediğimiz boyut değiştirme sonrasında bedenli yaşantımızda topladığımız olumlu enerjilere çok ihtiyaç olacak ve o enerjileri iyi bir birey olmak, topluma yararlı çalışmalar yapmak, insan ve diğer canlı türlerine karşı saygılı olmak, yalan söylememek gibi pek çok değerlerin yanı sıra özellikle yapılan olumlu enerji çalışmalarıyla elde ettiğimiz enerjilerin de çok yararı olacak. Aklı olan bu yaşantıda bir anını bile ziyan etmez, yapabildiği kadar ama abartmadan iyilik ve ibadet ve spiritüel çalışma yapar. Bir daha aynı an geri gelmeyecek; bir daha bu fırsatları bulamayabilirsiniz. Sadece bedenlenmiş olmanız bile Yaradan'ı zikretmek için büyük bir neden.

Benim önerdiğim zikir çalışmasını nasıl yapacaksınız?

Her şeyden önce belirtmeliyim ki 40 gün içinde kendinizde ve yaşantınızda bazı değişiklikler olma olasılığı oldukça yüksektir. Genelde yapılan kozmik çalışmalar etkilerini 40 gün veya 7 hafta içinde gösterirler. Bu nedenle yaşamınızda bazı değişikliklere hazır olun. Ayrıca kendinizi böyle bir çalışmaya hazır hissettiğinizin bilincinde olun. Ayrıca başlanılan çalışmayı kesmeden aralıksız 7 hafta devam ettirmek daha doğrudur. Tıpkı alınan bir ilaç gibi belirli etkileri elde etmek için düzenli uygulama önemlidir. Sonuçta evrende olduğu gibi dünyamızda da her şey bir enerji dengesidir. Yediğimiz bir elmada sindirile sindirile sonuçta ince bir düzeyde elmanın hafıza bilgisine dönüşmektedir. Kaba düzeyden başlayıp sonuçta rafine ince bir enerji düzeyine indirgenmekte ve beynin üst merkezlerinde değerlendirilmektedir. İster yenilen elma, et, sebze, çerez veya içilen içecekler olsun veya giyilen giysilerin renkleri, takılan taşların etkileri, algılanan kokular her şey ama her şey farklı düzeylerde bir enerjiye dönüşmekte ve çeşitli etkiler oluşturmaktadır. Her ne kadar bilinçli yapılan zikir çalışmaları en ince ve yüksek enerji etkilerini oluşturuyorsa da bu dönemde yediklerinize, içtiklerinize, taktıklarınıza, kokularınıza, renklerinize da dikkat etmenizde yarar var. Her kişide aslında olumlu ve olumsuz etkiler yapan maddeler değişmekle beraber bu dönem için benim size bazı önerilerim olacak, lütfen dikkatle okuyun.

İyi ve verimli bir ruhsal çalışma yapmak için bazı genel öneriler

Bedensel öneriler:

- Bir gün öncesinden bir günlük bir detoks (arınma) programı yaparak bedeni biraz temizlemekte yarar var. Böylece bedeni yoran veya ağırlık oluşturan bazı toksinleri atmış ve daha hafiflemiş olursunuz. 1 günlük bedensel detoks için öneri: sabah kalkınca 1 bardak ılık ballı limonlu su için. Sonrasında öğleye kadar sadece 2–3 kâse şekersiz veya az esmer şekerli, tarçınlı zencefilli, karanfilli elma kompostosu için. Öğleden sonra akşama kadar da 5–6 tabak az zeytinyağlı dereotlu sulu kabak yemeği yiyin, yanında hiç ekmek veya pirinç yemeyin ve çok tuz koymayın. O gün sadece sulu beslenin ve bol bol sıcağa yakın ılık su için. Eğer kilolu veya aşırı toksinli olduğunuzu düşünüyorsanız o zaman 10 günde bir bu sulu diyeti yapabilirsiniz, böylece beden daha da arınır.
- Daha derin ve etkili bir arınma programı içinse 1 haftalık pançakarma veya yatılı detoks programları etkili olabilir. *Ayurveda Sağlıklı ve Uzun Yaşamın Sırları* adlı kitabımda bu konuyla ilgili detaylı bilgileri bulabilirsiniz.
- Bu 7 hafta boyunca mümkün olduğunca kırmızı et, yerfıstığı, sa-

rımsak, soğan, kırmızı pul biber yemeyin veya daha az tüketin.

- Doktorunuzun kesinlikle kullanmanızı istediği ilaçlar dışında mümkün olduğunca kimyasal ilaç kullanmamaya dikkat edin.
- Bazı dönemlerde stres çözülmesi veya sinir sistemindeki bazı değişiklikler oluşmaya başlamasından dolayı aşırı yemek yeme isteği olabilir, yakabileceğinizden fazlasını tüketmeyin. Size normal olarak yetecek miktarda yiyecek tüketin, fazla ve aşırı yiyecek içecek tüketiminden kaçının. Bu dönemde sindirim sisteminizi fazla zorlamayın, enerji ve dikkat sindirim sisteminize yoğunlaşmasın.
- Bu dönemde ne aşırı hareketsiz kalın ne de aşırı egzersiz ve sporla kendinizi, bedeninizi fazla zorlayın. Fazla spor dikkati bedene yoğunlaştırabilir ve aşırı yorgunluk yapabilir. Halsizlik oluşturabilir. Oysa bu dönemde bedenin, sinir sisteminde oluşabilecek değişikliklere karşı dayanıklı olması gerekir. Bedeni aşırı zorlamayın. Hatta bu dönemde bazen nedensiz olarak aşırı bir halsizlik ve uyku ihtiyacı hissedebilirsiniz; beden, sinir sistemi bu dönemde tamirat yapıyor olabilir; mutlaka bu dürtüleri hissettiğinizde dinlenin. Aşırı uzun süreli hareketsizlik de iyi değildir, en iyisi hafif yürüyüşlerdir. Ayrıca yüzme, dans, yoga, plates, gim oryantal, hafif treking, yorucu olmayan doğa sporları gibi çeşitli hafif egzersizler de yapılabilir.
- Bugünlerde bedende aşırı bir yorgunluk çıkması veya uyku ihtiyacı olabilir. Böyle bir dürtü hissettiğinizde biraz uzanın ve bedeniniz dinlenmek istiyorsa biraz istirahat edin. Hatta gerekirse uyuyabilirsiniz.
- Bu dönemde özellikle yeşil lifli yapraklı sebzeleri, zeytini ve zeytinyağını, tam buğday ve türevlerini, hafif pişmiş taze balıkları, taze meyve ve meyve sularını, soya fasulyesini, cevizi, keten tohumunu, adaçayını, yeşil çayı, kompostoları, ayranı, iyi pişmiş bakliyatları, yağsız pirinci, limonu bolca tüketin.

  Günde 3–4 dakika ılık susamyağıyla bedene ve ayak tabanlarına masaj yapmanın da rahatlatıcı etkisi vardır. Çok aşırı yağla değil ama hafifçe cildi nemlendirecek kadar az miktarda susamyağı veya rahatlatıcı başka bir solüsyon veya yağ kullanılabilir. Özellikle ayak tabanları çok önemlidir. Ayrıca burun içi özellikle kuru olan kişilerin günde 2–3 kez susamyağıyla burun içini yağlamalarının da çok yararı vardır.
- Bu dönemde mutlaka iyi ve kaliteli bir sudan soğuk olmamak şartıyla günde 2-3 litre için. Çünkü bu dönemde bedensel temizlenmenin ve toksin atmanın en etkili yardımcılarından biri de bol su içmektir. Eğer bedeniniz âdeta yanıyor ve ısrarla sıcak su istemiyorsa

tercihan ılık veya soğuk su için. Aşırı miktarda kahve, çok koyu çay, asitli içeceklerden ise kaçınmakta veya azaltmakta yarar var. Alkol ise hangi tür ruhsal veya bedensel bir çalışma yapılacak olursa olsun kesinlikle yararlı değildir ve bu dönemde kullanılmamalıdır. Uyuşturucu grubuna giren maddeler de bu dönemde algılarda bozukluklara, yanlış algılamalara yol açabilir, kullanılmaması çok daha doğru olur. Psikiyatri ilaçları kullanan kimselerin ise yukarıda da bahsettiğim gibi doktorlarından izin almadan kendi başlarına ilaç kesmeleri, doz azaltmaları veya herhangi bir spiritüel çalışmayı yapmalarını önermem. Diğer reçeteli ilaçları ise kullanabilirsiniz.

- Bu dönemde yaptıracağınız rahatlatıcı masajların veya uygulamaların da kendinizi daha iyi hissetmenize ve gevşemenize yararı olabilir. Hem de kendinize daha çok önem verdiğinizi ve zaman ayırdığınızı da hissedersiniz. Rahatlatıcı bir masaj, keyifli bir cilt bakımı, kendinize daha çok özel zaman ayırmanız bu dönemde bir olumluluk yaratacaktır.
- Sık sık ılık duş alın ve dış ortamın kirliliğini üzerinizden atmaya çalışın. Hatta bugünlerde özellikle günde iki kez duş alarak suyla daha sık temas etmeye çalışın.
- Doğru ve derin nefes alın. Özellikle stres altında olan kişiler farkında olmadan kendilerini kasarlar ve derin derin doya doya nefes alamazlar.

Ruhsal öneriler

Sadece bedeni rahatlatacak önerilerle bir arınma ve hazırlık olmaz, sonuçta bedensel olayların ruhu etkilediği gibi ruhsal faktörler ve durum da bedeni etkiler. Beden veya ruhun biri iyi durumda olmadığı zaman diğeriyle ilgili bir tedavi veya çalışmada iyi sonuç vermeyecektir. Bu öneriler, etkili bir ruhsal çalışma öncesinde ruhu hazırlamaya yardımcı olup, daha iyi verim alınmasını sağlayacak önerilerin bir bölümünü içermektedir.

- 40 gün hiç yalan söylemeyin. Yalan söylemek herhangi bir olayda normal ruhsal enerji akışını bozmak veya normal evrensel enerji akışına müdahale etmektir ki çok yanlış bir durumdur. Hatta büyük yalanlar, hakkına razı olmamak, hatta daha da büyük yalanlar ise o durumu ve enerji akışını beğenmeme ve kendi âdeta Tanrı yerine koymaktır. Yalan, doğal enerji akışını bozacak en büyük hatalı davranışlardan biridir. Bugünlerde (aslında her zaman) yalandan uzak durun.
- Evde veya işyerinde kullanmadığınız ama başkasının ihtiyacına ya-

rayacak çeşitli eşyaları gerçekten ihtiyacı olanlara verin. Aslında dünyada yeterince yiyecek, giysi ve çeşitli tüketim maddeleri var, ama doğru dağılım olmadığından bazı insanlar yetersiz beslenebiliyorlar veya eksiklik içinde kalıyorlar. Burada daha önceden de bahsettiğim gibi içten ve karşılıksız, karşı tarafın onurunu kırmadan ve abartmadan, kaynaklarınızı zora sokmadan ve Tanrı rolüne soyunmadan bir yardımdan bahsediyorum. Yardımla ilgili önceki bölümü tekrar okumanızı öneririm, çünkü burada bir kişinin kader programını o istemeden kökten değiştirmeye çalışmak yanlış olabilir, hatta tanrısallaşmaya çalışmak gibi olabilir. Dengeleri çok bozmadan doğal ve verilecek kişinin de rızasıyla yapılacak yardımlaşma ve bağış çalışmaları bizim için bu dönemde olumlu olacaktır.

- İçinde bulunduğunuz ortamı daha pozitif, sevimli ve rahatlatıcı yapmaya çalışın. Örneğin, hoş kokular, tütsüler, taze çiçekler gibi ki bu konuyu sizle önceki bölümde paylaştım. Burada amaç ortamı sakin, temiz bir enerjide tutmak ve ruhsal açıdan daha temiz bir ortamda bulunmak.
- Sık sık doğa içine açılmaya çalışın ve rutinde mükemmelliğini farkına varamadığımız çoğu zaman atladığımız güzellikleri âdeta bir meditasyon ve tefekkür halinde GÖRMEYE ve FARK ETMEYE çalışın. Bir bebeğin kahkaha atması, yeni bir canlının doğumu ve ilk nefesi, güneşin batışı veya doğuşu, dalgaların kıyıya vurması, rüzgârda kıpırdaşan yapraklar, akarsuların harika su dansı, oynaşan köpekler, yem yiyen serçeler, çiçeklerin inanılmaz güzellikteki renkleri ve şekilleri, gökyüzündeki parlak yıldızlar, mehtaplı bir gece, gözlerle gülümseyerek bakan bir genç kadın ve daha pek çok örnek. Burada önemli olan günlük rutinde hep görüp değerini ve güzelliğini atladığımız şeyleri GÖREBİLMEK ve FARK EDEBİLMEK. Bugünlerde özellikle yaşamınızda sizde ve çevrenizde var olan güzellikleri daha çok fark edebilmeye ve görmeye çalışın.
- Eğer yapabilirseniz teleskopu olan bir tanıdığınızın yardımıyla veya rasathanelerdeki halk günlerinde bir gece hiç konuşmadan gökyüzünü, çevremizdeki gezegenleri, Samanyolu'nu ve görülebildiği kadarını görmeye çalışın. Bunu yapamıyorsanız o zaman uzayın bilindiği kadarıyla haritasını ve güneş sistemimizdeki gezegenleri gösteren bir belgeseli alın ve evinizde seyredin. Nasıl inanılmaz büyük evrende yaşadığımızı ve mükemmel uyumu hissetmeye çalışın.
- Bu dönemde yaşamınızda daha çok sevgi ve daha az korku ve nefret olmasına gayret edin. İnsan isterse daha olgun ve bilge düşünüp olaylara çok daha farklı tepkiler verebiliyor. Sizi üzen ve sıkan ru-

hunuzu boğan olaylardan, kişilerden, sizin pozitif enerjinizi emen kişi, mekân ve olaylardan mümkün olduğunca uzak kalmaya gayret edin (tabii yapabildiğiniz kadarıyla). İnsan isterse gerçekten de yaşama daha pozitif bakabilir ve yaşamında bir olumluluk atağı yapabilir, daha az üzülüp daha çok sevinebilir. Biraz da bazı duygulara yön vermek bizim elimizde değil mi? Bu dönemde daha olumlu ve mutlu olmak için kendiniz de gayret edin.

- Şu davranışları daha çok yapın:
  - Çocukların başını okşayın, onlara masal okuyun.
  - Günde birkaç kez tatlı hayaller kurun.
  - Bebekleri kucağınıza alıp sevin.
  - Kedilerle yumak, ip, top gibi oyuncaklarla oynayın.
  - Muhabbetkuşlarına marul verin.
  - Sevdiğiniz birisine sarılın.
  - Sırtınızı sıvazlatın ve sevdiğiniz insanların sırtını sıvazlayın.
  - Mutlu anlarınızın fotoğraflarının olduğu albümden birkaç tane fotoğrafı çıkartın, çerçeveletin ve evinizin, işyerinizin görünür yerlerine asın.
  - Aynada kendinizle göz göze gelin ve kendinizi inceleyin.
  - Yalnızken sesinizin güzel veya kötü olmasına aldırmadan sevdiğiniz şarkıları söyleyin.
  - Ara ara içinizden geldiği gibi dans edin.
  - Güzel kokular sürünün.
  - Bazen güzel veya komik anılarınızı hatırlayıp gülümseyin.
  - Çiçekleri sulayın.
  - Ağaç dikin.
  - Yüzünüzü rüzgâra doğru verip gözlerinizi kapayın; tatlı bir gülümsemeyle temiz havayı uzun ve derince içinize çekin.
  - Saçlarınızı okşayın.
  - Mutlu insanlarla temas kurun ve sohbet edin.
  - Dua edin.

Tüm bu öneriler bedensel ve ruhsal olarak sizi yapacağınız 40 günlük enerji çalışmasına hazırlamak içindir. Tıpkı gelmesini istediğiniz ve beklediğiniz bir misafir için evinizin hazırlanması gibi bir davranıştır. O misafire ve kendinize önem vermenizin göstergesidir. Belki de yapacağınız içsel yolculukta daha derinleşebilmeniz ve daha çok verim almanız için yararlı olacaktır. Bu dönemde mutlaka hem ruhsal hem de bedensel olarak lütfen kendinize daha çok değer verin, kendinize özen gösterin ve kendiniz için zaman ayırın.

Astrolojik haritanızı çıkarabiliyorsanız nasıl zikir yapacaksınız?

Doğum saatinizi ve yerini tama yakın bir kesinlikte biliyorsanız, astrolojik doğum haritanızı internet üzerinden veya bir astroloğun yardımıyla veya bir bilgisayar programıyla çıkarabilirsiniz. Bu çıkan haritayı detaylı yorumlayabilmek için astroloji eğitimi almak veya astrolojiyi bilmek gerekir.

Önceki bölümlerde de bahsettiğim gibi bir kişinin astrolojik haritası, yıldıznamesi o kişiyi Yüce Yaradan'ın nasıl bir formatta ve yazılım programında yarattığını, hangi olma potansiyellerinin mevcut olduğunu, hangi konularda öğretici deneyimler (zorluklar) yaşayacağını, hangi konularda daha rahat ve şanslı olacağını bize ilk üç bilinç hali düzeyine göre verir. Nerelerde enerji kaçakları olacağı, ne zaman atılım fırsatları olacağı, ne zaman kaza potansiyeli olduğu, ortaklıkların iyi olup olmadığı, cinsel güç düzeyi, doğduğu yerden ayrılma potansiyeli ve göçler, iyi veya kötü şöhret, sağlık durumu ve zayıf organlar ve daha çok sayıda potansiyel enerji pek çok bilgi ve ipucu bu programda üçüncü bilinç düzeyine göre kodlanmıştır. Doğum saatinizi ve yerini tama yakın bilmiyorsanız veya astrolojik haritanızı çıkarabilme olanağınız yoksa yaşamınızdaki özelliklere ve akan enerjileri tanımlamaya çalışarak nasıl bir zikir programı uygulayabileceğinizi bu bölümden sonraki bölümde açıklamaya çalışacağım.

Size takip eden sayfalarda belki de çoğunuzun bilmediği ve benim gözlemlerim ile tecrübelerime ve araştırmalarıma dayanan özel bir zikir programı vereceğim; kader programı sizin, seçim de sizin, ister bu 7 haftalık programı uygularsınız isterseniz uygulamazsınız. Her iki seçimde de Yüce Yaradan'ın ışığı üzerinizde olsun.

Burçlara göre genelde baskın olan isimler

Önceden de bahsettiğim gibi yüce ALLAH'ın 99 isminin her birinin potansiyel enerjisi bu boyuttaki insanda mevcuttur. Ancak her bir ismin açılım enerjisi farklıdır. Burç, yükselen burç, ay burcu ve gezegenlerin yıldız haritamızda aldığı açılara göre yaşamın ilk dönemlerinde bazı isimler ve onların temsil ettiği enerjiler daha baskınken bazı isimler ve temsil ettikleri enerjiler ise daha uyur veya atıl haldedir. Ruhsal açıdan evrimleştikçe ve üstbilinç düzeylerine geçmeye başladıkça diğer uyuyan isimlerin sinir sistemimizdeki karşılık enerjilerini de açmaya başlarız ve tüm değişik özelliklerin hepsi birden açılmaya, işlenmeye ve denenmeye başlar. Böylece Yaradan'ın bu boyutta bize uygun gördüğü kadarki özelliklerini yaşar, hisseder ve deneyimleriz.

Kişi hangi baskın özelliklerle doğarsa doğsun zamanla, manevi çalışmalar yaparak diğer uyuyan potansiyel özelliklerini de açmalı ve ölüme tüm isim ve enerji tatlarını deneyimleyerek gitmelidir. Aslında bizim olmadığına üzüldüğümüz bir olayda El Mani ismini çalışmış ve bizi bir beladan korumuştur. Veya çok daralıp, sıkıldığınız zaman Ed Darr isminin karşılığı enerji çalışmıştır ve size bir şeye engel olarak, sıkıp daraltarak bir şeyi öğretmeye çalışmaktadır, sizin bilgeleşme ve öğrenme yönünde gitmeniz için gerekli olanları sağlamaktadır veya El Kahhar ismi ve özellikleriyle belki de uzun vadede sizin hayrınıza olacak, sizin iradeniz dışında gelişen bir zorlu yıkım-değişim söz konusu olmaktadır ve buradan sizin ve toplum için daha olumlu yeni durumlar çıkacaktır. ALLAH ismi ise diğer 98 ismin tüm özelliklerini içerir ve ruhsal açıdan evrimleştikçe bu ismin tüm manalarının, tüm enerji boyutlarının, renklerinin hepsinin bizde tezahür etmesini (görünmesini) sağlamaya başlarız. Tamlığa yaklaşmak için önemli olan tüm isimlerin bu boyuttaki yansıma özelliklerinin deneyimlenmesi ve devrelerinin açılmasıdır. Bu sayede tam idraka yaklaşabiliriz. Aşağıda tek tek burçlara göre baskın isimleri genel olarak vermeye çalıştım. Burcumuz kadar yükselen burcumuz ve Ay burcumuz ve gökyüzü elemanlarının yıldız haritamızdaki evlere göre dağılımı ve birbirleriyle yaptıkları açılar da önemli olduğundan kişiler isterlerse buradaki genel kurallarla yetinmeyip daha derin ve kişisel enerji çalışmaları yapıp, Yaradan'ın izniyle kendi kader programlarına enerji transferi yapabilirler. Tekrar hatırlatırım: Başkasının kader yazılım programına enerji aktarmayı düşünmeyin bile, bu işin vebali çok büyüktür ve Yaradan'ın uygun gördüğünü beğenmeyip, Tanrı rolüne soyunmanız anlamına gelir. Ancak bir kişi kendi öz iradesiyle sizden yardım talep ederse ve siz de Yüce Yaradan'ın iznini isteyerek ve o kişi için eğer hayırlısıyla olsun niyetiyle bir enerjik yardım çalışması yaparsanız o zaman durum başka, çünkü o zaman o kişinin kader programında sizden bir yardım alması zaten programlanmıştır.

Burcunuza göre baskın isimleri okurken ayrıca yükselen burcunuzu da okuyup ikisinin karışım enerjisini bulmaya çalışın. Kendi üretim türümüzü ve hamurumuzu, mayamızı daha iyi kavrayabilmek için bu karışım enerjileri iyi anlamak gerekir. Örneğin Boğa Burcu'nun yükseleni de Başak gibi topraksa bu kişi daha atıl ve değişimlere kapalı olabilir, ama yükseleni Kova veya İkizler'se daha hareketli ve değişimlere daha açık olabilir. Veya bir kişi İkizler'se ve yükseleni de Balık'sa çok fazla değişken olabilir ve sabit işler yapması zor olabilir, ama yükseleni Oğlak'sa temeldeki değişken enerjileri Oğlak etkisi disipline edip yararlı hale getirebilir. İşte siz de, burada temel isimlerin hangilerinin enerjileri sizde yoğunsa bunları dengelemek için tersi etkili isimlerle enerji çalışmaları yaparak daha dengeli, huzurlu ve üretken hale gelebilirsiniz.

♈ KOÇ

Baskın isimleri: *El Cebbar, El Kahhar, El Fettah, El Mubdi, El Muktedir*

Yükselen:

Esas burcunuzun baskın isimleri artı olarak yükselenin yanındaki isimlerin karışım ve toplam etkisi söz konusu olur.

Koç: Yükselen burç da aynıysa, aynı isimler yükselende de olduğu için çok kuvvetli bir etki söz konusudur, bu isimlerin tersi etki içeren isimlerle meditatif bir çalışma veya zikir yapın.

Boğa: Baskın isimleri: *El Metin, El Kaadir, El Muahhir, El Ganiy, Es Sabur, El Hak*

İkizler: Baskın isimleri: *Es Semi, Eş Şehid, El Mukaddim, El Basir*

Yengeç: Baskın isimleri: *Er Rahim, El Habir, El Hafız, El Veli*

Aslan: Baskın isimleri: *El Mütekebbir, El Azim, El Muhyi, En Nur*

Başak: Baskın isimleri: *Er Rakib, El Hâkim, El Muhsi, El Kayyum*

Terazi: Baskın isimleri: *El Adl, El Latif, El Halim, El Vedud, El Muksit*

Akrep: Baskın isimleri: *El Vâris, El Bais, El Muid, El Mümit*

Yay: Baskın isimleri: *El Kerim, El Ganiy, El Mugni, El Basit*

Oğlak: Baskın isimleri: *Ed Darr, El Mani, El Kabıd, El Muahhir*

Kova: Baskın isimleri: *El Âlim, El Muhsi, Ed Darr, El Mukaddim*

Balık: Baskın isimleri: *El Habir, El Batın, En Nafi*

♉ BOĞA

Baskın isimleri: *El Metin, El Kaadir, El Muahhir, El Ganiy, Es Sabur, El Hak*

Yükselen:

Koç: Baskın isimleri: *El Cebbar, El Kahhar, El Fettah, El Mubdi, El Muktedir*

İkizler: Baskın isimleri: *Es Semi, Eş Şehid, El Mukaddim, El Basir*
Yengeç: Baskın isimleri: *Er Rahim, El Habir, El Hafiz, El Veli*
Aslan: Baskın isimleri: *El Mütekebbir, El Azim, El Muhyi, En Nur*
Başak: Baskın isimleri: *Er Rakib, El Hâkim, El Muhsi, El Kayyum*
Terazi: Baskın isimleri: *El Adl, El Latif, El Halim, El Vedud, El Muksit*
Akrep: Baskın isimleri: *El Vâris, El Bais, El Muid, El Mümit*
Yay: Baskın isimleri: *El Kerim, El Ganiy, El Mugni, El Basit*
Oğlak: Baskın isimleri: *Ed Darr, El Mani, El Kabıd, El Muahhir*
Kova: Baskın isimleri: *El Âlim, El Muhsi, Ed Darr, El Mukaddim*
Balık: Baskın isimleri: *El Habir, El Batın, En Nafi*

İKİZLER

Baskın isimleri: *Es Semi, Eş Şehid, El Mukaddim, El Basir*

Yükselen:

Koç: Baskın isimleri: *El Cebbar, El Kahhar, El Fettah, El Mubdi, El Muktedir*
Boğa: Baskın isimleri: *El Metin, El Kaadir, El Muahhir, El Ganiy, Es Sabur, El Hak*
Yengeç: Baskın isimleri: *Er Rahim, El Habir, El Hafiz, El Veli*
Aslan: Baskın isimleri: *El Mütekebbir, El Azim, El Muhyi, En Nur*
Başak: Baskın isimleri: *Er Rakib, El Hâkim, El Muhsi, El Kayyum*
Terazi: Baskın isimleri: *El Adl, El Latif, El Halim, El Vedud, El Muksit*
Akrep: Baskın isimleri: *El Vâris, El Bais, El Muid, El Mümit, El Vâris*
Yay: Baskın isimleri: *El Kerim, El Ganiy, El Mugni, El Basit*
Oğlak: Baskın isimleri: *Ed Darr, El Kabıd, El Muahhir, El Mani*
Kova: Baskın isimleri: *El Âlim, El Muhsi, Ed Darr, El Mukaddim*
Balık: Baskın isimleri: *El Habir, El Batın, En Nafi*

YENGEÇ

Baskın isimleri: *Er Rahim, El Habir, El Hafiz, El Veli*

Yükselen:

Koç: Baskın isimleri: *El Cebbar, El Kahhar, El Fettah, El Mubdi, El Muktedir*

Boğa: Baskın isimleri: *El Metin, El Kaadir, El Muahhir, El Gani, Es Sabur, El Hak*

İkizler: Baskın isimleri: *Es Semi, Eş Şehid, El Mukaddim, El Basir*

Aslan: Baskın isimleri: *El Mütekebbir, El Azim, El Muhyi, En Nur*

Başak: Baskın isimleri: *Er Rakib, El Hâkim, El Muhsi, El Kayyum*

Terazi: Baskın isimleri: *El Adl, El Latif, El Halim, El Vedud, El Muksit*

Akrep: Baskın isimleri: *El Vâris, El Bais, El Muid, El Mümit*

Yay: Baskın isimleri: *El Kerim, El Ganiy, El Mugni, El Basit*

Oğlak: Baskın isimleri: *Ed Darr, El Kabıd, El Muahhir, El Mani*

Kova: Baskın isimleri: *El Âlim, El Muhsi, Ed Darr, El Mukaddim*

Balık: Baskın isimleri: *El Habir, El Batın, En Nafi*

♌ ASLAN

Baskın isimleri: *El Mütekebbir, El Azim, El Muhyi, En Nur*

Yükselen:

Koç: Baskın isimleri: *El Cebbar, El Kahhar, El Fettah, El Mubdi, El Muktedir*

Boğa: Baskın isimleri: *El Metin, El Kaadir, El Muahhir, El Gani, Es Sabur, El Hak*

İkizler: Baskın isimleri: *Es Semi, Eş Şehid, El Mukaddim, El Basir*

Yengeç: Baskın isimleri: *Er Rahim, El Habir, El Hafız, El Veli*

Başak: Baskın isimleri: *Er Rakib, El Hâkim, El Muhsi, El Kayyum*

Terazi: Baskın isimleri: *El Adl, El Latif, El Halim, El Vedud, El Muksit*

Akrep: Baskın isimleri: *El Vâris, El Bais, El Muid, El Mümit*

Yay: Baskın isimleri: *El Kerim, El Ganiy, El Mugni, El Basit*

Oğlak: Baskın isimleri: *Ed Darr, El Kabıd, El Muahhi, El Mani*

Kova: Baskın isimleri: *El Âlim, El Muhsi, Ed Darr, El Mukaddim*

Balık: Baskın isimleri: *El Habir, El Batın, En Nafi*

♍ BAŞAK

Baskın isimleri: *Er Rakib, El Hâkim, El Muhsi, El Kayyum*

Yükselen:

Koç: Baskın isimleri: *El Cebbar, El Kahhar, El Fettah, El Mubdi, El Muktedir*

Boğa: Baskın isimleri: *El Metin, El Kaadir, El Muahhir, El Ganiy, Es Sabur, El Hak*
İkizler: Baskın isimleri: *Es Semi, Eş Şehid, El Mukaddim, El Basir*
Yengeç: Baskın isimleri: *Er Rahim, El Habir, El Hafız, El Veli*
Aslan: Baskın isimleri: *El Mütekebbir, El Azim, El Muhyi, En Nur*
Terazi: Baskın isimleri: *El Adl, El Latif, El Halim, El Vedud, El Muksit*
Akrep: Baskın isimleri: *El Vâris, El Bais, El Muid, El Mümid*
Yay: Baskın isimleri: *El Kerim, El Ganiy, El Mugni, El Basit*
Oğlak: Baskın isimleri: *Ed Darr, El Kabıd, El Muahhi, El Mani*
Kova: Baskın isimleri: *El Âlim, El Muhsi, Ed Darr, El Mukaddim*
Balık: Baskın isimleri: *El Habir, El Batın, En Nafi*

♎

TERAZİ

Baskın isimleri: *El Adl, El Latif, El Halim, El Vedud, El Muksit*

Yükselen:

Koç: Baskın isimleri: *El Cebbar, El Kahhar, El Fettah, El Mubdi, El Muktedir*
Boğa: Baskın isimleri: *El Metin, El Kaadir, El Muahhir, El Ganiy, Es Sabur, El Hak*
İkizler: Baskın isimleri: *Es Semi, Eş Şehid, El Mukaddim, El Basir*
Yengeç: Baskın isimleri: *Er Rahim, El Habir, El Hafız, El Veli*
Aslan: Baskın isimleri: *El Mütekebbir, El Azim, El Muhyi, En Nur*
Başak: Baskın isimleri: *Er Rakib, El Hâkim, El Muhsi, El Kayyum*
Akrep: Baskın isimleri: *El Vâris, El Bais, El Muid, El Mümit*
Yay: Baskın isimleri: *El Kerim, El Ganiy, El Mugni, El Basit*
Oğlak: Baskın isimleri: *Ed Darr, El Kabıd, El Muahhir, El Mani*
Kova: Baskın isimleri: *El Âlim, El Muhsi, Ed Darr, El Mukaddim*
Balık: Baskın isimleri: *El Habir, El Batın, En Nafi*

♏

AKREP

Baskın isimleri: *El Bais, El Muid, El Mümit, El Vâris*

Yükselen:

Koç: Baskın isimleri: *El Cebbar, El Kahhar, El Fettah, El Mubdi, El Muktedir*

Boğa: Baskın isimleri: *El Metin, El Kaadir, El Muahhir, El Ganiy, Es Sabur, El Hak*

İkizler: Baskın isimleri: *Es Semi, Eş Şehid, El Mukaddim, El Basir*

Yengeç: Baskın isimleri: *Er Rahim, El Habir, El Hafız, El Veli*

Aslan: Baskın isimleri: *El Mütekebbir, El Azim, El Muhyi, En Nur*

Başak: Baskın isimleri: *Er Rakib, El Hâkim, El Muhsi, El Kayyum*

Terazi: Baskın isimleri: *El Adl, El Latif, El Halim, El Vedud, El Muksit*

Yay: Baskın isimleri: *El Kerim, El Ganiy, El Mugni, El Basit*

Oğlak: Baskın isimleri: *Ed Darr, El Kabıd, El Muahhir, El Mani*

Kova: Baskın isimleri: *El Âlim, El Muhsi, Ed Darr, El Mukaddim*

Balık: Baskın isimleri: *El Habir, El Batın, En Nafi,*

YAY

Baskın isimleri: *El Kerim, El Gani, El Mugni, El Basit*

Yükselen:

Koç: Baskın isimleri: *El Cebbar, El Kahhar, El Fettah, El Mubdi, El Muktedir*

Boğa: Baskın isimleri: *El Metin, El Kaadir, El Muahhir, El Ganiy, Es Sabur, El Hak*

İkizler: Baskın isimleri: *Es Semi, Eş Şehid, El Mukaddim, El Basir*

Yengeç: Baskın isimleri: *Er Rahim, El Habir, El Hafız, El Veli*

Aslan: Baskın isimleri: *El Mütekebbir, El Azim, El Muhyi, En Nur*

Başak: Baskın isimleri: *Er Rakib, El Hâkim, El Muhsi, El Kayyum*

Terazi: Baskın isimleri: *El Adl, El Latif, El Halim, El Vedud, El Muksit*

Akrep: Baskın isimleri: *El Vâris, El Bais, El Muid, El Mümit*

Oğlak: Baskın isimleri: *Ed Darr, El Kabıd, El Muahhir, El Mani*

Kova: Baskın isimleri: *El Âlim, El Muhsi, Ed Darr, El Mukaddim*

Balık: Baskın isimleri: *El Habir, El Batın, En Nafi*

OĞLAK

Baskın isimleri: Ed Darr, El Mani, El Kabıd, El Muahhir

Yükselen:

Koç: Baskın isimleri: *El Cebbar, El Kahhar, El Fettah, El Mubdi, El Muktedir*

Boğa: Baskın isimleri: *El Metin, El Kaadir, El Muahhir, El Ganiy, Es Sabur, El Hak*

İkizler: Baskın isimleri: *Es Semi, Eş Şehid, El Mukaddim, El Basir*
Yengeç: Baskın isimleri: *Er Rahim, El Habir, El Hafız, El Veli*
Aslan: Baskın isimleri: *El Mütekebbir, El Azim, El Muhyi, En Nur*
Başak: Baskın isimleri: *Er Rakib, El Hâkim, El Muhsi, El Kayyum*
Terazi: Baskın isimleri: *El Adl, El Latif, El Halim, El Vedud, El Muksit*
Akrep: Baskın isimleri: *El Vâris, El Bais, El Muid, El Mümit*
Yay: Baskın isimleri: *El Kerim, El Ganiy, El Mugni, El Basit*
Kova: Baskın isimleri: *El Âlim, El Muhsi, Ed Darr, El Mukaddim*
Balık: Baskın isimleri: *El Habir, El Batın, En Nafi*

KOVA

Baskın isimleri: *El Âlim, El Muhsi, Ed Darr, El Mukaddim*

Yükselen:

Koç: Baskın isimleri: *El Cebbar, El Kahhar, El Fettah, El Mubdi, El Muktedir*
Boğa: Baskın isimleri: *El Metin, El Kaadir, El Muahhir, El Ganiy, Es Sabur, El Hak*
İkizler: Baskın isimleri: *Es Semi, Eş Şehid, El Mukaddim, El Basir*
Yengeç: Baskın isimleri: *Er Rahim, El Habir, El Hafız, El Veli*
Aslan: Baskın isimleri: *El Mütekebbir, El Azim, El Muhyi, En Nur*
Başak: Baskın isimleri: *Er Rakib, El Hâkim, El Muhsi, El Kayyum*
Terazi: Baskın isimleri: *El Adl, El Latif, El Halim, El Vedud, El Muksit*
Akrep: Baskın isimleri: *El Vâris, El Bais, El Muid, El Mümit*
Yay: Baskın isimleri: *El Kerim, El Gani, El Mugni, El Basit*
Oğlak: Baskın isimleri: *Ed Darr, El Kabıd, El Muahhir, El Mani*
Balık: Baskın isimleri: *El Habir, El Batın, En Nafi*

BALIK

Baskın isimleri: *El Habir, El Batın, En Nafi*

Yükselen:

Koç: Baskın isimleri: *El Cebbar, El Kahhar, El Fettah, El Mubdi, El Muktedir*
Boğa: Baskın isimleri: *El Metin, El Kaadir, El Muahhir, El Ganiy, Es Sabur, El Hak*

İkizler: Baskın isimleri: *Es Semi, Eş Şehid, El Mukaddim, El Basir*
Yengeç: Baskın isimleri: *Er Rahim, El Habir, El Hafız, El Veli*
Aslan: Baskın isimleri: *El Mütekebbir, El Azim, El Muhyi, En Nur*
Başak: Baskın isimleri: *Er Rakib, El Hâkim, El Muhsi, El Kayyum*
Terazi: Baskın isimleri: *El Adl, El Latif, El Halim, El Vedud, El Muksit*
Akrep: Baskın isimleri: *El Vâris, El Bais, El Muid, El Mümit*
Yay: Baskın isimleri: *El Kerim, El Ganiy, El Mugni, El Basit*
Oğlak: Baskın isimleri: *Ed Darr, El Mani, El Kabıd, El Muahhir*
Kova: Baskın isimleri: *El Âlim, El Muhsi, Ed Darr, El Mukaddim*

Bu isimlerin enerjisi sizde yüksektir. Dolayısıyla bu isimlerin tersi olan dengeleyici enerjileri içeren isimleri çekebilirsiniz. Ancak burada ince bir hesap da söz konusudur. Bu nedenle bu konuda danışacağınız çok deneyimli ve bilge bir kişi yoksa size sonraki bölümde anlatacağım yöntemi uygulayıp sorununuza göre hangi ismin enerjisine ihtiyacınız olduğunu bulabilirsiniz.

Astrolojik haritanızı çıkartamıyorsanız veya doğum saatinizi bilemiyorsanız

Pek çok kişinin astrolojik doğum haritasını çıkarma olanağı olmayabilir. O zaman mevcut durumunuz, mutlu olduğunuz konularda ve şikâyetlerinizde size hangi tür olumlu veya olumsuz enerjilerin etkisi altında olduğunuzu gösterir. İçe dönerek, meditatif bir çalışmayla kendinizi iyice algılamaya ve derinleşerek hissetmeye çalışırsanız siz de bir değerlendirme yapabilirsiniz.

Herhangi bir çözüm aramadan önce ilk yapılması gereken eldeki problemin ne olduğunu doğru ve tam olarak saptamaktır. Önceki bölümlerde öğrettiğim gibi, siz de kesinlikle belirli bir süre derin ve sakin bir şekilde içe dönerek önce yaşamın hangi alanlarında sıkıntılarınızın olduğunu, bu görünen sıkıntıların kökeninin hangi derin enerjilerden geldiğini saptayabilir ve bu enerjilerin hangi isme karşılık geldiğini bulup ona göre dengeleyici renk, taş, beslenme ve daha da önemlisi zikir ve meditasyon yapabilirsiniz. Bu hasar tespit çalışması veya huzursuzluk, hastalık, mutsuzluk kaynağının sondaj çalışmasını yaparken mutlaka gidebildiğiniz kadar derine gidin ve hislerinize güvenin. Burada sorunu saptarken hislerinizi, çözümü ararken ise hem hislerinizi hem de mantığınızı kullanabilirsiniz.

Bazı örnekler:

- Yaşamınızda sevgi ve muhabbet azsa, aşk istiyorsanız, *Ya Vedud* ismiyle 40 gün çalışın.
- Sürekli darlık ve sıkıntı çekiyorsanız *Ya Mugni, En Nafi.*
- İçiniz sıkılıyor ve göğsünüz daralıyorsa *El Basit.*
- Bir türlü olayların içinden çıkamıyor ve ne yapacağınızı bilemiyorsanız *El Vekil.*
- Sürekli başınıza felaketler geliyorsa *El Mani, Es Selam.*
- Bilginizi artırmak için gerekli beyin devrelerinin açılmasına yardım için *El Âlim.*

- Kendinizi biraz katı ve merhametsiz hissediyorsanız *Er Rahim, Er Rahman.*
- Sürekli halsizseniz ve enerjiniz düşükse *El Hayyum.*
- Sürekli aşağılanıyorsanız *El Azim, El Aliy.*
- Çok pasif ve korkaksanız *El Kahhar.*
- Aşırı sinirliyseniz *El Halim.*
- Bir türlü organize olamıyorsanız *El Kayyum.*
- Sürekli haksızlığa uğruyorsanız *El Muksit.*
- Bir olayı yaptıktan sonra pişman olup o olayla ilgili hafıza kayıtlarının silinmesini istiyorsanız *El Afüv.*
- Sürekli yanlış ve negatif işler yapıyor ancak bir türlü vazgeçemiyorsanız *Et Tevvab.*
- Kötü bir yöneticiyseniz veya olayları yönetemiyorsanız *El Vali.*
- Fakir kalmaktan veya zekât vermekten korkuyorsanız *El Vacit.*
- Dayanıklı değilseniz ve hemen yıkılıyorsanız *El Metin.*
- Sürekli geç kalıyorsanız *El Mukaddim.*
- Bir türlü kendinizi gösteremiyorsanız *Ez Zahir.*
- Yaşamda elinizden tutacak kimse yoksa *El Veli.*
- Hiçbir duanızın kabul edilmediğini düşünüyorsanız *El Mucib.*
- Bir türlü yeterince iyilik yapamadığınızı düşünüyorsanız, hayır işledikten sonra *Eş Şekur.*
- Bir türlü hiçbir işe başlayamadığınızı ve yaşamınızda blokajlar olduğunu düşünüyorsanız *El Fettah.*
- Birçok kişi veya olay sürekli size ayakbağı oluyorsa veya insanlar sizi vazgeçirmeye çalışıyorsa *El Cebbar.*
- Ev ya da iş ortamını düzenli ve iyi bir hale getirmek için *El Bari, El Musavvir.*
- Sürekli iftiraya uğruyorsanız *El Kuddüs.*
- Bir iş kurarken *El Hâkim.*

Tabii bu örnekleri çoğaltmak mümkün. Ben burada sadece kökteki bazı ince enerjilerin derin düzeyden gelerek görünür alanda ne gibi etkiler yapabileceğine örnek vermeye çalıştım. Kitabın içinde de sık sık vurguladığım gibi önce dürüstlük, sıkı çalışma, azim ve bilimsel çalışmalar gelir. Tüm bu yapılanlara rağmen bazı şeyler ters gidiyorsa o zaman daha ince düzeydeki bu tekniklerden yardım beklenebilir. Yoksa normalde yapılması gereken çalışmaları yapmadan, emek harcamadan sadece bu yönden gitmeye zaten Yaradan izin vermez.

1. ve 2. yöntemi uygulayamadıysanız ne yapmalısınız?

Eğer astrolojik haritanızı çıkartamıyor veya derinleşip sorunlarınızın kaynağını ve bunlara karşılık gelen isimleri saptayamıyorsanız o zaman sadece iç sesinize ve hislerinize güvenin. 99 ismi de karşınıza alın ve sırasıyla enerjilerini hissetmeye çalışın. Hangi ismin manası ve enerjisi size o an daha çok çekici ve etkileyici geliyorsa sizin o dönem veya o gün o ismin enerjisine ihtiyacınız var demektir. Bu âdeta bir manava veya gıda reyonuna gidip canınızın çektiği bir yiyeceği almak gibidir. Örneğin bedenin C vitaminine ihtiyacı olduğunda limon veya narenciye canınızın çekmesi gibi. Veya kanın düştüğünde et, pekmez istemeniz gibi veya kan şekeri düştüğünde canınızın tatlı-unlu çekmesi gibi bir durumdur. Tabii ki burada saf ve doğal bir şekilde yönlendirilmemiş bir istekten bahsediyorum.

Hisleriniz doğal haline bırakıldığında sizi doğru yere götürecektir. Kalbimiz âdeta bir uydu anten gibidir. Nasıl ki elektriğe bağlanan ve doğru yere çevrilen bir çanak çok sayıda yayını alabiliyorsa, biz de uydu antenimiz olan kalbimizin bazı enerjilerini açarak ve DOĞRU yöne çevirerek çok özel yayınları alabilir ve bizim için yapılan yayınlardan habersiz olmak yerine kendimizi geliştirecek bilgilere ulaşabilir ve ışığa kavuşabiliriz. Bu arada her yayının ışığa ve mutluluğa, huzura götüren bir yayın olmadığını görevli ŞEYTAN'ın da sayısız ve çok cazip yayın yaptığını belirtmeliyim. Bu nedenle uydu antenini DOĞRU açıya ayarlamak önemlidir. Bu konuda saf ve masum halinizi yakalarsanız sizin doğru yöne gideceğinizden eminim. İsterseniz önden 2–3 dakika size doğru kapıları açacak ve doğru bilgilerle doğru yöne gitmenizi sağlayacak olan El Hadi ismini kullanıp ondan sonra derinleşip hislerinizi kullanabilirsiniz ve hangi ismin size o an için daha cazip geldiğini saptayıp sonrasında enerji çalışması yapabilirsiniz.

Musevi dinine mensupsanız ve Kabala öğretisine göre bir çalışma yapmak istiyorsanız veya Hindu dinine göre meditasyon mantraları veya sutralarıyla bir çalışma yapmak istiyorsanız veya başka kökenli çalışmalar yapıyorsanız o zaman da aynı şekilde o ses, sembol veya isimlerle karşılıklı iletişim kurarak ve aranızdaki etkileşime göre bir seçim yaparak enerji çalışması yapabilirsiniz.

Kalbinizi temiz tutun ve iç sesinize güvenin.

DİNLER ÜZERİNE

Ateizm

Tanrıtanımazlık olarak da bilinen, Tanrı'yı ya da tinsel varlıkları kabul eden metafizik öğretileri eleştirerek yadsıyan felsefi bir görüştür. Tanrı'nın varlığını kanıtlamaya çalışan teizmin karşısındadır. Ateistler, Tanrı konusundaki soruların yanıtlanamaz olduğunu öne süren agnostiklerden farklıdırlar. Onlara göre Tanrı kesinlikle yoktur.

Demokritos ve Epikuros maddeci görüşleriyle ateizmi savundular. XVI. yüzyılda Niccolò Machiavelli siyasetin törelerden ve dinden bağımsız olduğunu söyleyerek ateizme katkıda bulundu. David Hume ve Kant insan aklını duyularla elde edilen deneyimle sınırlayarak, Tanrı'nın varlığını salt inanç sorununa indirgediler. XIX. yüzyılda, Ludwig Feuerbach, Tanrı'yı yadsımanın insanın özgürlüğünü kabul etmek olduğunu söyledi. Marx, dinin insanı kendine yabancılaştırdığını ileri sürdü. Friedrich Nietzsche, Jean Paul Sartre, Albert Camus ateizme varoluşçu yorumlar getirdiler. Nietzsche'ye göre Tanrı'nın ölümü, insanın özünü bulabilmesi için özgür kılmıştı. Sartre ve Camus, insanın evrende tek başına olduğunu, kendi değerlerini özgürce belirleyebileceğini söylediler. Mantıksal olguculuğa göre Tanrı'nın varlığını kanıtlamaya çalışmak gibi var olmadığını söylemek de saçmadır. Çünkü doğrulanamayan bir Tanrı üzerine konuşmak anlamsızdır.

* Dinlerle ilgili bölümün hazırlanmasında yardımcı olan İpek Baysan'a teşekkür ederim.

Budizm

Sanskritçe "uyanan", "aydınlanan" anlamına gelen Buda lakabıyla bilinen Siddhartha Guatama, yaklaşık olarak MÖ 563-483 yılları arasında yaşamıştır. Bugün Nepal ile Hindistan arasındaki bölgede bulunan küçük Kapilavastu Krallığı'nın prensiydi. 29 yaşında yaşamının dönüm noktasına ulaştı. Yaşlılık, hastalık ölüm gibi acılar karşısında ruh dinginliğini koruyan bir çileciyi görünce varoluş amacı değişti. Böylesi bir dinginliğe ulaşmanın yollarını aramaya başladı. Gerçeğe varmak için yaptığı yolculuk Uruvela kenti yakınındaki Senanigama köyünde başladı. Altı yıllık oruçtan sonra bu yolun onu aradığına ulaştırmayacağını anladı ve oruçtan vazgeçti. Onunla birlikte olan beş keşiş kızarak onu terk etti.

Tek başına kalan Buda bir sonradan *Bodhi* (Bo ağacı) olarak adlandırılan incir ağacının altında bağdaş kurdu ve "Aydınlanma"ya ulaşana kadar oradan kalkmamaya karar verdi. İlk saatlerde önceki varoluşlarının bilgisini elde etti. Sonra varlıkların yok olup yeniden doğuşlarını görme gücüne kavuştu. En sonunda zihnini bütün hastalıkları ve iffetsizlikleri yok etmenin bilgisine yönelterek Dört Soylu Gerçek'e ulaştı. Böylece MÖ 528'de, vesakha (mayıs) ayında günümüzde Budd Gaya denilen bölgede aydınlanmaya erişti. Dört hafta sonra yine bir incir ağacının altındayken ulaştığı bilgiyi başkalarına aktarmaya karar verdi. Bundan sonra sürekli gezip vaazler vererek yaşadı. Öldüğünde 80 yaşındaydı. Ancak Budizm'in sistemleşerek din olarak kabul edilmesi Buda'nın ölümünden sonra gerçekleşti.

Budacılığın doğduğu dönemde Hindistan'ın kuzeydoğu kesiminde, hepsi de birer yoga önderine bağlı küçük dinsel topluluklar egemendi. Heterodoksit inançların etkili olduğu bölgede kabile birliği de küçük krallıklar sayesinde önemini yitirmişti. En etkili mezhepler insan yazgısının yüce bir güç tarafından belirlendiğine inanan Acivikalar ile insan ruhunu maddeden kurtarmak gerektiğini ileri süren Caynacılardı. Yöredeki bütün mezheplerin ve tarikatların temel uygulaması yogaydı.

İnanışa göre Buda da bir yogin ya da mucizeler gerçekleştiren bir çileciydi. Böylesi bir ortamda Buda'nın taraftar bulması şaşırtıcı değildi.

Buda, insanın varoluşunun acı ve elemle yüklü olduğunu ileri sürüyordu. Birey sınırlanmış olduğu için arzuları ve istekleri vardı. Arzular da beraberinde acıyı getiriyordu. Çünkü arzulanan her şey geçiciydi, değişebilirdi. Kişinin kendini özdeşleştirdiği toplumsal konumu, ailesi, bedeni hatta zihni bile onun gerçek benliği değildi. İnsan önceki varoluşlarından bugüne taşınmıştı ve evrendeki öteki nedenlerle birlikte birçok nedenin sonucuydu. Bu temel düşünceden yola çıkan Buda Dört Soylu Gerçek'i şöyle sıralıyordu: 1. Yaşam ve acı çekecek ve başka bir bedende yeniden doğmak için ölecektir. 2. Acı ve elem, kişinin iktidar, haz ve kalıcı bir varoluş arzusunun sonucudur. 3. Arzu duymaya son vermek acıyı da ortadan kaldıracaktır. 4- Arzu duymaya ve eleme son vermek için Sekiz Aşamalı Yol'u izlemek gereklidir.

Sekiz Aşamalı Yol şu aşamalardan oluşur: 1. Doğru düşünmek. 2. Doğru niyet etmek. 3. Doğru konuşmak. 4. Doğru davranmak. 5. Geçimini doğru yoldan sağlamak. 6. Doğru çaba harcamak. 7. Bilincini doğru tutmak. 8. Zihnini doğru yoğunlaştırmak. Dört Soylu Gerçek'e inanıp Sekiz Aşamalı Yol uygulamaya konulduğunda yeniden doğuşun kısır döngüsünden kurtulup özgürleşmek mümkündü. Böylece aydınlanmayı (*bodhi*) başaran kişi Nirvana'ya ulaşmış olurdu. Nirvana "sönmek" anlamına geliyordu. Bu üç büyük günahın (şehvet, kötü niyet, çılgınca sevmek) insan yüreğinde yaktığı ateşin sönmesi demekti.

Nirvana'nın hiçlik olarak anlaşılması Budizm'e de ateist bir düşünce nitelemesi yakıştırılmasına yol açmıştır. Gerçekte Budizm'de diğer tektanrılı dinlerdeki gibi kişileştirilmiş bir tanrı yoktur. Budistler Buda'nın öğretisi uyarınca Nirvana'yı kişileştirmekten kaçınırlar. Nirvana'ya ulaşmak yok olmak değil, tam tersine ölümsüzlüğe ve sonsuzluğa erişmektir. Bu anlamıyla düşünülürse tektanrılı dinlerdeki tanrı kavramına yaklaşılır.

Buda'nın önerdiği yol, bedensel hazları yücelten maddecilik ile benliği yok etmeyi amaçlayan çilecilik arasında ılımlı bir çizgidir. "Orta Yol" olarak bilinen bu çizginin temel ritueli meditasyon ve yogadır. Yoga kesinlikle pasif bir konum değildir, tam tersine bedensel ve ruhsal pratiklerle bedenini disipline sokmak, kendini denetlemektir. Bunun için Dört Soylu Gerçek'e denk düşen dört aşama vardır: 1. Duyguların denetimi. 2. Hayal gücünün denetimi. 3. Duyarlılığı yok etme. 4. Ruhsal gerçekliğin meyvelerinin toplanması. Yoga bir mistisizm ya da kendinden geçme hali değildir.

Buda hiçbir yazılı metin bırakmamıştır. Kutsal metinlerin hepsi de o öldükten sonra cemaatten (*sangha*) kişilerce yazılmıştır. *Tripitaka*

(Üçlü Yasa ya da Üç Sepet) Thervada öğretisince kutsal sayılan metinlerin derlemesidir. "Vinaya Pitaka" (Kurallar Sepeti), "Sutra Pitaka" (Söylevler Sepeti) ve "Abhidhamna Pitaka" (Özel Öğreti Sepeti) adlı üç bölümdenn oluşur. İlk bölüm manastır yaşamının kurallarını ikinci bölüm Buda'nın vaazlarını, üçüncü bölüm metafizik ve öğreti metinlerini içerir.

Saddharmapundarikasutra (İyi Yasa'nın Lotus Çiçeği) Mahayanacı kutsal metinlerdir. Kurtuluş yolu konusunda Buda'nın yaptığı konuşmanın yorumudur. MS 300'e doğru yazıldığı düşünülür.

MS IV. yüzyıla tarihlenen Cataka Buda'nın önceki yaşamlarının masalsı anlatımıdır. Sutralar ve Tantra metinleri Budizm'in de kutsal metinleridir. Buda'dan sonra, öğretisi çevresinde bir araya gelen cemaat (*sangha*) doğdu. Cemaat, topluluğa katılan çileciler (*şramanra*) ve keşişlerden (*bhikku*) oluşuyordu. Toplulukta en kusursuz, benliğine bağlılıktan kurtulmuş üye *arahant* ya da *arhat* adını alırdı. Budizm'in Üç Mücevheri (*Fri-ratna*) yani inanca bağlılığın üç unsuru şöyle sıralanıyordu: 1. Buda'ya inanmak. 2. Onun öğretisine inanmak. 3. Cemaate inanmak. Buda öğretisinin tam tersine Buda'ya tapınma eğilimi Bhakti akımının etkisiyle oluştu. Bu akıma göre insan bir kurtarıcı tanrıya inanmalıydı. Böylece kurtarıcı tanrı da kurtuluş için gerekli araçları bağışlayacaktı.

Budizm'deki ilk farklılaşmalar Buda'nın ölümünden yaklaşık bir yüzyıl sonra ortaya çıktı. Geleneksel öğretiyi temel aldığını söyleyen Acariyavada grubu Theravada'ya (İhtiyarlar Yolu) bağlı Sthaviravada'dan ayrıldı. Mahasanghika (Büyük Cemaat) okulunu kurdu. Böylece Theravada ve Mahayana (Büyük Taşıyıcı) adıyla bölünmesi gerçekleşti. Theravada'ya göre, Buda'nın ilk öğretisinde de vurguladığı gibi, olgusal gerçekler hiçbir kalıcılığı bulunmayan sürekli akış halindeki öğelerdir. Bu mezhep, cemaat için zorunlu kabul edilen düzenlemeleri, ayinleri, meditasyon tekniklerini, ayrıntılarıyla betimler. Manastırda ya da manastır dışında yaşayanların uyacağı ahlak kuralları Cataka'da ve Kamboçya'da Budist cemaatin çoğunluğunu oluşturur. Mahayana (Büyük Taşıyıcı) Budizm'e farklı bir yorum ve esneklik kazandırmasıyla diğerlerinden ayrılır. Yüce amaç sadece bireysel anlamda ruh göçleri cehenneminden kaçıp Nirvana'ya ulaşmak değildir. İdeal olan Nirvana'ya ulaşılsa da, hâlâ Maya'yla (yanılsama) boğuşanlara yardım etmek için oraya gitmemektedir. Kişisel olarak Nirvana'ya ulaşmaya çalışmakda bencil bir arzudan başka bir şey değildir. Mahayana mezhebinde Bodhisattva kavramı Buda'nın önüne geçer. Bodhisattva Nirvana'ya ulaşmayı erteleyerek, liyakatini (*punna*) müritlerine aktararak merhamet göstermiştir. Ebedi Budaların ya da Nirvana'ya ulaşanların elçisi gibidir. Bodhisattva sadece kendi kurtuluşu için değil başka canlıların kurtuluşu içinde acı çeker. O, bir kurban olma kahramanlığını göstermiştir. Bugün Çin, Japonya, Kore ve Vietnam'da etkin bir mezheptir. Hinayana (Küçük Taşıyıcı) Buda'nın öğretisine sıkı sıkıya bağlı kalan bir topluluktur. Önderi MÖ IV. yüzyılda Budizm'in kutsal merkezi Bodh Gaya'da bir Brahman ailede doğan Buda-Gosa'dır. Tantra kutsal metinleriyle Hint dinsel yaşamında farklılıklar oluşmuştur. Hinduizm gibi Budizm de Tantracılığa önem verir. Batıniliği temel olan Tantra Budizmi, bir ruhani önderin sıkı denetimi altında zaman zaman büyüye yaklaşan ritüellerle mutlak gerçeğe ulaşmayı amaçlar. Bugün Tibet ve Moğolistan'da çoğunluğu oluşturur.

Budizm MS IX. yüzyıldan sonra Hindistan'da gerilemeye başlamış yerini Hinduizm'e bırakmıştır. Günümüzde Hindistan'da 3 800 000 (1973 sayımına göre) Budist vardır. Bunların çoğunluğu Kuzey Bengal'de yaşar. Budizm'in Tibet'te aldığı biçime Lamaizm denir. Çin'de Budizm başlangıçta Konfüçyüsçülük ve Taoizm'in sentezi gibi yorumlanmışsa da günümüzde Taoizm ilkeleri daha etkindir. Japonya'da geleneksel Şinto diniyle kaynaşmıştır. En önemli mezhebi Zen okuludur. MS XII. yüzyılda kurulan Zen Budizmi, zihinsel disiplin ve derin düşünce egzersizleriyle ruhsal anlamda yoğunlaşmayı temel alır.

Budizm'de dini mimariye özel önem verilmiştir. Kesişliğin ve manastırın temel yaşam biçimi oluşu mimaride sistemleşmeyi zorunlu kılmıştır. Üç tip yapı ayırt edilebilir: Stupa, pagoda ve manastır.

Tapınma mekânlarının hepsinde görülen stupa büyük olasılıkla eski Ari Hindistan'daki tümülüslerden kaynaklanır. Budizm'de kutsal eşyaların saklandığı yapılar ve adak mekânları haline gelmiştir. Mimari biçimi evreni simgeleyecek biçimde düzenlenmiştir. Yeryüzü ve gökyüzünü sembolize eden bölümleri evrenin ekseni olan direk birleştirir.

Pagoda MS V. yüzyılda Çin'de ortaya çıkmıştır. Hint stupasını örnek aldığı düşünülen bir yapıdır. Piramit biçiminde giderek küçülen katlarıyla evreni simgeler. Kimi zaman kutsal eşyaların saklandığı bir yer, kimi zaman adak adanan ya da çeşitli anma törenlerinin yapıldığı bir yapıdır.

Manastır ve tapınaklar ise Budizm inancının temel yapılarıdır. Manastır hem bir eğitim ve ibadet merkezidir hem de gezgin kesişlerin olumsuz koşullarda sığınacağı bir yerdir. İçinde tapınak ve stupanın da yer aldığı yapı kompleksleri olarak karşımıza çıkar.

Dini yapılarda MS II. yüzyıla kadar Buda'nın tasviri yer almaz. Bu tarihten sonra özgün Budizm'den farklı özellikler taşıyan mezheplerin etkisiyle Buda heykelleri yapılmaya başlanmıştır. Böylece Buda bir tapınma nesnesi haline gelir.

Budizm'de hac ziyaretleri, Buda'nın yaşadığı ve yaşamındaki önemli olayların gerçekleştiği yerlere yapılır. Belli başlı merkezler Buda'nın doğduğu Kapilavastu, aydınlandığı yer olan Bodh-Gaya, ilk vaazını verdiği Benares yakınlarındaki Sarnat ve öldüğü Kusinara'dır.

ॐ

Hinduizm

Hinduizm, Hinduların inançları ve gelenekleri ile toplumsal ve dinsel kurumlarının bütünüdür. Başlangıçta İndus Irmağı çevresindeki halkları belirten Hindu adı daha sonra Hindistan'ın bütün nüfusu için kullanılır olmuştur. Dinsel bir anlam taşımaz. Hinduların dini olan Hinduizm'in ne zaman ortaya çıktığı tam anlamıyla bilinmez. MÖ 2. binyılda Hindistan'a yerleşen Hint-Avrupalı kavimlerin Veda inancından kaynaklanır. Son derece karmaşık ama o ölçüde de bütünlüğü olan bir inançtır. Yaşamın bütün alanlarını kapsar. Hindistan'ın yüzde 80'i Hindu'dur. Nepal'de nüfusun yüzde 89'u, Mauritius'ta yüzde 46, Fiji'deyse yüzde 40'ı Hindu'dur. Bangladeş ile Sri Lanka'daysa yüzde 10'lar civarındadır. Hinduizm'in görüldüğü diğer ülkeler arasında Güney Afrika, Tanzanya, Kenya, Guyana, İngiltere, Kanada, ABD'yi sayabiliriz.

Eski bir Veda metnine göre kurban edilen kozmik insanın (*puruşa*) bedeninin her bir parçası toplumun bir sınıfını oluşturur. Başından rahipler sınıfının üyeleri Brahmanlar, omuzlarınden savaşçılar ve krallar (*ksatriya*), kalçalarından üreticiler (*vaişya*), ayaklarından da ilk üç sınıf (*varna*) insana hizmet edenler (*şudra*) doğar. Bu Hinduizm'in sıkı sıkıya bağlı bulunduğu kast geleneğinin simgesel anlatımıdır. Bütün Hindular bilginin ve dinsel arılığın en yüce temsilcisi olarak Brahmanları kabul ederler. Toplumsal ve dinsel görevler herkesin yeteneklerine göre verilmiştir. Bu bireysel davranışlara yön veren dinsel ve ahlaki yasa dharma'nın gereğidir. Hindu olabilmek için toplumsal-kozmik yasaya (dharma) ve kendi varlığının görevlerine (sva-dharma) saygı duymak zorunludur. Aynı zamanda kendine hâkim olarak mükemmellik ve mutluluk yönünde kişisel bir amaç taşımak gereklidir.

Hinduizm'in gelenekleri ve inanç ilkeleri bazı din ulularınca genç kuşaklara anlatılarak binyıllar boyunca korunmuştur. Bu Sanskritçe "vermek" ya da "öğretmek" anlamına gelen sampranada sözcüğüyle ifade edilir. Konuyla ilişkili bir başka terim samprayana'dır. Sözel ve dinsel gelenekler ile ayinlerle ilgili bilgilerin aktarıldığı, bir gurunun çevresinde oluşan kurumu ifade eder. Guruların bazısı hiçbir eğitim almamıştır. Ne dinsel ne de laik bir eğitim sürecinden geçmiştir. Ancak başkalarına yardım etmek, onların kılavuzu olabilmek için özel yeteneğe sahiptir. Ayrıca ruhsal deneyimleri etkileyici bir unsurdur. Dinsel önder kabul edilen guru herhangi bir kasttan olabilir. Brahmanlar ise dinsel eğitim almış bilgelerdir. Toplumun en üst kastından gelen bu din adamlarının genç brahmanları yetiştirmenin dışında dinsel görevleri vardır. Kurban ayinlerini yönetir ve yaşam döngüsüyle (*samkara*) bağlantılı törenlerle Hinduları yeni görevlerine hazırlarlar. Gurular ve Brahmanlar Hindu toplumunda saygı gören, bir anlamda kutsal kabul edilen kişilerdir. Gerek sahip oldukları yetenekler gerekse gelenekler nedeniyle onlara atfedilen özellikler yaşadıkları toplulukta yüceltilmelerini sağlamıştır. Yukarıda sözü edilen dinsel önderler dışında destanlardaki ya da kutsal metinlerdeki öyküleri anlatan öykücüler vardır.

Hinduizm'in temel aldığı kutsal metinler iki grupta toplanabilir. Vahiyle gelenler ve kutsal edebiyat ürünleri. İlahi vahiyle geldiğine inanılan metinler (*şruti*) bilimadamlarınca MÖ 1500–300 arasına tarihlendirilir. Hepsi de Sanskritçe yazılmıştır. Bu tür kutsal yazıların başında Vedalar gelir. Vedalar bilinen en eski Hindu dinsel metinleridir. *Rig Veda, Sama Veda, Yacur Veda, Atharva Veda* adlarıyla bilinen dört kitaptır. İlk üçü ilahileri ve mantraları, dördüncüsü büyü ve tılsımları içerir. Kurbanları ve kurban ayinlerini anlatan kitap ise *Brahmana'dır.*

Vedik metinler içinde Vedalardan sonra en önemlisi Upanişadlardır. "Yanında oturmak" anlamına gelen Upanişad sözcüğü, metinlerin bir bilge tarafından öğrencisine aktarıldığını ifade eder. Günümüze ulaşan 108 upanişad metni, MÖ 1000-600 arasında yaşayan bilgelerin görüşlerini yansıtır. Veda inancının felsefi yorumu olan Upanişadlar, insanı peş peşe gelen ölümlerden kurtaracak bilgiyi arar.

"Hatırlanan", "aktarılan" anlamlarına gelen *smriti*, vahiy edilmiş gerçeklere dayanan kutsal edebi metinlere verilen addır. Bhagavat-gita'yı da içeren Mahabharata bugünkü biçimini MS 400'de almıştır. Sanskritçe "Bharata Hanedanı'nın Büyük Destan" anlamına gelir. Kaurava ve Pandava aileleri arasındaki egemenlik mücadelesini anlatan destanda bir dizi efsaneye de yer verilir. Ayrıca didaktik bölümler de vardır. "Tanrının Şarkısı" anlamına gelen Bhagavat-gita ise Mahabharata'nın altıncı kitabının bir bölümüdür. Büyük olasılıkla MS I. ya da II. yüzyılda yazılmıştır. Savaşçı Prens Arcuna ile dostu ve arabacısı Krişna (Tanrı Vişnu'nun yeryüzünde bedenleşmiş biçimi) arasındaki söyleşidir.

Ramayana Sanskritçe'de "Rama'nın Aşk Öyküsü" anlamına gelir. MÖ 300'den sonra şair Valmiki tarafından yazılmıştır. Kral ailesinden gelen Rama'nın bir turnuvada mücadele ederek karısını kazanması anlatılır. Bugünkü biçimiyle yedi kitaptan oluşur.

Dharma, Yoga, Vedanta gibi önemli konularda yazılan aforizmalar ve özdeyişlerin toplandığı kitaplar Sutra adını alır. Hindu yasa ve yönetimiyle ilgili olanlarsa Manusmriti'dir. Çoğunlukla tanrı ve tanrıçaların öykülerini anlatan mitolojik metinler halindeki Puranalar MS 300-900 arasında yazılmıştır.

Bütün Hindu mezheplerin ortak temellerinden biri, her şeyi kucaklayan, gerçekliğin en yüce ilkesi Brahman'a inançtır. Bu yüce ilke bütün canlıların içinde, yaşamın özü atman (benlik) olarak görülür. Temel amaç bireysel atman'ı Brahman'ı içinde eritmektedir. Bu öğretiyle yakın ilişkisi olan kavramlardan samsara ruh göçünü, KARMA ise geçmiş eylemlerin gelecekteki iyi ya da kötü sonuçlarını ifade eder. Ruh, sürekli bir yeniden doğuş çevriminin yol açtığı sınırlılığı ancak manevi yöntemlerle aşabilir. Eğer bunu başarabilirse *mokşa*'ya (dünyevi varoluştan kurtulma) ulaşabilir. Kurtuluşa götüren temel üç yol vardır: 1. Ayin kurallarına uymak ve çıkar gözetmemek (*karmanmarga*) 2. İyi işlerle gerçek bilgiyi aramak (*cnana-marga*) 3. Kendini tanrıya adamak (*bhakti*).

Kendini tanrıya adamak, bir tanrının heykeline ya da simgesine ibadet (*puca*) ve coşkulu bir tapınmayla *(bhakti)* mümkündür. Veda dininin temelini oluşturan kurban kültü büyük ölçüde tanrı ve tanrıçalara çiçek, meyve, hububat vb yiyecekler ya da güzel kokular sunulması biçimini almıştır. Kurban aşağı kademelerdeki tanrılara özgü hale gelmiştir. Hindular tapınaklardaki günlük ibadetlere katılmazlar. Evlerindeki ya da tapınaklardaki tanrı, tanrıça sembollerine sunuda bulunmak temel ibadet biçimleridir. Ancak dinsel günler ya da şenliklerde çok daha hareketli bir dinsel yaşamları vardır. Tapınaklardaki rahiplerin yüküyse ağırdır. Tanrı ya da tanrıça heykeliyle ilgilenmeden önce kapsamlı bir arınma ritüelini yerine getirmek ve belirli bir sıralamayla kutsal metinlerden bölümler okuyup dua etmek zorundadır. Daha sonra sıra heykelin yıkanıp giydirilerek süslenmesine gelir. Günün büyük bir bölümünü alan bu ibadetle tanrı konuk edilmektedir. Gelip heykeline yerleşen ilahi güçle bu şekilde daha yakın ilişki kurulur.

Böylece bütünleşmeyi sağlamak kolaylaşır. Hinduizm'de de diğer birçok dinde olduğu gibi oruç ve hac ritueli vardır. Özellikle çileci tarikatlarda oruç önemli bir ibadettir. Hac Hinduların ömürlerinin büyük bölümünü işgal eder. Çünkü Hindistan'ın hemen her yerinde bir tanrıya adanmış kutsal yer (*tirtha*) vardır. Hinduların ölülerinin küllerini serpmek, atalarını anmak ve kendi kurtuluşlarını elde etmek için buraları ziyaret ederler. Tapınma sırasında sunulan yiyeceklerin vejetaryen anlayışa uygun olması gerekir. Ayrıca mal ve para adakları sunulur. Benares'teki Şiva ve Puri'deki Vişnu tapınakları en çok ziyaret edilenler arasındadır.

Hindu tapınakları için tanrıların gelebileceği su kenarında güzel ve uğurlu yerler seçilir. Tapınak çevreyle uyum içinde değildir, tam tersine uyumu bozan, sürekliliği ortadan kaldıran bir formu vardır. Çünkü ilahi bir varlık kendini ancak böyle belli edebilir. Tapınağın kıyısında bulunduğu su Hinduların arınması için gereklidir. Kutsal mekânı ziyarete gelen hacılar karmaşık rituellerden önce yıkanarak pisliklerinden temizlenmek zorundadır. Bu suların en ünlüsü Ganj'dır. Tapınaklardaki heykel ya da heykelciklerin güzel olması onların ilahi gücünün açığa çıkmasına yol açar. Tapınan kişi heykelin içinde gizlediği güçle özdeşleşmelidir. Böyle bir etki yaratabilmek için heykeli yapan sanatçının da tinsel dönüşüm sürecinden geçmesi gerekir. İdeal örneğe ve dinsel kurallara uygun bir tanrı tasvirini olağandışı bir bilinç düzeyine ulaşarak yaratabilir. Heykel, heykelcik ya da tasvir oluşturulduktan sonra Brahman tarafından kutsanır. Ancak bundan sonra ilahi gücüne kavuşur.

Çok sayıdaki Veda tanrısından ikisi Hinduizm'in iki büyük tanrısı olarak önem kazandı. Tanrı Vişnu dünyanın koruyucusu ve dharma'nın sürdürücüsüdür. Birçok ikincil tanrı ve yerel kahramanı kişiliğinde birleştirir. Avatarları yani büründüğü bedenler aracılığıyla tanınır. Bunların en bilinenleri Rama ve Krişna'dır. Her ikisi de bağımsız birer tanrı olarak da kabul edilir. Rama yay ve oklarla, karısı Sita, kardeşi Lakşmana ve hizmetkârı maymun savaşçı Hanuman'la bir savaşçı olarak betimlenir. Krişna ise ineklerin arasında arkadaşlarıyla şakalaşan ya da inek çobanı kızları ayartmaya çalışan bir gençtir. Vişnu tapınaklardaki tasvirlerinde çeşitli biçimlerde görünür. Oturan Vişnu'nun yanında çoğunlukla karıları Lakşmi (iyi talih tanrıçası) ile Bhumidevi (yer tanrıçası) yer alır. Ayakta duran Vişnu dört elinde birtakım semboller tutar: *Şankha* (denizkabuğu), *çakra* (tekerlek), *gada* (sopa), *padma* (Lotus). Göğsünde ölümsüzlük işareti sayılan saç buklesi (şrivatsa) vardır. Dualarda en çok yinelenen adları Vasudeva, Narayana ve Hari'dir. Vişnu'nun on avatar'ına kutsal metinlerde sıklıkla rastlanır: 1. Matsya (balık) 2. Kurma (kaplumbağa) 3. Varaha (domuz) 4. Naraşimha (insan arslan) 5. Vamana (cüce) 6. Paraşumaa (Baltalı Rama) 7. Rama 8. Krişna 9. Buddha 10. Kalki

Vişnu ile onun avatarlarına tapınmayı temel alan Vişnuculuk Şivacılık ve Şakticilik'le birlikte Hinduizm'in başlıca mezheplerinden biridir. Vişnuculuk, ruhgöçünün kısır döngüsünden kurtulmanın tanrı Vişnu'nun kayrasıyla mümkün olduğunu kabul eder. Mezhep birçok kola ayrılmıştır. Güney Hindistan'daki Şri Vişnucuları, Batı Hindistan'da Vallabha, Bengal'de Pançarata en önemlileridir.

Şiva Hinduizm'in en karmaşık tanrılarından biridir. Hem yıkıcı hem de yapıcı bir tanrıdır. Hem çilecidir hem de tensel zevklerin tanrısıdır. Ruhların iyilik dolu çobanıdır. Aynı zamanda öç alıcı bir tanrıdır. Karısı Parvati ve oğulları altıbaşlı Skanda ile fil başlı Ganeşa'yla birlikte Himalayalar'da Kailasa Dağı'nda oturur. Tapınaklardaki en temel simgesi erkeklik organıdır (*linga*). Eşi Parvati ve oğlu Skanda'yla birlikte ya da çıplak dilenci keşiş, yogacı, kozmik dansçı olarak betimlenir.

Şivacılık, toplumsal sorunlara ağırlık veren çeşitli akımları ve birçok halk inancını bünyesinde toplayan çileci bir mezheptir. Yoga, meditasyon gibi mistik yanı güçlü tekniklerin ve bilginin kurtuluşun aracı kabul edildiği Şivacılık, Cava, Bali, Endonezya ve kamboçya'da yaygındır. Keşmir Sivacıları, Güney Hindistan'daki Lingayatlar ile Şaiva-şiddhantalar başlıca kollarıdır.

Tanrıça Şakti tanrısal iradeyi temsil eder. O "güç" ya da "enerji"dir. Tanrıçanın birçok adı ya da bazı uzmanlara göre görünümü vardır. Kimi zaman yalnızca Devi (en büyük tanrıça) denilen Şakti, iyi yanıyla Uma, Ambika, yıkıcı yanıyla kara renkli Kali, İblisleri yok eden Durga'dır. Kurtuluşa ulaşmak için bedenin içindeki gücü uyandırmak gerektiğini ileri süren Şakticilik Tantracılığın ayrılmaz bir parçasıdır.

Tantracılık ya da Tantra Hinduizmi, ruhsal dinginliğe ulaşırken dünyevi istekleri de karşılama amacına yönelik batını uygulamalar bütünüdür. Tantra bir dizi kutsal metindir. Bedeni arındırarak fizyolojik ve psikolojik süreçleri denetim altında tutmaya ve kara büyüye ilişkin bilgiler vardır. Bu metinlere dayanan Tantracılık felsefeden çok uygulamaya yöneliktir. Tek varlık Yüce Gerçeklik'in biri Şiva (eril) öteki Şakti (dişil) olmak üzere iki görünümü vardır. Birincisi saf bilinci ve aşkın edilgenliğini ikincisi zihinsel etkinliği simgeler. Kast sistemiyle ilgili kısıtlamalar en aza indirilmiştir. Ayinlerde kullanılan mistik diyagramlar (yantra) ile kutsal hece ve dizeler (mantra) önemlidir. Hindistan dışında Tibet, Nepal, Bhutan'da yaygındır.

Bayramlar ve özel günler bölgeden bölgeye değişen bir takvime göre belirlenirler. Bütün Hinduların birlikte kutladığı bayram çok azdır. Kimi bölgesel bayramlardır, kimi aileye özgüdür. Tanrılara yönelik bayramlar sadece o tanrıya inananlarca kutlanır.

Şamanizm

Şamanizm, kandaş özellikler gösteren toplumlarda, ruhlarla ilişki kurabilen, hastaları iyileştirebildiğine inanılan, evren ötesi dünyalara gidip gelebilen şamanın etkinlikleri çevresinde odaklanan bir inanç sistemidir. Sibirya ve Orta Asya başta olmak üzere Güneydoğu Asya ve Okyanusya ile Kuzey ve Güney Amerika'da şamanizm hâlâ yaşamaktadır ya da kalıntıları vardır. Avustralya ve Afrika'da da şamanist kültürün izlerine rastlanır. Bu inanç sisteminin merkezinde şaman denilen farklı yetenek ve özelliklere sahip bir adam ya da kadın vardır. Şaman sözcüğünün etimolojik kökeni tartışmalıdır. Rusların Tunguzlardan öğrendiği bu sözcük onların aracılığıyla diğer dillere geçmiştir. Yakutlar şamana, ojin, Moğollar büga, böga, Türkler ve Tatarlar kam, Kırgız ve Kazaklar bakşı derler. Moğollar kadın şamana udogan, Yakutlar udoyan, Buryatlar udayan adını verir.

Şamanizmin ortaya çıkış tarihi ve yeri konusunda kesin bir şey söylemek zordur. Şaman ruhlar dünyasıyla ilişki kurabilen biri olduğu için bulunduğu topluluğun en önemli kişisidir. Ancak bu o topluluktaki tüm dinsel yaşama egemen olduğu anlamına gelmez. Şamanizm çok farklı dinler ya da inanç sistemleriyle birlikte yaşayabilir.

Şaman kadın ya da erkek olabilir. İlk toplumların anaerkil düzeni şamanların kişiliğinde daha sonraki dönemlere de yansımıştır. İlk şamanlar olasılıkla ya kadındır ya da kadın gibi davranmak zorunda olan bir erkektir. Kimi Asya toplumlarında erkek şaman kadın giysileriyle ayin yapar. Şaman "seçilmiş" kişidir ve bu yüzden topluluğun diğer üyelerinin erişemeyeceği bir kutsal alanda dolaşır. Şamanlık ya kalıtsal olarak ya da bir "iç çağrısı"yla oluşur. Kimi zaman kendi isteğiyle veya klan tarafından seçilerek şaman olanlar da vardır. Ancak kalıtsal aktarımla ve "iç çağrısı"yla şamanlık gücü kazananlar daha etkili ve yetkin kabul edilir. Nasıl seçilirse seçilsin şaman adayı ikili bir eğitimden geçer. Ata şamanların ve başka ölülerin ruhlarının sayesinde yaşadığı esrimeler ilk eğitimidir. Bu esrimeler bir anlamda ölüp yeniden dirilmek, hayata dönmek demektir. Usta bir şaman tarafından verilecek ikinci eğitimse ruhların adları, klanın mitolojisi ve soyağacı, şamanlık teknikleri, gizli dil vb konularda yetkin olmasını sağlayacaktır. Bu çifte eğitim sonucu şaman adayı "sırra erecektir." Çoğunlukla topluluk önünde bir "sırra erme töreni" yapılarak adayın şamanlığı tescil edilir. Ancak asıl önemli olan usta şamanların önünde verdiği sınavdır. Her şamanın yardımcı ruhları ve cinleri vardır. Ayrıca cinsel ilişkiye girebileceği karşı cinsten bir hayvan ya da insan ruhu bulunduğuna inanılır. Şaman esrime yeteneğiyle ruhunu bedeninden ayırıp yeraltına gönderir, gökyüzünde dolaştırır. Kendi ruhlarına egemen olduğu gibi doğadaki ruhların da esiri olmaz. Şamanist inanca göre evren üç kozmik kuşak ya da düzeyden oluşur. Üç kuşak ortadaki bir delikten geçen eksenle birbirine bağlıdır. İşte şaman esrime halindeyken bu delikten geçerek kuşaklar arasında dolaşır. Evrenin ekseni ya da direği kimi zaman kozmik dağ ya da evren ağacıyla özdeşleşir. Yalnız şamanlar bu dağa ya da ağacı tırmanabilir. Şaman adayı da "sırra erme" aşamasında rüyalarında kozmik dağı görür ya da ona tırmanır. Ayin yaparken üzerinde yedi ya da dokuz çentik (*taptı*) olan bir direğe ya da ağacı tırmanır. Yolculuk sırasında aşması gereken engeller (*pudak*'lar) vardır. Bu çentikler yedi ya da dokuz gökküreyi temsil eder. Aynı şekilde yeraltında da yedi ya da dokuz katı aşmak durumundadır. Yedi ve dokuz sayısı kimi toplumlarda on iki, on altı ya da on yedi olabilir.

Şamanın en önemli işlevlerinden biri hastaları iyileştirmedir. Hastalık bir tür ruhun (canın) kaybedilmesi olduğu için şaman kaybedilen ruhu arar. Bulabilmek için ruhun nereye gittiğini anlaması gerekir. Yerini saptadıktan sonra geri getirerek hastanın bedeniyle bütünleştirir. Kimi zaman hastalık, kötü ruhların hastanın bedenini işgal etmesiyle olabilir. Çoğunlukla, iyileşme için bir kurban sunmak gerekir. Kurbanın ne olacağına ve nasıl sunulacağına yalnızca şaman karar verebilir. Ölülerin ruhları öbür dünyaya yapacakları yolculuğa şamanla birlikte çıkarlar. Altaylarda şaman kurban edilen atın ruhuna eşlik ederek konuk Tanrı Bay Ülgen'e sunar. Evlenme ve doğum sırasında da şamanlar yardımcıdır. Asya'nın Amur bölgesinde göğe çıkıp dölüt halinde ruh getirirler. Çocuklara hastalık getiren ruhlarla savaşırlar.

Şamanizmde ayinler hiçbir zaman kesin bir düzene göre yapılmaz. Çünkü şamanın okuyacağı dua, ilahi ve afsunlar ruhların vereceği ilhama bağlanır. Şamanın kendisi bile ayinin nasıl gerçekleşeceğini bilmez. Ayin sırasında esrime anında söylenenlerin anlaşılması zordur. Ağızdan çıkan anlamsız sözler belirli bir anlam taşıyanlardan daha değerlidir. Bunların daha gizemli ve etkileyici olduğu düşünülür. Falcılık ve kehanet şamanizmin dolayısıyla şamanın temel görevlerindendir. Tölge ya da Kırgızca keret denilen fal çeşitli nesneler kullanılarak bakılır.

Şamanlar ayin yaparken özel giysi ve aletler kullanırlar. Şaman cüppesi geleneksel olarak otuz parçadan yapılmaktaysa da aslında altmış parçanın bir araya gelmesi gerekmektedir. Giysi, Altayların manyak, Yakutların kumu ya da ayün tangasa dedikleri bir ceket ile külahtan ibarettir. İkisinin de üzerinde simgesel motif ve süsler yer alır. Ancak giysinin nasıl olacağına şaman karar veremez, hizmetinde bulunduğu ruh bütün ayrıntılarıyla ona anlatır. Ruhun istediği ayrıntılardan biri bile eksik olursa o cüppe kullanılamaz. Cüppe hazır olduğunda bir ayin yapılır. Amaç ruhların cüppeyi beğenip beğenmeyeceğini öğrenmektir.

Şamanın en önemli aleti davuludur. Tıpkı cüppede olduğu gibi davulun yapılışına ruh karar verir. Onun tarif ettiği biçimde ve uygun gördüğü malzeme kullanılarak yapılır. Davulun derisi ile kasnağı hazırlandıktan sonra onların canlandırılması gerekir. Kasnağın üzerine bira dökülerek canlanması sağlanır. Bunun üzerine kasnak kesilip alındığı ağacın nasıl yetiştiğini, o ağaçtan nasıl koparılarak köye getirildiğini anlatır. deri sulanarak canlandırılır. O da ait olduğu hayvanın nasıl yetiştiğini, onun çocukluğunu, ana-babasını anlatır. Avcı tarafından vurulduğu anı hikâye eder. Sonunda birçok konuda şamana yararlı olacağına söz verir. Davul şamanı dünyanın merkezine taşır, havada uçmasını sağlar. Kimi zaman ruhları çağırmaya kimi zaman da hapsetmeye yarar. Gürültüsüyle, şamanın yoğunlaşıp, içinnde dolaşmaya hazırlandığı manevi âlemle temas etmesini sağlar. Giyside yer alan sembolik işaretlerin benzerleri davulda da vardır.

Şamanizme bağlı kalan topluluklarda iki türlü şaman vardır; şaman ve kara şaman. Ak şamanlar cüppe, külah ve davul kullanmazlar. Onlar gündüzleri aydınlık ruhlar için kansız kurban ayinleri yaparlar. kara şamanlar ise özel giysi ve aletlerle karanlık ruhlarla ilişki kurmak için ayin yaparlar. Ak şamanlar saygı görürler ancak halk onlara pek başvurmaz. Çünkü aydınlık ruhlar insanlara ve canlılara zarar vermezler. Asıl sakınılması ve memnun edilmesi gereken karanlık ruhlardır. Bu yüzden kara şaman aracılığıyla kötü ruhların yapacağı kötülüklerden korunmaya çalışırlar.

Şamanizm günümüzde eski etkisini ve gücünü yitirdiyse de halk kültürü kanalıyla birçok öğesini tektanrılı dinlere taşımıştır. Bazı uygulamalar ve halk arasındaki inanışlar şamanizmin izlerini taşır.

Musevilik

En eski tektanrılı din olan Yahudilik ya da Musevilik, Kuzey Sami kavimlerinden İbranilerin Tanrı tarafından "seçildiği" inancına dayanır. Tanrı, ataları İbrahim'le bir anlaşma (berit) yapmıştır. Bu anlaşmaya göre İbrahim Peygamber ve İbraniler Tanrı'ya tapmakla ve onun varlığını bütün dünya kavimlerine duyurmakla görevlendirilmiştir.

Yahudilik mitolojiyle örülü, sözlü geleneği güçlü olan bir dindir. Yahudi yaşam tüm kurumlarıyla ayrıntılı dinsel kurallarla belirlenmiştir. Dolayısıyla toplumsal gelişmeyi dinden ayırmak çok zordur. Kıyamet düşüncesi ile Tanrı'nın Krallığı'nı kuracak ve kurtuluşu sağlayacak mesihe duyulan inanç dinin özünü oluşturur.

İbrahim Peygamber ve onun soyundan gelenler Yahudilerin atasıdır. İbranice Avram ya da Abram olan adı 99 yaşındayken Tanrı tarafından değiştirilir. Birçok kavmin atası anlamına gelen Abraham adını alır. İbrahim Peygamber 75 yaşındayken Tanrı tarafından peygamber olarak görevlendirilir. Yaşadığı yeri terk ederek Tanrı'nın varlığını diğer kavimlere anlatmalıdır. Bunun için "vaat edilmiş topraklara", Kenan iline gitmesi gereklidir. Tanrı, o zamana kadar çocuğu olmayan İbrahim Peygamber'e döl vereceğini, onu bir ulusun atası yapacağını söyler. Böylece karısı Sara'dan doğan oğlu İshak İsrailoğullarının, karısının cariyesi Hacer'den doğan oğlu İsmail de Arap ulusunun atası olurlar. İbrahim Peygamber, Halilülrahman lakabıyla Kuran'da en çok söz edilen peygamberleden biridir.

İshak Peygamber'in oğlu Yakub Peygamber'in adı Tanrı tarafından İsrail olarak değiştirilir. İsrail'in on iki oğlu olur ve onlardan türeyen on iki kabile İsrailoğullarını oluşturur. Mısır'a göçen İsrailoğullları MÖ 1200'lere değin orada kalırlar. Ancak tarihsel veriler de çok kötü koşularda yaşadıklarını göstermektedir. Mısır hanedanının çoğalmalarını önlemek için her çareye başvurduğu İsrailoğluları köle olarak kullanılmaktadır. Yahudi ailelerde doğan her erkek çocuk öldürülmektedir. İnanışa göre Musa Peygamber de öldürülmemesi için bir sepete konulup Nil'e bırakımıştır. Bir Mısır prensesi tarafından bulunmuş ve sarayda büyümüştür. Yetişkin olduğunda asıl kimliğini öğrenip halkını tanımak için geziye çıktı. Bir İsrailoğlu'nu döverken gördüğü Mısırlı memuru öldürünce kaçmak zorunda kaldı. Midyan'a gidip Yetro adındaki kâhinin yanında çobanlık yapmaya başladı. Kırlarda dolaşırken dağın eteğinde alevler içinde olan ancak yanmayan bir çalı gördü. Çalıya yaklaşınca uzak durmasını emreden sesi duydu. Tanrı Musa'yı İsrailoğullarını Mısır'dan çıkarmakla görevlendiriyordu. Bunun üzerine kardeşi Harun'la birlikte II. Ramses'e giderek kavmini serbest bırakmasını istedi. Ancak bu, baskıların artmasından başka işe yaramadı. Nasıl gerçekleştiği tam olarak bilinmeyen Mısır'dan Çıkış, 15 000 kişinin göçüyle sonuçlandı. İsrailoğulları çöle ulaştıklarında, Musa Peygamber Sina Dağı'nda On Emir'i onlara aktardı. Musa Peygamber'den önce gelenler bir ulusun oluşmasını sağlamışlar ve inancın tohumlarını atmışlardır. Ancak Yahudiliğin sistemleşmesi, ahlaki ve toplumsal temellerinin yerleşmesi MÖ XIII. yüzyılda Musa Peygamber'le gerçekleşmiştir. On Emir Yahudi ilahiyatının ilk yazılı yasalarıdır. Ama yoruma açıktır. Peygamber zor durumlarda yaptığı yorumlarla sözlü yasaların da sistemleşmesini sağlamıştır. Yahudiliğin Musa Peygamber'le belirginleşen vurgusu insanın ikili bir doğasının olduğuydu. İnsanların bir yanı itaat etmek isterken dğer yanı karşı koymak ister. Bu iki eğilimden birini seçmek insanın özgür iradesiyle gerçekleşir. İşte bu özgür iradeyi olumsuz yönde kullanıp Tanrı'nın emirlerine uymayanlar kefaret kurbanı kesmekle yükümlüydü. Bu tür dinsel törenler için giderek bir din adamları grubu oluştu. Musa Peygamber kardeşi Harun ile oğullarını kutsayarak dini törenleri yönetmekle görevlendirildi. Kohen denilen bu dinadamları sahip oldukları ayrıcalıklarla topluluğun en üstüne yerleştiler. Kendisi de Levililerden olan Peygamber onları da kohenlerin yardımcısı yaptı. Topluluğun geri kalanı için getirdiği zorunluluklardan Levilileri de muaf tuttu. Ancak oluşan toplumsal kademelenme çoğunluğun hoşuna gitmedi. Zaman zaman ayaklanmalar çıktı. Günümüzde de kohenlerin ve Levililerin soyundan gelenler bazı dinsel görevler üstlenmişlerdir. Yahudi toplumundaki özel konumlarını korurlar. İnanışa göre çölde 40 yıl kalan İsrailoğulları Musa Peygamber'in ölümünden sonra Kenan iline göçebildiler. Burada MÖ 990'da, İsrail ile ilk eşi Lea'nın oğlu Yahuda'nın soyundan gelen Davud bir krallık kurdu. Davud Peygamber Kudüs'ü ele geçirip On Emir'in yazılı olduğu tabletlerin bulunduğu Ahit Sandığı'nı getirdi. Oğlu ve ardılı Süleyman Peygamber de Sandık'ın çevresine bir tapınak (Birinci Tapınak) yaptırdı. MÖ

922'de kuzeyde, İsrailoğulları İsrail Krallığı'nı kurdular. Güneyde ise Yahuda Krallığı vardı. Kuzeydeki krallık MÖ 721'de Asurlularca, güneydeki ise MÖ 587'de Babillilerce ortadan kaldırıldı. İsrailoğullarının krallıkları yıkıldıktan sonra Yahudaoğullarının ve diğer kabilelerin içinde eridiği düşünülür. Krallıklar döneminde Yahudilik yerleşik bir din olmaya başlamıştı. Ancak zaman zaman çoktanrıcı eğilimler kendini göstermiyor değildi. Ayrıca ruhban sınıfı oldukça güçlenmiş ve baskıcı bir unsur haline gelmişti. İşte bu dönemde, halkı Tanrı'nın yasalarına uymaya çağıran, ruhban sınıfının despotluğunu protesto eden birçok peygamber çıktı. Sosyal adalet talep eden ve halk arasında oldukça etkili olan "navi"ler yani sözcüler birer dervişti. İlyas, Amos, Hoşea, İşaya, Yeremya, Tsefenya navilerden birkaçıdır.

MÖ 587-538 yılları arasında Babil'de sürgünde kalan İsrailoğulları tekrar ülkelerine döndüklerinde hızla imana imara giriştiler. Yıkılan tapınağın yerine yenisini (İkinci Tapınak) yaptılar. Tevrat MÖ V. yüzyılda kesin biçimini aldı, sözlü yasalar yazıya geçirilmeye başlandı. Yahudiler, Helenistik Krallıklar ve Roma egemenlği dönemlerinde de baskılara direndiler. Öte yandan kendi içlerindeki toplumsal ve dinsel çatışmalarla mücadele ettiler. Ancak Yahudilik bir inanç biçimi olarak kendini kabul ettirmiş ve özüne yönelik görüş ayrılıkları kendini göstermeye başlamıştı. Yeni bir tektanrılı dinin, Hıristiyanlığın ortaya çıkması ise Yahudileri tahmin ettiklerinin çok ötesinde zorladı. Son tahminlere göre günümüzde 14 milyon Yahudi vardır. Bunların 5 milyonu ABD'de, 2 milyonu SSCB'de, 4,5 milyona yakını İsrail'de yaşamaktadır. Fransa'da 650 000, İngiltere'de 400 000, Arjantin'de ise 300 000 Yahudi vardır.

En eski Yahudi mezhebi olan Hasidliğin temel ilkesi şeriata ödünsüz bağlılıktı. Şabat kurallarını kesinlikle çiğnemeyen mezhep yanlıları ibadette de sessiz, içe dönük bir biçimi benimsemişlerdir. Hangi tarihte oluştuğu bilinmeyen mezhebin daha sonra gelen Ferisileri etkilediği düşünülür. Ferisiler mezhebi halktan insanlar tarafından MÖ VI. yüzyılda kurulmuştu. Ferisiler Musa Peygamber'in getirdiği Yasa'yla birlikte sözlü geleneğin de önemli olduğunu ileri sürüyorlardı. Sadece Tapınak'ta değil her yerde ibadet edilebileceği düşüncesindeydiler. Böylece sinagoglar da tapınma mekânı haline geldi. Yahudi şeriatını tartışmaya açmaları ve ibadet mekânını genişletmeleri ruhban sınıfın nüfuzunun kırılması anlamına geliyordu. Ferisiler ruhun ölümsüz olduğuna, ölümden sonra dirilmeye ve meleklerin varlığına inanıyorlardı. Kohenlerin oluşturduğu Sadukiler ise tek vahiy kaynağı olarak Tevrat'ı, tek ibadet mekânı olarak da Tapınak'ı kabul ediyorlardı. Her iki mezhep de MS 70'ten sonra yok oldu.

MS VIII. yüzyılda geleneği ve hahamların otoritesini reddederek sadece Yasa'da yazılanlara göre yaşayan Karaimler 400 yıl varlıklarını sürdürdüler. MS 1000 yılına doğru farklı geleneklere sahip iki topluluk belirdi: Sefaradlar ve Aşkenaziler. Kültürel kökenlerinin Babil'de olduğuna inanan Sefaradlar İspanya ve Portekiz'de yaşadılar. Düşünsel anlamda Yahudiliği yorumlamayı başardılar. Kendilerine özgü bir edebiyat geliştirdiler. Karşılaştıkları baskılar onları mistisizme yöneltti. MÖ XII. yüzyılda İspanya'da ortaya çıkan Kabala, Tanrı'ya ulaşmak için çıkılan bir yolculuktur. Bir Kabalacı aklını, bedenini ve ruhunu ne kadar temizlerse o kadar Tanrı'ya benzer. Sonuçta devekuth aşamasına yani Tanrı'ya sevgiyle bağlanma aşamasına ulaşılacaktır.

Harfler ve rakamlar ile onların kombinasyonları gizli bilgiye ulaşmanın yoludur. Kabala kişisel bir kılavuzun yol göstericiliğiyle kavranabilir. O kılavuz kabalacıyı mistik bilginin tehlikelerinden koruyacaktır. Kabala'nın kökenleri MÖ I. yüzyılda Filistin'de ortaya çıkan Merkava mistisizmine dayanır. Merkava İbranicede araba demektir. Tanrı'nın tahtını taşıyan bu arabayı görmek temel amaçtır. Bu amaca ulaşabilmek içinse yedi göksel konutu (*hemhalot*) tehlikesizce aşmak gerekir. Merkava mistisizmi Hezekiel Peygamber'in bir rüyasına dayandırılır.

Sefaradlar İspanya'dan kovulduktan sonra Kuzey Afrika'ya ve Osmanlı İmparatorluğu topraklarına yerleştiler. Daha sonra Fransa, Hollanda, İngiltere, İtalya ve Balkan ülkelerine göçtüler. Günümüzde çoğu İsrail'dedir.

Orta ve Doğu Avrupa'da yerleşik Yahudiler olan Aşkenaziler ise üstün bir Talmud bilgisine sahipti. MS XII-XIII. yüzyılda Aşkenaziler arasında ortaya çıkan Hasidilik mistisizmle çileciliği birleştirir. Kabala geleneğinden yetişen önderlerine göre Tanrı'nın gizemli varlığına ulaşmak ancak itaat etmekle mümkündü.

Aydınlanma Hareketi Yahudiliğin de değişime uğramasına yol açmıştır. MS XVIII. yüzyılda Almanya'da Moses Mendelssohn önderliğinde ortaya çıkan Haskala Hareketi Yahudi Aydınlanması diye adlandırılır. Moses, Geleneksel Talmud öğretiminin yanı sıra laik eğitimle de bütünleşmek gerektiğine inanıyordu. Son Hasidilik tarikatı MS XVIII. yüzyılda Polonya'da kuruldu. Bir kireç ocağında çalışan İsrael ben Eliezer önderiydi. Daha sonra Baal Şem Tov (Kutlu Adın Efendisi) adını alan Eliezer etkileyici bir hatipti. "Bir Yahudi, yoksul ve bilgisiz de olsa eğer coşkuluysa, temiz bir kalbe sahipse Tanrı'ya ulaşabilir" diyordu. Alçakgönüllülükle Tanrı'ya hizmet ederek parçalanmış olan dünya yeniden bütünlüğe kavuşturulabilirdi. Hasidilir, ABDve

İsrail'de küçük topluluklar halinde varlığını sürdürmektedir. XX. yüzyılda üç akım ortaya çıktı: Reformculuk, Muhafazakârlık, gelenekçilik. Reformcular kutsal metinlerin sözcüğü sözcüğüne yorumlanması geleneğinden vazgeçilmesini istediler. Mesih beklentisinin yerini kardeşlik ve barış özzlemi aldı. Karma evliliklere izin verilirken, dini anlamda kadın-erkek eşitliği kabul edildi. Muhafazakârlar, modern toplumla uyuşmakla birlikte Yazılı ve Sözlü Yasa'ya bağlı kaldılar. Gelenekçiler ise değişmez bir halakayı kabul ettiler. Karma evlilikleri geçersiz saydılar. Günümüzde İsrail'deki Yahudilerin büyük çoğunluğu gelenekçidir.

Yahudi Tanrısı Tevrat'ta değişik adlarla anılır. İlk metinlerde Elohim olarak geçer. Kimi zaman Elohim'in kısa yazılışı olan El biçiminde görülür. El Şadday ise Kadiri Mutlak Tanrı anlamına gelir. Tanrı adının ağza alınamayacak kadar kutsal oluşu yüzünden YHVH biçiminde yazılan Yahve MS III. yüzyıldan sonra hiç kullanılmamıştır. Onun yerine "Rabbim" ya da "Efendim" anlamında Adonay sözcüğü yer almıştır. Bir başka söyleniş ise Yahve Elohim'dir. MS XIX. yüzyıldan sonra Yahve kullanımı yeniden başlamıştır.

Yahudilik çok sayıda peygambere sahip olduğu gibi birçok kutsal kitaba ve metne de sahiptir. Temel kitap Eski Ahit (Tanah) ya da Tevrat'tır. Aslında Tevrat ya da Tora ilk beş kitabın (Tekvin, Çıkış, Levililer, Sayılar, Tesniye) adıdır. Ancak daha sonra bütün Kutsal kitaba bu isim verilmiştir. MÖ XIII. yüzyılda şekillenip MÖ V. yüzyılda son şeklini alan Tevrat, Yasa ya da Yasa Kitabı diye de bilinir. İnanışa göre ilk beş kitap Musa Peygamber'e vahyedilmiştir.

Sözlü yasalar Yahudi yaşam biçiminin temelidir. Kaynağı Tora'daki dini yasalar ile Kutsal Kitap'la çelişmeyecek biçimde, gereksinimlere göre hahamlarca konulmuş kurallardır. Talmud Yahudiliğin gereklerinin nasıl yerine getirileceğini gösteren usuller sistemi halaka'nın (yürüme biçimi, gidişat) temel öğretisidir. Biri Kudüslü tanaimlerce (öğretmen) yazılmış Kudüs (Yeruşalayim) Talmudu, diğeri Babilli amoraimlerce (öğretmen) yazılmış Babil Talmudu olmak üzere iki tanedir. 6 000 sayfadan oluşan Babil Talmudu Yahudi hukuk sisteminin ansiklopedisidir. Her iki Talmud'un kaynağı da Mişna'dır. Dua kitabı Sidur ile Kabala mistisizminin temelini oluşturan Sefer Hazohar (Nurun Kitabı), Sefer Ha-Yetsira (Yaratılışın Kitabı) ve Sefer Ha-Bahir (Aydınlık Kitabı) diğer kutsal metinlerdir.

Yahudi kutsal metinlerinde, insanoğlunun atası kabul edilen Âdem Peygamber, İbranilerin atası sayılan İbrahim Peygamber ve onun soyundan gelenler kutsaldır. Yahudiliğin kurucusu Musa Peygamber ile sonra gelen bütün peygamberler saygı görür. Ayrıca adları dinsel metinlerde geçen din âlimleri ve tarikat kurucuları da kutsal önderler olarak kabul edilir.

Yahudiler için belli başlı kutsal mekânlar kutsal kabul edelin kişilerin mezarlarıdır. İbrahim Peygaber'in Hebron'daki mezarı, adları Talmud ve Kabala'da geçen bilgelerin Celile'deki mezarları, Diaspora bilgeleri ile azizlerine adanan İsrail'deki merkezler ziyaret yerleridir. Kudüs'te Eski Kent'teki Ağlama Duvarı, İkinci Tapınak'ın platformunun payandalarından biridir. Yahudiler bu duvarı ibadet mekânı olarak kullanırlar Yahudilik'te ibadet aileyle birlikte evlerde yapılabilir. Ancak toplu ibadetin merkezi sinagoglardır. Sinagog, Grekçe'de "toplanma" anlamına gelen sunagog kelimesinden türetilmiştir. İbranice karşılığı keneset'tir. "Toplanma yeri" anlamında bet ha-kenesset de denebilir. Ya da bet ha-midroş (öğrenim evi), bet ha-tefila (dua evi) diye adlandırılır. Bu üç isim sinagogun işlevini özetler. Sinagoga sadece ibadet amacıyla gidilmez. Orası toplumsal dayanışmanın, kültürel ve eğitsel etkinliklerin merkezidir. Türkçe'de İbranice "hevra" sözcüğünden kaynaklanan havra adıyla bilinir.

Sinagogun ne zaman ortaya çıktığı belli değildir. Belli başlı bir mimarı ve plandan söz etmek mümkün değildir. Ancak her sinagogda bulunması gereken ögeleden söz edilebilir. Bütün sinagoglar Kudüs'e dönüktür. İç kısmında, doğu duvarında, Tevrat rulolarının saklandığı Aron ha-Kodeş (Kutsal Sandık) vardır. Bir perde (*parohet*) ya da kafesle örtülüdür. Tapınak'taki Ahit Sandığı'nı temsil eder. Aron ha-kodeş'in önünde Tapınak'taki yedi kollu şamdanı (*menora*) simgeleyen ve sürekli yanan bir lamba asılıdır.

Kutsal Sandık'ın önünde, genellikle sinagogun merkezinde iki yanında merdivenler bulunan bir platform yer alır. Tapınak'taki mezbah'ın yani sunağın yerine geçen platform Almamar ya da bima adını alır. Platformun ortasında üzerinde Tevrat'ın okunduğu bir rahle, rahlenin iki yanında ayakta duracak yerler ve sıralar vardır. Eski sinagoglarda kadınlar için ayrı yer vardı. Reformcu sinagoglarda kadılarla erkekler bir aradadır.

Yahudilik'te ibadetin temeli duadır. Tanrı'ya duyulan saygı ve sevgiyi belirtmenin bir yoludur. Ama aynı zamanda insanoğlunun sevincini, kederini, arzu ve özlemini dile getirmesinin de aracıdır. Dua yüzyıllar önce kurban ayininin de yerine geçmiştir. Sabah, ikindi ve akşam olmak üzere günde üç kez dua okunur. İbadete hazırlanmak da en az ibadet kadar önelidir. Ruhsal hazırlıkla birlikte bedensel temizlik de gereklidir. Bedensel temizlik için abdest alınır. Üç şekilde abdest alınır: bütün vücut suya batırılır; eller ve ayaklar yıkanır; sadece eller yıkanır. Vücudun bütünüyle suya batırılması ya da tevila (dalma, batma) mikve denilen özel havuzlarda gerçekleştirilir. Din değiştirerek Yahudi olmaya karar veren kişinin de tevila işlemini gerçekleştirmesi zorunluluklardan biridir.

Yeni doğan bir erkek bebeğin cemaate kabulü için sünnet (*mila*) olması zorunludur. 99 yaşında sünnet olan İbrahim Peygamber'den kaynaklanan bu tören dine sadakatin işareti sayılır. Sekiz günlük erkek bebekler bir sıralamaya uyularak özel görevlilerce sünnet edilir. Daha sonra bebeğin ismi konur. Erkek çocuğu için cemaate ikinci kabul töreni bar-mitsva'dır. 13 yaşından gün alan erkek çocuğu bu törene katılmak zorundadır. Tevrat'ta sözü edilmeyen bu erginleme ayininin kaynağı belirsizdir. Erkek çocuk Tora'dan bölümler okur. Hahamın vaazı ve yapılan ikramla ayin sona erer.

Kız bebeklere de 8 günlükten 40 günlüğe kadar olan sürede yapılacak vijola töreniyle isim konur. Eve çağrılan bir haham bebeği kutsayarak ismini söyler. XIX. yüzyıldan sonra yapılmaya başlanan barmitsva ise kız çocukların cemaate kabulu içindir. Yahudiler ibadet sırasında birtakım giysiler giyerler. Kenarları püsküllü yün ya da ipekten bir şal olan tallit Yahudi erkeklerince, Şabat günü, bayramlarda ve her gün sabah ayininde örtülür. Aşkenazilerde bar-mitsva'sı yapılmamış çocuk tallit örtemez, Sefaradlarda ise tefilin takamaz. Tallit'in dört köşesinde özel bir biçimde bağlanan püsküller vardır. Bunların nereden kaynaklandığı bilinmez. Püskül (tsitsit) ve tallit, Yahudi erkeğine Tanrı yolunda yürümesi ve onun emirlerini aklında tutması gerektiğini anlatır.

Tefilin ise içinde Tora'dan dört ayrı bölümün yazıldığı parşömenler bulunan iki kutucuktur. Birbirine şeritlerle bağlı kutucuklardan biri alna, diğeri sol kola bağlanır. Şabat ve bayramlar haricinde sabah ayinlerinde kullanılır. Amaç kalben ve zihnen Tanrı'ya yoğunlaşmaktır.

Kipa Yahudi erkeklerinin başlarını örtmek için kullandıkları başlıktır. Eski Ahit okunurken ya da Tanrı'nın adını zikrederken saygı gereği baş örtülmelidir. Ortodoks Yahudiler sürekli kipa takarken, muhafazakârlar ayin sırasında kullanırlar. Reformcular için ise kipa takmak isteğe bağlıdır.

Oruç, Tevrat'ta sadece Yom Kipur için zorunlu kılınmıştır. Bunun dışında oruçtan söz edilmez. Yom Kipur'da yemek, içmek, yıkanmak, yağla yağlanmak, cinsel ilişkiye girmek yasaktır. Yom Kipur'dan bir önceki akşam günbatımından ertesi akşam günbatımına değin sürer.

Yahudiler sahip olunan malın onda birini zekât olarak her yıl verirler. Belirli kurallara uyarak sadaka vermek ise dürüstlüğün gereğidir.

Tevrat, Kudüs'teki Tapınak'ın varlğını sürdürmesi koşuluyla yılda üç kez haccı zorunlu kılmıştı. Yahudi erkekleri için zorunlu olan ibadet günümüzde kutsal bilinen merkezlere ziyaretlerle sınırlıdır.

Yahudilikte haftalık ve yıllık olmak üzere iki tür dini gün ve bayram vardır. Haftalık bayram, haftanın yedinci gününe rastlayan Şabat'tır. Tanrı'nın dünyayı yaratıp dinlendiği yedinci günün anısına bugün iş yapmak yasaktır. Cuma günü gün batımında başlayan Şabat cumartesi günbatımına değin sürer.

Genellikle eylül ayına rastgelen Roş-aşana İbrani takvimine göre yılbaşıdır. Tanrı'nın insanların davranışlarını yargılayarak sonraki yaşamlarını ona göre düzenleyeceğine inanılır. Roş-aşana'dan 10 gün sonrasına rastlayan Yom Kipur'a kadar içtenlikle tövbe etmek gerekir. Böylece Tanrı'nın bağışlaması elde edilir.

Yom Kipur (Kefaret Günü) oruç, tövbe ve ibadetle geçirilir. Musa Peygamber tarafından çöldeki yolculuk sırasında tesis edildiği düşünülür. Daha önceki kaynaklarda yer almaz. Arife günü mikveye gidilerek abdest alınır. Oruç öncesi yenen son yemekten sonra sinagoga gidilir. Ayinde okunan Kal Nidre, verilen ama yerine getirilmeyen sözlerin geçersiz kılınması için bir yakarıştır. Yom Kipur'dan 5 gün sonra Sukot (Çardaklar Bayramı) kutlanır. Çıkış'tan sonra çölde 40 yıl boyunca kuru çalı ve dallardan yaptıkları kulübelerde yaşamış olan ataları hatırlamak amaçlanır. Yedi gün süren bayramın, İsrail'de ilk günü, Diaspora'daysa ilk iki günü çalışılmaz. Bayram boyunca belirli kurallara göre yapılan suka denilen çardaklarda yaşanır.

"İthaf, adama" anlamlarına gelen Hanuka, kislev (kasım/aralık) ayının 25. günü başlayıp sekiz gün sürer. Seleukos Kralı Antiokhos'a karşı girişilen Makabi Ayaklanması'nın zaferle sonuçlanışı kutlanır. Ayaklanmacılar Tapınak'taki Yunan tanrı heykellerini çıkarıp kandil yakmışlardır. Sadece bir günlük yağı olmasına rağmen mucizevi bir şekilde sekiz gün yanmıştır. Bu olayın ansıına Işıklar Bayramı denen Hanuka'da her gün ışık yakılır. Bunun için hanukiya denilen sekiz kollu şamdanlar kullanılır.

Pers soykırımından kurtuluşun kutlandığı Purim Bayramı 14 adar (şubat/mart) gününe rastlar. Şarkılı, danslı eğlencelerin yapıldğı coşkuyla kutlanan bir bayramdır. Şevat (ocak/şubat) ayının 15. gününe rastlayan Tu Bişvat bir tarım bayramıdır. Geleneğe göre ağaçlar ve öteki bitkiler uyanıp hayata döner. Dinsel bayram niteliği taşımadığı için günlük yaşam sürer.

En eski bayramlardan biri olan Pesah (Fısıh) Bayramı, Hamursuz Bayramı adıyla da bilinir. 15 nisanda başlayıp İsrail'de yedi, Diaspora'da sekiz gün sürer. İsrailoğullarının Mısır'dan çıkışının ansıına kutlanır. Bu bayramda mayalanabilecek her türlü bitkinin yenilmesi yasaktır. Bunun için evlerde ciddi bir temizlik yapılır.

İbranice "haftalar" anlamına gelen Şavuot "Tora Bayramı" olarak bilinir. Tora'nın İsrailoğullarına verilişi anısına Sivan (mayıs/haziran) ayının 6. günü kutlanır. Bu dönemde aynı zamanda ilk turfandalar çıkar. Başlangıçta çiftçi ilk ürünlerini getirip Tapınak'a sunmak zorundaydı. Günümüzde de sinagogların çiçek, bitki ve ağaçlarla süslenmesi gelenektir.

Yahudi takviminin en acılı günü av (temmuz/ağustos) ayının 9. gününe rastlayan Peşa-Beav'dır. Tanrı İsrailoğullarını 40 yıl çölde yaşamaya bugün mahkûm etmiştir. Birinci Tapınak Babillilerce bugün yıkılmıştır. İkinci Tapınak da aynı tarihte yıkılmıştır. Sefarad Yahudilerinin sürgün edildikleri tarih 9 av'dır. Aynı şekilde İngiltere'den de 9 av günü kovulmuşlardır. Bu kadar acıklı olayın bir araya geldiği bir gün elbette ki matem günüdür.

KABALA öğretesine göre Tanrı'nın 72 adı

Musevi dini ve Tevrat'tan köken alan Kabala öğretisi ve tekniğine göre de İslamiyet'te olduğu gibi özel enerji etkisi olduğu kabul edilen Tanrı'nın özel isimleri vardır. Bu isimlerin sayısı 72'dir. Her isimin meditatif bir çalışmayla enerjisinin uyarılmasının insanın bilincinde özel etkiler oluşturduğu kabul edilir. Bu konuyla ilgili yazılan detaylı kitaplar vardır. Ben sadece Kabala öğretisine göre Tevrat'tan saptanmış ve üzerinde enerji çalışması yapılabilen Tanrı'nın 72 ismini ve çok kısa açılımlarını vereceğim; arzu edenler çeşitli kaynaklardan daha detaylı bilgi alabilirler. Bu kitaplardan biri de Yehude Berg'in yazdığı *Tanrı'nın 72 Adı, Ruh İçin Teknoloji* kitabıdır.

VAY HEY VAV Zaman yolculuğu
YUD LAMED YUD Kıvılcımları tekrar yakalamak
ŞAMEH YUD TET Mucize yaratmak
AYİN LAMED MEM Olumsuz düşüncelerden kurtulmak
MEM HEY ŞİN Şifa
LAMED LAMED HEY Rüya durumu
ALEF KAF ALEF Ruhun DNA'sı
KAF HEY TAV Negatif enerji ve stresi yok etmek
HEY ZAYİN YUD Meleksel etkileşimler
ALEF LAMED DALED Bakışlar öldürebilir
LAMED ALEF VA Şeytanın kalıntılarını temizlemek
HEY HEY AYİN Koşulsuz sevgi
YUD ZAYİN LAMED Yeryüzündeki cennet
MEM BET HEY Silahlara veda

HEY REŞ YUD	İleriyi görme
HEY KUF MEM	Depresyondan kurtulma
LAMED ALEF VAV	Büyük kaçış
KAF LAMED YUD	Üretkenlik
LAMED VAV VAV	Tanrı ile iletişim
PE HEY LAMED	Bağımlılıklara karşı zafer
NUN LAMED KAF	Vebanın kökünü kurutmak
YUD YUD YUD	Ölümcül cazibeyi durdurma
MEM LAMED HEY	Alevi paylaşmak
HET HEY VAV	Kıskançlık
NUN TAV HEY	Aklınızdan geçeni söyleyin
HEY ALEF ALEF	Kaostan düzene
YUD REŞ TAV	Sessiz partner
ŞİN ALEF HEY	Ruh eşi
REŞ YUD YUD	Nefreti Ortadan kaldırmak
ALEF VAV MEM	Köprüler inşa etmek
LAMED KAF BET	Başladığınız işi bitirin
VAV ŞİN REŞ	Anılar
YUD HET VAV	Karanlık yanı göstermek
LAMED HEY HET	Kendinizi unutun
KAF VAV KUF	Cinsel enerji
MEM NUN DALET	Korku(suz)
ALEF NUN YUD	Büyük resim
HET AYİN MEM	Devre sistemi
REŞ HEY AYİN	İşlenmemiş elmas
YUD YUD ZAYİN	Doğru kelimelerle konuşma
HEY HEY HEY	Özsaygı
MEM YUD KAF	Gizlenmişi ortaya çıkarmak
VAV VAV LAMED	Yerçekimine karşı koymak
YUD LAMED HEY	Tatlandırıcı yargı
SAMEH ALEF LAMED	Bolluk ve refahın gücü
AYİN REŞ YUD	Mutlak kesinlik
AYİN ŞİN LAMED	Küresel dönüşüm
MEM YUD HEY	Birlik
VAV HEY VAV	Mutluluk
DALET NUN YUD	Yeterli hiçbir zaman yeterli değildir
HEY HET ŞİN	Suç yoktur
AYİN MEM MEM	Tutku
NUN NUN ALEF	Gündem yoktur
NUN YUD TAV	Ölümün ölmesi
MEM BET HEY	Düşünceyi eyleme dönüştürme

PE VAV YUD	Öfkeyi yok etmek
NUN MEM MEM	Ruhunuzu dinlemek
YUD YUD LAMED	Bırakma
HEY REŞ HET	Göbek kordonu
MEM TSADİK REŞ	Özgürlük
VAV MEM BET	Su
YUD HEY HEY	Anne ve baba öğretmendir bir vaiz değil!
AYİN NUN VAV	Takdir
MEM HET YUD	Olumlu yanımızı göstermek
DALET MEM BET	Tanrı korkusu
MEM NUN KUF	Sorumluluk
ALEF YUD AYİN	Büyük beklentiler
HET BET VAV	Geçmiş ruhlarla temas
REŞ ALEF HEY	Kayıp ve bulunmuş
YUD BET MEM	Düzensizliğin ardındaki amacı anlamak
HEY YUD YUD	Paralel evrenler ve kehanet
MEM VAV MEM	Spiritüel temizleyici

Hıristiyanlık

I. yüzyılda Filistin'de Şeria Irmağı dolaylarında dolaşan Vaftizci Yahya, insanları, tövbe edip vaftiz olarak günahlarından arınmaya çağırıyordu. Yahudi ilahiyatına ve din adamlarının hiyerarşisine savaş açmıştı. Vaftizci Yahya'nın çağrısına katılanlardan biri de Nasıralı İsa'ydı. Vaftizci, İsa'yı görünce onun Mesih olduğunu anladı. Yahudi inancına göre bir Mesih gelecek ve Tanrı'nın Krallığı'nı kurarak kurtuluşu sağlayacaktı. İşte bu mesih ya da Yunanca söylenişiyle hıristos, İsa'ydı.

Nasıralı İsa, tövbe edip vaftiz olduktan sonra çöle çekilerek kırk gün kırk gece oruç tuttu. İnsanların arasına karıştığında Yahya gibi vaaz verip vaftiz etmeye başladı. Kıyametin yakın olduğunu, Tanrı'nın Krallığı'nın çok yakında kurulacağını söylüyordu. Ancak Yahudi ilahiyatındaki gibi cezalandıran, öfkeli bir tanrıyı değil sevgi dolu, bağışlayıcı bir tanrıyı anlatıyordu. Yakın çevresindeki On İki Havari'yle birlikte, Yahudi, pagan, köle, soylu ve orta sınıftan müritler edindi. Hem Yahudiler hem de Roma yönetimi ayaklanma çıkmasından korkuyordu. İsa Peygamber birkaç kez Sahhedrin (Yahudi dini meclisi) tarafından tutuklandı. Ancak Yahudilerin Peygamber'i engellemeleri mümkün olmadı. Sonunda Roma Valisi Pontius Pilatus tarafından ayaklanmaya yol açtığı gerekçesiyle tutuklandı. İşkenceden geçirildi ve çarmıha gerilerek öldürüldü.

On İki Havari ve diğer inananlar İsa Peygamber'in dirildiği inancıyla bir araya geldiler. Antakya'da İsa'ya inananlara Hıristiyanlar dendi. On İki Havari ile kutsayıp görevlendirdikleri vekilleri inancı anlatmaya devam ettiler. Havariler Hıristiyan topluluğunun ilk piskoposları oldular. Bir reform hareketi olarak başlayan Hıristiyanlık artık bir inanç biçimiydi. Din Filistin sınırlarını aşarak Roma eyaletlerinde yayılmaya devam etti. Suriye, Mısır, Kuzey Afrika ve İran'daki çilece yorumlarla farklı bir boyut kazandı. I. yüzyılın sonuna kadar İsa'nın öğretileri dört ayrı İncil olarak yazıya geçirildi.

Bütün bu gelişmelere karşın imparatorluk yöneticilerinin ve paganistlerin eziyetleri artarak devam etti. III. ve IV. yüzyılda sistematik işkence halini aldı. Hıristiyanlar gizli ibadethaneler hatta yeraltı şehirleri yaparak bütün baskılara direndiler. I. Constantinus, 313'teki Milano Kararnamesi'yle herkese inançları doğrultusunda ibadet özgürlüğü tanıdı.

IV. yüzyılın sonunda resmi din olarak kabul edilince Hıristiyanlık kurumlaşma aşamasına girdi. IV. ve V. yüzyıllarda toplanan konsillerle inancın temelini oluşturan Baba-Oğul-Kutsal Ruh üçlemesi yani Teslis tanımlandı. İsa Mesih bir kurbandı; o insanların günahlarının kefaretini ödemek için öldü. Öldükten sonra dirilerek Mesih inancını pekiştirdi. O aynı zamanda Tanrı'nın Oğlu'ydu yani Tanrı'ydı. Bu dogma sonraki dönemlerde Hıristiyanlık tarihinin en çok tartışılan ilkelerinden biri haline geldi.

Hıristiyanlık ilk ortaya çıktığında inananların başvurdukları kutsal metinler Eski Ahit dedikleri Yahudiliğe özgü metinlerdi. Eski Ahit'te İsa Peygamber'in varlığını doğrulayan işaretler aramışlardı. Başta Havari Paulus olmak üzere kimi havarilerin mektupları kiliselere dini konularda yol gösteriyordu. I. yüzyılın sonuna kadar Markos, Matta, Luka ve Yuhanna tarafından dört ayrı İncil yazıldı. İncil İsa Peygamber'in yaşamını ve öğretilerini içeriyordu. IV. yüzyılda İncil'e Hıristiyanlığa ilişkin bazı metinler de eklendi.

XVI. yüzyıl Hıristiyanlık için ayrışma dönemi oldu. Üç büyük mezhep ortaya çıktı. Doğu Roma Kilisesi'ne dayanan Ortodoks mezhebi Hıristiyanlığın ilk yıllardaki dogmalarına bağlılığını ilan etti. Ortodoksluk bağımsız kiliseler arasında eşgüdümü sağlamaya yönelik anlayışıyla belirgindir. İnanç temelinde Katolik Kilisesi'nden farkı Kutsal Ruh'un sadece Baba'dan kaynaklandığını düşünmesiydi. Keşişlik ve manastır yaşamı Ortodoksluk için önemliydi. Din adamları papazlık yetkisi almadan önce evlenebilir, ama keşişler evlenemezlerdi.

Batı Roma Kilisesi'ne dayanan Katolik mezhebi katı bir dinsel hiyerarşiyi savunuyordu. Katolik din adamları evlenemiyordu. Bütün kiliselerin başında yanılmazlığına inanılan Papa bulunuyordu. Ortodoks mezhebinin aksine Katolikler Kutsal Ruh'un hem Baba'dan hem de Oğul'dan kaynaklandığını ileri sürüyorlardı.

1529'da Reform yanlısı bazı Alman prensler Katolik Kilisesi'nin katı hiyerarşisine karşı bir hareket başlattılar. Kilise'ye itaat etmeyi reddedip, onu "protesto" ettiler. Böylece ortaya koydukları inanç biçimi Protestanlık adını aldı. Tanrı ile kulu arasında hiçbir aracıyı ve kurumu kabul etmiyorlardı. Din adamları ancak yol gösterici olabilirdi, onların Tanrı karşısındaki sözcüsü değil. Zaman içinde inanç ve ibadet düzeninde farklılıklar gösteren çok sayıda Protestan kilisesi oluştu.

Günümüzde Hıristiyanların dünya nüfusunun yüzde 33'ünü oluşturduğu tahmin ediliyor. Bu da 1 milyar 950 milyon kişi anlamına geliyor. Güney ve Doğu Avrupa çoğunlukla Katolik, Kuzey Avrupa ve Kuzey Amerika Protestan, Yunanistan ve Slav dünyası Ortodoks'tur. Kesin olmasa da 980 milyon Katolik, 400 milyon Protestan, 220 milyon Ortodoks bulunduğu tahmin ediliyor. Diğer mezheplerdeki Hıristiyanların ise 350 milyon kişi olduğu düşünülüyor.

İlk Hıristiyan kiliseleri Romalıların bazilikaları örnek alınarak yapılmıştı. Sahınlara ayrılmış dikdörtgen planlı apsisli bir ana mekândan oluşuyordu. Ancak zamanla, mezheplerin ayin düzenine, yüklendikleri işlevlere, ülkelere ve dönemlere göre farklı planlarda yapıldı. Gerek yapının mekân düzenlemesi gerekse iç dekorasyonu ilahi görkemi ortaya koyan, Tanrı'nın sonsuzluğunu anlatmayı amaçlayan değişiklikler geçirdi. Dinsel sahnelerin yer aldığı freskler ve renkli vitraylarla ruhani bir atmosfer oluşturuldu.

Hıristiyanlığın ilk yıllarında ve Ortaçağ'da hac amacıyla kutsal mekânların ziyaret edildiğine ilişkin kayıtlar vardır. Günümüzde de bu ritüel devam eder. II. yüzyıldan bu yana dinsel amaçla ziyaret edilen Kudüs Hıristiyanlar için Kâbe gibidir. İsa Peygamber bu kentte çarmıha gerilmiş, ölüp gömülmüş ve burada dirilmiştir. Sırtında çarmıhıyla yürüdüğü Haç Yolu bu kenttedir. Öldüğü kabul edilen alanın üzerindeki Kutsal Kabur Kilisesi İmparator I. Constantinus tarafından yaptırılmış, bugünkü biçimini 1810'da almıştır. İsa'nın yüzünün resminin çıktığı düşünülen Kutsal Kefen'in korunduğu İtalya Torino'daki San Giovanni Battista Katedrali bir diğer kutsal mekândır. Ortaçağ'da ziyaret edilen birçok aziz ve azize mezarı bugün de Hıristiyanların ibadet mekânlarıdır.

İtalya Assisi'de Aziz Francesco'nun, Fransa Tours'da Aziz Martinus'un, Almanya Fulda'da Aziz Bonifatius'un, İngiltere Canterbury'de Thomas Becket'in, İrlanda Downpatrick'te Aziz Patrick'in, Hindistan Goa'da Aziz Francisco Javier'in, Kanada'da Azize Anne de Beaupré'nin mezarları bu mekânlardan birkaçıdır. Son yıllarda Meryem Ana'yla ilgili mekânlar ya da ona adanan yerler de ziyaret edilir olmuştur. İzmir Efes'teki Meryem Ana Evi Hıristiyanların ilgi odağı haline gelmiştir. Manastır yaşamına özel bir önem veren Ortodokslar ise ünlü manastırları ziyaret ederek kutlu kişilerden yardım isterler.

Hıristiyan din ulularının başında İsa Peygamber, Meryem Ana ve On İki Havari gelir. Havarilerin isimleri Markos, Matta ve Luka İncillerinde şöyle sıralanır: Petrus, Zebedi'nin oğulları Yakup ile Yuhanna, Petrus'un kardeşi Andreas, Filipus, Bartolomeus, Matta, Tomas, Alfeus'un oğlu Yakub, Yakub'un oğlu Yahuda ya da Taddeus, Gayyur Simun ve Yahuda İskariyot. Hıristiyan tarihinde aziz ilan edilmiş papa, piskopos ve rahip vardır. Din adamları dışında Hıristiyanlığın yerleşmesine ve yayılmasına katkısı bulunan, haklarında dini hikâyeler anlatılan birçok aziz ve azize bilinmektedir.

Hıristiyanlar belirli tarihlerde yortu adı verilen dini bayramları kutlarlar. Yortuların temelinde İsa Peygamber'in çarmıha gerildikten sonra dirildiğine inanılan pazar gününün her hafta kutlanması vardır. Her pazar Tanrı'nın Günü ya da Diriliş Günü adıyla komünyonun eşlik ettiği bir ayin yapılırdı. Bu günümüzde de pazar ayini olarak devam etmektedir. Hıristiyan kiliseleri yıllık çevrimi düzenleyen altı yortu kabul ederler: Noel, Epifanya, Kutsal Cuma, Paskalya, İsa'nın Göğe Çıkışı, Pentekastes. İsa'nın doğum günü olan Noel'i Batı kiliseleri 25 aralıkta kutlar. Doğu kiliseleriyse hem doğumunu hem de vaftizini 6 ocakta Haçın Suya Atılması ayiniyle kutlar. Noel öncesi bir hazırlık dönemi vardır. Aralık ayının ilk pazar günü başlayan bu dönemde oruç tutulur. 6 ocakta kutlanan Epifanya'da Tanrı'nın Mesih kimliğinde görünüşünün anısına ayin yapılır. 22 mart-25 nisan arasındaki bir tarihte kutlanan Paskalya'da İsa Peygamber'in ölümünü ve dirilişini anımsamak için simgesel törenler yapılır. Paskalya'dan önceki cuma KutsalCuma'dır. Paskalya'dan sonraki 50. gününde kutlanan Pentekostes ise Kutsal Ruh'un Havariler üzerine inişinin anısınadır. İsa'nın Göğe Çıkışı ise Paskalya'dan sonraki 40. gün kutlanır. Zamanla bu temel yortulara yenileri eklenmiş ve bütün Hıristiyan kiliseleri için geçerli olmuştur.

Nur Yortusu (2 şubat): Meryem'in Kudüs Tapınağı'nda İsa'yı Tanrı'ya sunması ve İsa'nın Simeon'la karşılaşması.

Hurma Pazarı: Paskalya'dan önceki pazar günü İsa'nın Kudüs'e girişi anısına kutlanır.

İsa'nın Nura Bürünüşü: 6 ağustos.

Kutsal Haç: 14 eylül.

Müjde Yortusu (25 mart): Cebrail'in Meryem'e İsa'nın doğumunu müjdelemesi.

Meryem'in Göğe Çıkışı: 15 ağustos.

Ortodoks Kilisesi ayrıca Meryem'in Doğumu Yortusu (8 eylül) ve Meryem'in Kudüs Tapınağı'nı Ziyareti Yortusu'nu (21 kasım) kutlarlar.

Katolik Kilisesi için ise Aziz Petrus ve Aziz Paulus Yortusu (28 haziran), Günahsız Doğum Yortusu (8 aralık), Aziz Yusuf Yortusu (19 mart) ve Kutsal Yürek Yortusu (Pentekostes'ten sonraki üçüncü haftanın cuma günü) önemlidir.

Hıristiyanlığın inanç temelini ortaya koyan Credo (inanıyorum) ya da Nikaia Amentüsü diye bilinen dua Katolik, Ortodoks ve belli başlı Protestan kiliselerince benimsenmiştir. Duanın özü Baba-Oğul ve Kutsal Ruh'un birliğini kabul edip varlığını onaylamasıdır. Hıristiyan ibadetinde önemli olan bir başka dua İsa Peygamber'in Havarilerine öğrettiği ilk duadır. Latince Oratio Dominica (Efendi'nin Sözleri) ya da Pater Noster (Babamız) adlarıyla da bilinen Rabbin Duası'nın özü Tanrı'ya övgüdür. Onun yeryüzündeki krallığının kurulmasına ilişkin özlemi dile getirir. Hıristiyan kilise ve manastırlarında belirli dua saatleri vardır. Katolik Kilisesi yedi dua saati belirlemiştir. Ortodoks Kilisesi ise buna bir de geceyarısı duasını ekler. Ayinlerde okunacak dua ve metinler dua kitapçıklarında bir araya getirilmiştir. bu kitapçıklar günümüzde her ülkenin kendi dilinde hazırlanmıştır.

Katolik ve Ortodoks kiliselerinde yedi kutsama ayini benimsenir. Bunlar, vaftiz, komünyon, konfirmasyon, hastaya yağ sürme, günah çıkarma, nikâh, Ordinasyon'dur. Protestan Kilisesi ise vaftiz ve komünyon dışında kutsama ayini kabul etmez.

Hıristiyanlığa kabul edilmenin temel şartı olan vaftiz bazı farklılıklarla bütün kiliselerce uygulanır. Hıristiyan olmak isteyen kişi iman ikrarından sonra vaftiz edilerek kutsanır. Başlangıçta sadece yetişkinler vaftiz ediliyorken II. yüzyılda çocuk vaftizi de yapılmaya başlanmıştır. Günümüzde genellikle kişinin başından aşağı su dökülür, serpilir ya da damlatılır. Ancak kimi zaman vücudun tamamının ya da bir kısmının suya daldırıldığı da olur. Yeni doğan çocukların vaftizinde onlar adına iman ikrarında bulunacak vaftiz anne babalarının varlığı gereklidir. Çoğu Protestan kilisesi, çocuğun iman ikrarında bulunacak konumda olmadığını söyleyerek bebek vaftizi yapmaz.

Komünyon, Grekçe *euharistia* (şükran), Latince *communio* (paylaşma), Arapça *kudas* ya Aşai Rabbani (Rabbin Akşam Yemeği) adlarıyla bilinir. Bütün Hıristiyan kiliselerinin kabul ettiği ancak anlamı üzerine tartışmaların yapıldığı bir ayindir. Bazı Protestan kiliseleri dışındaki tüm Hıristiyan dünyası ekmek ve şarapta İsa Peygamber'in gerçek varlığının yer aldığına inanır. Protestan kiliseler ise bunun simgesel olduğunu söylerler. Onlara göre bu ayin inananların kendilerini İsa'yla birlikte hissetmesine yarar. Kutsanmış ekmek giderek başlı başına bir ibadet konusu haline gelmiş ve Corpus Christi (İsa'nın Bedeni) olarak özel kaplarda saklanmıştır. Ayinin özü İsa Peygamber'in Son Akşam Yemeği'nde havarilerine "İşte benim bedenim" "İşte benim kanım" diyerek sunduğu ekmek ve şaraba dayanır. Katolik Kilisesi'nde komünyon, missa ya da mes denilen törenler dizisi biçiminde gerçekleştirilir. Ortodoks Kilisesi'nde mayasız ekmek yerine mayalı ekmek kullanılır ve ekmek şarapla birlikte verilir.

Konfirmasyon, "pekiştirme" anlamına gelen Latince *corfirmatio* sözcüğünden kaynaklanır. Amaç vaftizli yetişkin Hıristiyan'ın dinle bağını güçlendirmesidir. Olağan koşullarda piskoposun yönettiği ayin kutsal yağla o kişinin alnı meshedilerek gerçekleştirilir. Hasta ya da ölen kişiye kutsal yağ sürülerek Tanrı'nın onun yanında bulunduğu anlatılmak istenir. Hıristiyanlığın başlangıcında topluca yapılan günah çıkarma günümüzde daha özeldir. Bir hücrede rahip ile günah çıkaran kişi arasında gerçekleşir. Protestan Kilisesi, içtenlikle pişmanlık duyarak dua eden Hıristiyan'ın aracı olmadan da affedileceğini düşünür. Ordinasyon ise din adamlarını belirli kademelere atarken onları kutsamak için yapılan ayindir. Bu ayinde de kutsal yağ kullanılır.

Oruç Hıristiyanların da titizle uydukları bir ibadet biçimidir. Paskalya Yortusu öncesindeki tövbe döneminde ve Noel arifesinde oruç tutarlar. Büyük Perhiz diye bilinen tövbe dönemi ibadet ve oruçla geçirilir. Katolik Kilisesi Büyük Perhiz'i Paskalya'dan 6,5 hafta önceki Küllenme Çarşambası'yla başlatır. Ortodoks Kilisesi ise 8 hafta önce başlatır. Başlangıç pazartesi gününe denk geldiği için Küllenme Çarşambası'nı kutlamazlar. Paskalya'dan önceki son hafta Kutsal Hafta'dır. Kutsal Hafta İsa'nın Kudüs'e girişinin anısına Hurma Pazarı Yortusu'yla başlar. Günümüzde Oruç kurallarına Ortodokslar daha sadıktır.

Diğer kiliselerde oruç biraz yumuşatılmıştır. Bazı Katolik ülkelerde Küllenme Çarşambası'ndan önceki gün tövbe Salısı adını alır. Büyük Perhiz boyunca yağ ve yumurta yemek yasak olduğu için bugün bu iki malzeme kullanılarak yassı bir çörek yapılır. Eskiden Küllenme Çarşambası'nda tövbe etmeye başlayanlar Kutsal Perşembe'ye kadar toplumdan uzak kalırlardı. Çula sarınır üstlerine kül serperlerdi. Bugün sadece önceki senenin Hurma Pazarı'nda kullanılan hurmaların küllerinden o kişinin alnına bir haç işareti yapılır.

IV. yüzyıldan bu yana Kutsal Hafta'nın her gününü İsa Peygamber'in başına gelen bir olaya ayırmak gelenek olmuştur: Yahuda'nın Peygamber'i ele vermesi ve İsa Peygamber'in komünyonu başlatması Kutsal Perşembe, çarmıha gerilişi ve ölümü Kutsal Cuma, gömülmesi Kutsal Cumartesi, dirilişi Paskalya Pazarı. Paskalya İsa Peygamber'in dirildiği ve Büyük Perhiz'in bittiği gün olduğundan coşkuyla kutlanır. tövde dönemi boyunca yenilmesi yasaklandığı için dirilişin ve yeni yaşamın simgesi olarak rengârenk boyanır. Paskalya, bütün kiliselerde ayin ve geçit törenleriyle kutlanır. Rum ve Rus Ortodoks kiliselerinde gece ayininden önce bir ayin alayı düzenlenir. Kiliseden çıkarken hiç ışık yakılmaz ama dönerken İsa Peygamber'in dirilişinin büyüklüğünü anlatmak için yüzlerce ışık yakılır.

İslamiyet

İslam "boyun eğme, teslim olma", "kurtuluşa erme", "uyuşma, anlaşma" anlamlarına gelir. Kendini Tanrı'nın iradesine teslim ederek esenliğe ve barışa ulaşmayı ifade eder. Kuran bu anlamıyla sözcüğü evrensel boyuttaki bir durumu anlatmak için kullanır. Vahyedilen bütün dinler İslam onlara uyanlar da Müslim'dir. Ancak zamanla bu sözcükler tek bir dini ve ona inananları ifade eder hale gelmiştir. Türkçe'deki söylenişleriyle İslam, İslamlık, İslamiyet, Müslümanlık Hz. Muhammed'in getirdiği dinin adıdır. Müslüman ise İslam'a inanandır. Araştırmacılar, İslamiyet'in egemen olduğu coğrafyadaki kültürel ve düşünsel gelişimi de aynı sözcükle adlandırırlar.

Tektanrılı dinlerin sonuncusu olan İslamiyet, VII. yüzyılda Hz. Muhammed önderliğinde Arap Yarımadası'nda ortaya çıktı. O dönemde Arap Yarımadası'nda tektanrılı bir inanç vardı ama çoktanrıcı özellikler gösteriyordu. Yaratıcı tanrı Allah'ın aracısı olan tanrı ve tanrıçalara tapılıyordu. Bu tanrı ve tanrıçaların heykellerinin bulunduğu Kâbe bu yüzden kutsal bir mekândı. Kaynaklarda Arabistan'daki bu dönem "Cahiliye Devri" olarak adlandırılır. Ama bu bildiğimiz anlamda cahillik değildir. Arap edebiyatında "gurur, kibir, gözüpeklik" gibi anlamlar yüklenen sözcük ayrıca o dönemdeki saldırganlık ve bir ölçüde de acımasızlığı ifade ediyordu. Kabilenin varlığını koruması ve her şeyin üstünde tutulması Cahiliye Devri'nin temel ahlaksal erdemiydi. Kabile üyeleri bağlı bulundukları kabilenin egemenlik sınırları içinde özgürdü. O sınırın dışında değil. Kabileler arası savaşların kasıp kavurduğu bu coğrafyada bir gün önce efendi olan bir gün sonra köle olarak alınıp satılabiliyordu. Kadınlar bu durumdan en zararlı çıkan cinsti. Toplumsal kademelenmenin en üstünde sınırsız haklara sahip soylular vardı. Azatlı kölelerin ve cariyelerin oluşturduğu sınıf belirli ölçüde hak sahibiydi. En aşağı tabaka olan köleler ve cariyeler ise efendisinin malıydı. Toplumun kuruluşundaki adaletsizlik ardı arkası kesilmeyen savaşların yol açtığı karmaşayla daha da güçleniyordu.

Ancak bütün bu kaos ve acımasızlığa karşın ince bir edebiyat zevkinin varlığını inkâr etmek mümkün değildir. Cahiliye Devri'nin temel yaşam amacı hayatın zevklerinden olabildiğince yararlanmaktı. Bu düşünceyi kadın, aşk, şarap konulu şiirlerden ve sefahat alemlerinin zenginliğinden anlamak mümkündür. Yaşanan karmaşanın ondan zarar görenleri mutlu etmediği açıktır. Ancak Kureyş kabilelerinden Haşimoğullarının ileri gelen ailelerinden birine mensup olmakla birlikte kaos ortamından memnuniyet duymayan biri daha vardı. 570'te Mekke'de doğan Ebu'l-Kasım Muhammed öksüz ve yetim büyümüştü. Ticaretle uğraşıyordu. Yaşanan toplumsal çöküntü onu düşündürüyordu. İnsanlık onurunu ayaklar altına alan böylesi bir düzenin yol açtığı kötülük ve acımasızlık üzücüydü. Otuzlu yaşlarında zaman zaman Hira Dağı'ndaki mağaraya kapanarak tefekküre yöneldi. Yaklaşık on yıl kadar süren bu dönem Ebu'l-Kasım Muhammed'in manevi anlamda arınıp aydınlanmasına yaradı. 610 yılında, mağarada düşünceye dalmışken Kuran'ın ilk ayeti indi:"Yaratan Rabbi'nin adıyla oku!" Aynı zamanda Cebrail aracılığıyla Tanrı onu elçisi seçtiğini de bildirdi. Büyük bir korkuya kapılan Hz. Muhammed eşi Hz. Hatice'nin önerisiyle amcaoğlu Varaka bin Nevfel'e danışmaya gitti. Kendisinin gördüğü meleğin Musa Peygamber'e inen melek olduğunu öğrenince rahatladı. İlk vahiyden sonra uzun bir süre başka vahiy gelmedi. Fetretü'l-vahy olarak bilinen bu süre sonunda gelen ayetlerde peygamberliğini açıklayarak Tanrı'nın birliğini anlatması emredildi. Hz. Muhammed Tanrı buyruğu uyarınca ilk önce yakınlarına daha sonra tüm Mekkelilere peygamberliğini açıkladı. Allah'tan başka tanrı olmadığını kendisinin de onun elçisi olduğunu söylemeye başladı. Allah'a ortak koşmanın, putlara tapmanın günah kabul edildiğini anlattı. Hz. Muhammed'e ilk inananlar eşi Hatice, amcası Ebu Talib'in oğlu Hz. Ali ve azatlı kölesi Zeyd bin Harise'ydi. İlk Müslümanlar arasında köleler, cariyeler, çobanlar bulunduğu gibi zengin tüccarlar da vardı. Habeşli zenci köle Bilal, koyun çobanı Abdullah bin Mesud, azatlı köle Habbab bin Eret, Teym kabilesinin ileri gelenlerinden Ebubekir ile Ümeyyeoğullarından tüccar Osman bin Affan ilk iman edenlerden birkaçıdır. Genç Müslümanlardan Erkam'ın Safa Tepesi eteklerindeki evinde toplanıyorlardı. Gelen vahiyler burada Müslamanlara aktarılıyor, önceki ayetler okunup ibadet ediliyordu. İki rekât namazdan ibaret olan ibadetlerini evin dışındayken gizlice yerine getiriyorlardı. Ancak sayıları 150'yi aştıktan sonra ve özellikle de Ömer bin Hattab Müslüman olduktan sonra zaman zaman Kâbe'de ibadet ediyorlardı. Mekke aristokrasisi onların uygun gördüğü toplumsal yapıyı bozan bu inanca şiddetle muhalefet ettiler. İlk önce Hz. Muhammed'i çeşitli vaatlerle kandırmaya çalıştılar. Sonuç elde edemeyince baskı ve işkenceye başladılar. Kabilesinin koruması altında bulunduğu için Peygamber'e aşağılamaktan ve hakaret yağdırmaktan başka bir şey yapamadılar. Ancak korunmasız kölelere ve yoksullara akla gelmez işkenceler yaptılar. Bunun üzerine Hz. Muhammed onlara yaşamlarını rahat sürdürebilecekleri Habeşistan'a göçme iznini verdi.

Haşimoğulları'nın başında bulunan amcası Ebu Talib'in ölümünden sonra Hz. Muhammed'in Mekke'de kalması zorlaştı. Daha önce kendisine biat etmiş olan on iki Medineli'nin Medine'ye göçmesi önerisini kabul etti. İslamiyet tarihine Hicret (göç) adıyla kaydedilen ve hicri yılbaşı kabul edilen bu olayla farklı bir dönem başladı. 622 yılının 28 haziranında Medine'ye göçen Hz. Muhammed orada küçük bir devlet kurdu. Yahudilerle anlaşmalar imzaladı. Medine dışındaki kabileler de İslamiyet'i kabul ettiler. Mekkeliler bu gelişmeler karşısında tedirgindiler. İslam'ın yayılmasını durdurmak için saldırıya geçtiler. Bedir (624), Uhud (625) ve Hendek (627) savaşlarında büyük kayıplar verdiler, fakat amaçlarına ulaşamadılar. Hudeybiye Anlaşması'nı (627) imzalamak zorunda kaldılar. Hz. Muhammed bu barış döneminde Bizans, İran, Habeşistan hükümdarlarına mektuplar gönderdi. Onlara Allah'ın birliğini anlatarak İslam'a davet etti. Mekkeliler'in anlaşmayı bozması üzerine 10 bin kişilik bir ordu oluşturarak kentin kapısına dayandı. 630 yılındaki Humeyn Savaşı'yla Mekke'ye girdi. Artık ilerlemenin önünde gengel kalmamıştı. Peygamber'in 632 yılındaki ölümünden sonra Dört Halife Dönemi başladı. Hz. Ebubekir, Hz. Osman, Hz. Ömer ve Hz. Ali dönemlerinde İslamiyet'i yaymak amacıyla büyük fetihler gerçekleştirildi. Mısır, Filistin, Suriye, Libya, Mezopotamya ve Irak'ın büyük bölümünde İslamiyet egemendi. Şam'ı merkez kabul eden Emevi hanedanı döneminde ise Orta Asya'da Çin sınırına gelindi, Konstantinopolis kuşatıldı ve Hindistan'a girildi. Avrupa içlerinde ilerleyen Emevi orduları İspanya'ya girdi. 750'de ilk önce Kûfe'yi sonra Bağdat'ı başkent seçen Abbasiler'in yanı sıra İspanya'da da Endülüs Emevi devleti vardı. IX. yüzyıldan sonra kurulan birçok devlet ve imparatorluk İslamiyet'in yayılmasına katkıda bulundu. Osmanlı İmparatorluğu XVI. yüzyılda halifeliği elde ettikten sonra İslam dünyasının önderi konumuna geldi. Günümüzde 1 milyara yaklaşan dünya nüfusuyla İslam dini en yaygın dinlerden biridir. Bütünüyle Müslüman olan ya da nüfusunun büyük çoğunluğu Müslümanlardan oluşan ülke sayısı 40'ı aşar. Birçok ülkede de Müslüman nüfus belli başlı azınlık konumundadır. Asya, Afrika ve Yakındoğu'da birçok ülke Müslüman'dır. Türkiye gibi İslamiyet'i seçmekle birlikte laik yönetim modelini kabul eden ülke sayısı çoğunluktadır. Ancak şeriat yönetimini benimsemiş ülkeler de azımsanmayacak sayıdadır.

Müslümanların Tanrı'ya verdiği ad olan Allah, İslamiyet öncesinde Arapların tanrısının da adıydı. Sözcüğün etimolojik kökeni hakkında en yaygın görüş El İlah'tan türediği yönündedir. İslam düşüncesinde, Tanrı'nın Esma ül Hüsna (güzel adlar) denilen 99 adı daha vardır. Ama onların tümünün anlamlarını içerdiği için Allah en üstünüdür.

İslam dininin inanç ve ibadet ilkelerini içeren Kuran Müslüman'ın rehberidir. Bireysel ve toplumsal yaşamın düzenlenmesiyle ilgili ayetlerin yanı sıra yöneten-yönetilen ilişkisini belirleyen kuralları da Kuran'da görmek mümkündür. İslam düşüncesine göre din sadece inanç sorunu değildir, kişinin ve toplumun nasıl yaşayacağını da belirler. Hz. Muhammed'in hal ve hareketleri (sünnet) ile söyledikleri (hadis) de Müslüman için yol göstericidir. Kutsal kitap Kuran Hz. Muhammed'e vahiyler halinde gelmiştir. Ayetler başlangıçta taş, yaprak, deri vb çok değişik malzemeye yazılmıştır. Bu dağınıklık Halife Hz. Ebubekir döneminde giderildi. Zeyd bin Sabit tarafından nüshalar toplanıp bir araya getirildi. Mushaf adı verilen kitap Halife Hz. Osman tarafından çoğaltıldı. Dört nüsha yazılıp orijinal Mushaf yakıldı. Nüshalardan biri Medine'de bırakılıp diğerleri Şam, Kûfe ve Basra'ya gönderildi. 23 yılda ayetler ve sureler halinde inen Kuran 114 sureden oluşur. Ayet sayısında çelişkiler vardır. 6 200 ayetin üzerinde olduğu söylenebilir. Ancak halk arasında 6 666 ayetten oluştuğu biçiminde bir inanç vardır. İslam inancına göre ve Kuran'da da işaret edildiği gibi Hz. Muhammed'den önce gelen bütün peygamberler kutsaldır. Hz. Muhammed ve onun Ehl-i Beyt'i (Ev Halkı) yani kızı Hz. Fatma, damadı Hz. Ali, torunları Hz. Hasan ve Hz. Hüseyin Müslüman dünyasınca kutsal kabul edilen kişilerdir. Hz. Ebubekir, Hz. Osman, Hz. Ömer, Hz. Hamza İslamiyet'in kurulup yayılmasında önderlik eden din büyükleri olarak saygı görürler. Fetihler döneminde savaşlar sırasında şehit düşen asker ve komutanlar sonradan eren, evliya mertebesine yükseltilmiştir. İstanbul Eyüp'teki Eyüp Sultan Camisi'nde türbesi bulunan Ebu Eyyub el-Ensari Konstantinopolis'in kuşatılması sırasında ölen askerlerden biridir. Mezhep ve fırkaların önderleri, tarikat pirleri İslamiyet'in kutsal kabul edip özel saygı gösterdiği insanlardır. On İki İmam ise Şii ve Alevilerin ibadet ve dualarında adını zikrettikleri din büyükleridir.

Müslümanların ibadet mekânı camidir. İslamiyet'in ilk yıllarında ibadet etmek için çok değişik alanlar kullanılmıştır. Zaman zaman Kâbe'de namaz kılındığı olmuştur. O dönemdeki adlandırılışıyla ilk mescid Hz. Muhammed'in Hicret sırasında Medine yakınlarında Kuba'da yaptırdığı binadır. Binyıllar içinde plan ve mimarisi değişikliğe uğrayan cami toplumsal iletişim açısından da önem taşır. Ülkelere göre farklı plan tipleri gösteren bu ibadet mekânı başlangıçta kubbesizdi. Müezzinin ezan okumak için üzerine çıktığı yüksekçe yer zamanla minare biçimini aldı. Biçimleri farklı olsa da bütün camilerin ortak noktası planlarının, ibadet sırasında cemaatin yüzlerinin kıbleye bakacak biçimde düzenlenmesidir. Klasik bir Osmanlı camisi iç ve dış avluyla ana ibadet mekânından oluşurdu. İç avluda abdest alınması için bu şadırvan yer alırdı. Ana ibadet mekânında kıble duvarında imamın durduğu mihrap nişi vardır. Mihrabın sağında merdivenle çıkılan yüksek bir kürsü olan minber bulunur. Minber hutbe okumak ve topluluğa hitap etmek için kullanılır. Vaaz kürsüsü mihrabın solundadır. Caminin arkasında bir iki basamakla çıkılan kadınlara ayrılan bölüm kadınlar mahfilidir. Müezzinlerin bulunduğu, ayaklar üzerinde yükseltilmiş mekân ise müezzin mahfilidir. Osmanlı camilerinde ışıklandırma ve akustik çok iyi çözümlenmiştir.

İslamlık'ta en kutsal mekân hac ibadetinin yapıldığı Mekke'deki Kâbe'dir. İlk Müslümanlar, Müslüman olmayanların Kâbe'nin yakınına sokulmasını yasaklamıştı. Çevresiyle birlikte Harem-i Şerif adını alan yapı; Beytullah (Allah'ın Evi), Beytü'l Haram (Kutsal Ev), Beyt'ül Atik (Eski Ev) ve Mescidü'l Haram (Kutsal Mescid) olarak da bilinir. kabe Kuran'a göre insanlar için kurulan ilk evdir. İbrahim Peygamber oğlu İsmail Peygamber'le birlikte inşa etmiştir. Âli İmran, Bakara, Maide ve Hacc surelerinde Kâbe'nin kutsallığı vurgulanır. 12x15 m boyutlarında dikdörtgen planlı bir yapıdır. Yörenin siyah renkli taşından yapılmıştır. Geleneğe göre kisve ya da sitare denilen siyah bir örtüyle örtülür. Yakınında Makam-ı Hz. İbrahim denilen bir taş ve Zemzem Kuyusu vardır.

Hz. Muhammed, Hz. Ebubekir ve Hz. Ömer'in mezarlarının bulunduğu Medine'deki Mescid-i Nebevi diğer bir kutsal yapıdır. VIII. yüzyılda burada Emevi Halifesi I. Velid tarafından dört minareli bir cami yapılmıştır. Hz. Muhammed'in mezarı da cami içine alınmıştır.

Kudüs diğer dinler için olduğu kadar Müslümanlık için de kutsaldır. Eski Kent'teki Haremü's Şerif'teki Kubbetü's Sahra ve güneyindeki Mescid-i Aksa ziyaret mekânlarıdır. Hz. Hamza'nın kalkanının, Hz. Muhammed ve Hz. Ömer'in bayraklarının korunduğu Kubbetü's Sahra kutsal kabul edilen bir kayanın üzerindedir. İnanışa göre. İbrahim Peygamber burada kurban kesmiştir. Davud Peygamber burada Tanrı'ya dua etmiştir. Nuh'un gemisi bu kayanın üzerine oturmuştur. Hz. Muhammed Mirac sırasında Burak'a binerken ayağını buraya koymuştur. Ayrıca İsrafil sur düdüğünü burada üfleyecektir. Mescid-i Aksa ise Bizans İmparatoru I. İustinianos tarafından VI. yüzyılda inşa edilen bir bazilikadır. 638'de Kudüs'ü alan Hz. Ömer yapıyı camiye çevirtmiştir. İsra Suresi'nde Allah'ın Hz. Muhammed'i Mescid-i Haram'dan alarak Mescid-i Aksa'ya getirdiği yazılıdır.

Hz. Ali'nin Kûfe'deki ve Hz. Hüseyin'in Kerbela'daki mezarları da belirli dönelerde ziyaret edilen kutsal mekânlardır. Ayrıca her Müslüman ülkenin din büyüğü olarak saygı gösterdiği ve kutsallaştırdığı isimler vardır. Bu din adamlarının mezarları ya da makamları ziyaret edilen kutsal alanlardandır.

Müslümanların iki dini bayramı vardır: ramazan ya da şeker bayramı ve kurban bayramı. Ramazan ayının sonunda kutlanan şeker bayramı uzun bir orucun bitişinin müjdecisidir. Üç gün süren bu bayramda fitre vererek yoksulları sevindirmek vacib kılınmıştır. İki ay on gün sonra kutlanan kurban bayramı dört gün sürer. İlk üç gününden herhangi birinde kurban kesmek vaciptir. Bayramlar dışında kandil adı verilen dört kutsal gece vardır. Hz. Muhammed'in doğumunun kutlandığı rebiyülevvel ayının 12'sine rastlayan gece Mevlit kandilidir. Recep ayının 27. gecesi göğe yükselişinin kutlandığı mirac kandili, ilk cuma gecesi de ana rahmine düşüşünün kutlandığı regaip kandili vardır. İnsanın kaderinin çizildiğine inanılan berat kandili ise şaban ayının 15. gecesidir. Din adamları başlangıçta Kuran'da yer almadığı gerekçesiyle kandillerin kutlanmasına karşı çıkmışlardır. Yapılan toplu ibadetler giderek gelenek halini alınca hoşgörü göstermişlerdir. Hicret'ten üç yüzyıl sonra ilk kez Mısır'da mevlit kandili kutlanmıştır. Mirac, regaip ve berat kandilleriyse dört yüzyıl sonra Kudüs'te kutsal geceler olarak kabul edilmiştir. Kuran'da kutsal olduğu belirtilen tek gece olan kadir gecesi ramazan ayının 27. gecesi kutlanır. İnanışa göre bu geceyi ibadetle geçiren kişinin bütün günahları bağışlanır.

Hicri takvimin birinci ayı olan muharrem savaşmanın yasak olduğu aylardan biriydi. İslamiyet öncesinde bu ayın 10. günü kutsal sayılır, oruçla geçirilirdi. Hz. Muhammed de başlangıçta bugün oruç tutmuş ve tutulmasını istemiştir. Ancak ramazan orucu farz kılınınca muharrem orucu bırakılmıştır. Yalnızca Şiiler ve Aleviler muharrem ayında 10 gün oruç tutarlar. Bu bazen 12 ya da 15 gün olabilir. Sonunda aşure günü kutlanır; bugün aşure adlı tatlı yapılarak yenir. Bugüne çeşitli anlamlar yüklenmiştir. Âdem Peygamber'in tövbesinin kabul edildiğine, Nuh Peygamber'in gemisinin Cudi Dağı'na oturduğuna, İbrahim Peygamber'in ateşten kurtulduğuna ve Yakup Peygamber'in oğlu Yusuf'a kavuştuğuna inanlıır. Şiiler ile Aleviler içinse Kerbela Olayı'nın acı anısıyla kutsanmış bir gündür. Şiiler kendilerine eziyet ettikleri törenlerle Kerbela Olayı'nı anımsarlar. Muharrem ayı boyunca Hz. Ali ve soyunun mezarlarını ziyaret ederler.

İslam'ın ibadet esasları Kuran'da beş şarta bağlanmıştır. Birincisi, Allah'ın birliğine ve Hz. Muhammed'in onun elçisi olduğuna duyduğu inancı dille belirtmektir. Kelime-i Şehadet denilen bu cümleyi söylemek, İslamiyet'e girmek isteyen bir kimsenin Müslüman sayılması için yeterlidir. İkinci şart, namaz kılmaktır. Kâbe'ye (kıble) dönerek sabah, öğle, ikindi, akşam ve yatsı olmak üzere günde beş vakit Allah'a secde etmek gerekir. Minareden okunan ezanın çağrısıyla abdest alıp bedensel pisliklerden arınmış olarak ibadet yerine getirilir. Üçüncü şart, Hicret'in ikinci yılında farz kılınan zekâttır. Zengin bir Müslüman her yıl malının kırkta birini fakir Müslüman'a vermekle yükümlüdür. Dördüncü şart yine Hicret'in ikinci yılında farz olunan ramazan orucudur. Ramazan ayı boyunca gün doğumundan gün batımına hiçbir şey yiyip içmemek gerekir. gün doğumundan önce yenen sahur yemeğiyle oruca niyetlenilir. Günbatında iftar yemeğiyle oruç açılır. Ramazan ayında her zamankinden daha hoşgörülü olmak, kırıcı, incitici davranışlarda bulunmamak önemlidir. Beşinci şart, maddi gücü yetebilen her Müslüman'ın ömrünün bir döneminde hacca gitmesini öngörür. Hac, Mekke'ye giderek Kâbe'yi ziyaret edip ibadet etmektir. İhrama bürünmek, Arafat'ta dua ederek tefekkürle beklemek ve Kâbe'yi tavaf etmek üç temel farzdır. Bunların dışında vacip ve sünnet kabul edilen uygulamalar da vardır. Kurban kesmek, şeytan taşlamak, yedi defa tavaf etmek bu uygulamalardan birkaçıdır.

Çoktanrılı dinlerdeki kurban ritüeli tektanrılı dinlerde farklı biçimlerde karşımıza çıkar. İslamiyet'te Hicret'in ikinci yılında vacib kılınan bu yükümlülüğü yerine getirebilmek için zengin olmak ve seferi olmamak gerekir. Kümes hayvanı ile eti yenebilen yabani hayvan kurban edilemez. Önemli olan hayvanın kanını akıtmaktır. Kurban bayramında kesilen kurbanın bir kısmını ayırıp geri kalanını yakınlara ve yoksullara vermek sevaptır. Ancak kefaret ve adak kurbanları dağıtılır, yenmez.

İslamiyet ilk dört yüz yıl içinde çok sayıda mezhebe ve fırkaya ayrılmıştır. Mezhepler fıkıh alanındaki görüş ayrılıklarıyla oluşmuştur. Fırkalar ise siyasal ve ekonomik anlaşmazlıklar sonucu ortaya çıkmıştır. İlk temel ayrışma Hz. Muhammed'in ölümünden sonra gerçekleşir. Hz. Ali yandaşları ya da Şia, Peygamber'in damadının onun doğal vârisi olduğunu dolayısıyla yerine geçmesi gerektiğini savundular. Diğerleriyle kurulmuş olan İslam devletinin siyasi bir seçimle deva ettirilebileceğini savundular. Böylece ilk halife Hz. Ebubekir seçildi. Daha sonra sırasıyla Hz. Ömer, Hz. Osman ve sonuncu olarak Hz. Ali halife oldular. Halife seçiminden yana olanlar Hz. Muhammed'in sünnetine ve ilk Müslümanlara bağlılıklarını göstermek için kendilerine Sünni dediler. Daha sonra oluşan mezheplerin üyelerine de Ehl-i Sünnet adını verdiler. Hz. Ali'den yana olanlara ise Şii denildi. VIII. ve IX. yüzyıllarda oluşan Sünni mezheplerden dördü günümüze gelebildi: Ebu Hanife'nin kurduğu Hanefilik, Ahmet bin Hanbel'in kurduğu Hanbbelilik, Malik binEnes'in kurduğu Malikilik, Muhammed bin İdris el-Şafii'nin kurduğu Şafiilik. Bugün İslam ülkelerinin çoğunda Sünnilik egemendir. Şiilik İran, Irak ve bir olasılıkla Yemen'de çoğunluktadır. Suriye, Lübnan, Doğu Afrika ve Pakistan'da Şii topluluklar vardır. Şiiler Hz. Ali ile onun soyundan gelenlere önem verirler. Dinsel önder olarak kabul ettikleri On İki İmam ibadetlerinde özel yer tutar. Hepsi de Hz. Ali soyundan gelen bu imamlar şunlardır: Hz. Ali, Hz. Ali'nin oğlu Hz. Hasan, Hz. Ali'nin küçük oğlu Hz. Hüseyin, Hz. Hüseyin'in oğlu Zeynelabidin, Zeynelabidin'in oğlu Muhammed Bakır, Muhammed Bakır'ın oğlu Caferi Sadık, Caferi Sadık'ın oğlu Musa Kâzım, Musa Kâzım'ın oğlu Ali Rıza, Ali Rıza'nın oğlu Muhammed Taki, Muhammed Taki'nin oğlu Ali Naki, Ali Naki'nin oğlu Hasan Askeri ve Hasan Askeri'nin oğlu Muhammed Mehdi. Şiiliğin bugün en yaygın üç mezhebi Zeydiye, İsmailiye, İmamiye'dir. Bugün Suudi Arabistan'ın resmi mezhebi olan Vehhabiler ise XVIII. yüzyılda Muhammed bin Abdülvehhab'ın etkisiyle oluştu. Siyasal yanı güçlü olan mezhep Kuran ve sünnet dışında hiçbir dayanak kabul etmez. Allah'a ortak koşanlara onun birliğini kılıçla anlatmak gerektiğini ve bu insanların mal ile canlarının helal olduğunu savunur.

İslamiyet'teki 5 farzın açılımı

Bu bölümde Müslümanlığın 5 şartını daha derin bir açıdan ele almaya çalıştım. İslamiyet'le ilgili gereksiz pek çok tartışmayla boş yere enerji harcanır, ama bu sistemin ritüellerinin derinde yatan anlamına veya teknolojisine çok az kimse gerçekten kafa yormaktadır. Kitabın bazı bölümlerinde de belirttiğim gibi dünya artık Balık Çağı'ndan Kova Çağı'na geçiş yapmaktadır ve kısacası körü körüne inanma, sorgulamadan kabullenme yerine bir olayın altında yatan teknolojiyi ve bilimselliği araştırıp kavrayarak karar verme dönemi gelmektedir. Aslında bizler Yaradan'ın teknolojisini tamamen kavrayabilmekten çok uzağız, ama onun uygun gördüğü dönemlerde uygun gördüğü kadar bilgi beynimizde açılıma uğrayacaktır. Size yukarıdaki bölümlerde dinlerle ilgili, yorumsuz olmaya çalışarak ve referanslı olarak bilgiler verdim. Burada ise İslamiyet'te var olan 5 FARZ'ı açıklamaya çalışacağım.

Maalesef toplumumuzda pek çok kişi olayın özü yerine detaylara o kadar çok enerji harcıyor ki bazı önemsiz detaylarda boğulurken olayın özünü oluşturan bölümden yeterli yararı alamıyorlar. Oysa diğer dinler gibi bu sistem de bizim iyiliğimiz için kurulmuştur. Yüce Yaradan'ın bizim ritüellerimize ihtiyacı yok! Bizim bu önerilen sistemle enerji toplamaya ve ölüm dediğimiz boyut değiştirme sonrasında bu enerjiyi kullanmaya çok ihtiyacımız var. Ama kalp gözünü (çakrasını) açanlar, bu ritüelleri neden yaptıklarını hissederek ve kavramaya başlayarak yaparlar; çok daha derin ibadet yapacaklarından daha çok verim alırlar.

Farzlar aynı İngilizcedeki *must* kelimesinin karşılığı olan kesin zorunluluk, mecburiyet, olmazsa olmaz gibi kesin bir anlamı içerirler. Diğer detayları veya kuralları uygulayıp uygulamamak ise bu 5 farzın yapılmasından sonraki bir seçimdir.

1. Kelime-i şehadet getirmek: Bir sisteme girmek isteyenler önce o sisteme entegre olmak için gerekli başvuruyu yapmak zorundadırlar. Bilgisayarınız olabilir ama Windows 2006 programını veya en son çıkan programı alıp bilgisayarınıza yükler ve enter yaparsanız daha sonra bu programdan yararlanarak yapacağınız her işlem sizin hesabınızda kayıtlı tutulur. İslamiyet'in ilk koşulu olan Kelime-i Şahadet getirmek en önemli ve ilk olarak yapılması gereken kuraldır. Bu kuralı yerine getirmeden eğer diğer şartları yapsanız da bu işlemler sonucu açığa çıkardığınız enerji (sevap), sizin adınıza bir hesap olmadığından nerede toplanacağı meçhuldür. Yani aynen bankada hesap açmak gibi. Önce bir banka seçip o bankanın sistemine dahil olup hesabınızı açmanız gibi. Yoksa sadece o bankada ortaya isimsiz para yatırmış olursunuz. Bilgisayarınıza çalıştırmak için seçtiğiniz yazılım programını yükledikten sonra artık o yazılım programı size bir işlem kaydı başlatmıştır. Bu program size kendi bilgisayarınızı en doğru kullanmanız için bazı kolaylıklar sağlar ve bilgisayarınızdan maksimum verim almanız için de size bu aleti yani kendinizi nasıl kullanmanız gerektiğiyle ilgili bazı ipuçları verir. Artık sizin de o yazılım programının bir kullanıcısı olarak şifreniz vardır. Kısacası bu işlem, "Bilgisayarımı onu üreten kişinin kullanım koşullarına uyarak onun uygun gördüğü şekilde kullanacağım" demektir. Ayrıca hangi yazılım programını kullanacaksanız onun manuelini ve kullanım kılavuzunu (kutsal kitap) edinmenizde yarar var. Bu yazılım programlarının ruhsatı ve distrübitörlük belgesi de ancak tayin edilen kişilere (peygambere) verilmiştir. Yani bu birinci farz ile bir programa entegre olmak isteyen kişi önce âdeta sözlü bir anlaşma yapmakta ve o programın yaratıcısını ve kendisinin bulunduğu bölgede bu programın ruhsat yetkisini elinde tutan distribütörünü tanıdığını ve kabul ettiğini belirten belgeyi imzalar.

2. ***Oruç tutmak:*** Beden sürekli ruha kuvvetli bir çekim alanı oluşturur. Ruh aslında çok ince düzeyde bir enerjidir ve oldukça akışkandır. Ancak insan bu boyuttaki deneyiminde bedeninin çekim alanındadır ve belirli sınırlamaları vardır. İnsan bedeninin yemek yemesi, cinsel ilişkileri, içmesi, sigara gibi pek çok fizyolojik faaliyetler insanın aurasını (bedeni çevreleyen enerji alanı) etkiler. Bu tür bedensel faaliyetler ruhu daha kaba düzeye çeker ve aurayı bedene daha da yakınlaştırır.

Bedenin ruh üzerindeki çekim alanının azalıp auranın genişlemesi için bazı yöntemler vardır, oruç da bu yöntemlerin en etkililerinden biridir. Yemeyerek, içmeyerek, sigara ve dumanlı maddeler kullanmayarak, kan almayarak, cinsel ilişkide bulunmayarak bedenin az enerji harcamasını ve arı bir halde olmasını sağlarız. Bağırsaklar boşalmış ve az çalışır, mesane boş ve idrar yolları az çalışır, akciğerler temiz, cinsel organlar ise dinlenmededir. Çakralar akması gereken yönde akmaktadır. Kısacası insanın kanalları açık, aurası genişlemiş ve hassastır, kozmik yayınları daha iyi alabilir ve ruhsal boyutuna daha çok enerji yükleyebilir. Çünkü beden kaba düzeydeki faaliyetleriyle ruhsal yapıyı daha kaba düzeye çekmemektedir.

İşte böyle ruhsal ve bedensel detoks günlerinde sadece kuru kuruya bir açlık yetmez. Ruha da oruç tutturarak sapkın düşünceler, öfke, şiddet, sinirlilik, küfür, edepsizlik, ahlaksızlık gibi olumsuz enerji içeren düşüncelerden uzak tutmak gerekir. Tersine olumlu ve ulvi düşünceler, yardımseverlik, sevgi dolu faaliyet ve düşünceler, meditatif bir ruh hali ve içten yapılan ibadet ve her türlü pozitif enerji içeren düşünceler içinde olmak gerekir. Bu dönem sırasında bedensel ve ruhsal yapacağınız her türlü eyleme ve düşünceye evrenin tepkimesi misliyledir, çünkü ruhsal yapı bedensel çekim alanının azalmasıyla daha genişlemiştir. Yazılım programı içindeki her şeyi kayıt altında tutan mekanizma bu dönemde ruhsal boyuta daha çok enerji yüklendiğini saptayacaktır. Kadınların âdet görürken oruç tutmamasının nedeni de 1. ve 2. çakralar olan kök ve cinsel çakraların bu dönemde kanama ile temizlik faaliyetinde olması ve aurada delik olmasındandır. Enerjilerin yönü daha ulvi olan yukarıdaki 6. ve 7. çakralara doğru değil tersine bedenin altına doğrudur.

Maalesef pek çok kişi oruç tutmanın altındaki derin anlamı bilmemekte ve orucu sadece güneşin doğması ile batması arasındaki saatlerde aç ve susuz kalma eylemi gibi algılamaktadır. Oysa Yüce Yaradan'ın bizim aç kalmamıza hiç ihtiyacı yoktur; oruç, insanın ruhsal gelişimi ve ruhsal boyutuna daha çok olumlu enerji yükleme fırsatıdır. Oruçlu bir kişinin küfretmesi, edepten uzak düşünceler içinde olması, başka insanların ve canlıların hakkını yemesi, o kişi için çok ters olabilir, çünkü kişinin o esnada daha açık olan kanalları her türlü eyleme ve düşünceye misliyle reaksiyon vermektedir.

Kısacası oruç ayıp olmasın diye tutulan veya bir aç kalma ritüeli değildir, ölün dediğimiz boyut değiştirme sonrasında bize gerekecek yakıtı, enerjiyi kendimize yükleyebilmemiz için bir olanaktır. Kalpten ve olumlu duygu ve eylemlerle yapılırsa bu enerji akışı çok daha etkin ve derin olacaktır. Ayrıca oruç tutarken bedene eziyet etmeyin. İyi ve sağlıklı beslenin. Sağlıklı ve mantıklı beslenme ve bedenin sağlığına da dikkat etme, bedende sorun çıkmasının önüne geçerek ruhun bedene yoğunlaşmasına engel olur.

3. Namaz kılmak: Namaz, günün enerjik olarak özel zamanlarında yapılan bir ritüeldir. Yoga hareketleri gibi hem bedene etki eder hem de bedendeki özel enerji alanlarını çalıştırır. Her namazda ruhsal yapıya olumlu enerjiler yüklenir. Namazı kılarken de kalp çakrası açık olmalıdır. Eğilip kalkıp, ayıp olmasın diye veya hissetmeden okunan dualar ile içten ve âdeta tanrısal aşk içinde kılınan namaz arasında derinlik açısından oldukça fark vardır. Toplu kılınan namazda hizaların aynı olması çok önemlidir, çünkü selam verme aşaması namazın en son bölümüdür ve kişiler topladıkları olumlu enerjileri birbirlerinin beyne en yakın ve en açık bölümü olan kulak arkası ve enseye üflerler, âdeta birbirlerini olumlu enerjiyle kutsarlar.

Yön, kutsal kabul edilen ve üst boyuta en yakın nokta ve geçiş kapısı olan Kâbe'ye doğru mümkün olduğunca doğru konumlandırılmalıdır. Burası ana "kayıt depolama ve ana bilgisayara aktarım" noktalarından biridir ve namaz ritüellerinde toplanan enerji herkesin kendi hesabında (account) daha sonra kullanılmak üzere toplanmaktadır. Yön doğru olmazsa yanlış hesaba para yatırabilirsiniz veya para hesabınıza tam olarak geçmeyebilir. Ayrıca bir kişinin günde 5 kez bedenin bazı noktalarını biriken olumsuz enerjiden bedenen temizleme aşaması (abdest) mutlaka doğru yapılmalıdır.

Boy abdestti: Erkek ve dişi enerjileri cinsel birleşme sırasında enerji alışverişinde bulunur. Sağlıklı bir cinsel ilişki bir ihtiyaçtır ve artı ile eksi gibi iki ters enerjinin dengelenmesi ve rahatlamasıdır. Aura cinsel ilişkiden sonra değişir ve kişisel olma özelliği kalkar, enerjiler en derin şekliyle birbiriyle karışmıştır. Tekrar tüm bedenin suyla arındırılması ve topraklanması gerekir. Böylece tekrar cinsel enerji ihtiyacının artarak 1. ve 2. çakranın aşırı uyarılması ve dengenin bozulması aşamasına kadar bedende aura daha dengeli olur.

Namazdan önce de abdestin alınması bazı refleks noktalarda toplanan olumsuz enerjileri temizler, bedeni rahatlatır ve içe dönmeye daha yardımcı olur. Bedenin enerji alanı olan aurayı delip geçecek bir sıvı, kan, idrar, dışkı, meni, âdet kanı gibi bir ürün çıkmadığı sürece de bozulmaz, çünkü burada önemli olan auranın temiz ve dengeli halinin korunmasıdır. Sonuç olarak abdest, auranın temiz ve açık olması, kıble yönüne dönülmesi ibadetle ortaya çıkaracağımız enerjinin üst boyuta geçiş istasyonunda (Kâbe) toplanması, kaydının tutulması, kalpten namaz ise daha derin ve çok enerjinin toplanması için gereklidir.

Hareketlerin doğru, sırasıyla ve zihinle bütünleşerek yapılması da ellerden ve ayaklardan çıkan enerjilerin birbirleriyle birleşmesini sağlar. 6. çakranın yani 3. gözün yere tam ve doğru teması da önemlidir. Kök çakrasının oturma pozisyonundayken, ellerin dizde olması, ayak topuklarının konumu ve diğer tüm önerilen kuralların çakraların daha iyi çalışması ve üstbeyinde daha çok enerji toplanmasıyla ilgisi ve anlamı vardır.

4. Hacca gitmek: Dünyadaki en özel enerji merkezlerinden biri olan harem bölgesi (Mekke'deki Kâbe ve civarı, Arafat bölgesi ve civardaki yaklaşık 15–20 kilometrelik alan) dünyanın diğer bölgelerine göre daha farklı bazı özellikler içerir. Henüz teknoloji bu özel elektromanyetik alanı ve enerjisini tam olarak saptayamayabilir. Hac bu bölgede bazı özel ve sıralı eylemlerin toplamından oluşan bir ritüeldir. Esas amacı bilgisayar programımızda biriktirdiğimiz toplam negatif enerji birikiminden kurtulmak, kötü enerjiyi sıfırlamak, topraklamaktır. Yani diğer bir deyişle günahlarımızdan arınmaktır. Bu özel bölgenin enerjisi, pozitif olup kişide biriken negatif enerjiyi emici ritüeller sonucunda emer. Ayrıca bu toprakların elektomanyetik alanı da yapılan eylemlere daha yüksek bir katsayıyla işlem yapılmasını sağlar. Kâbe'de ve çevresinde merkezden uzağa doğru azalan bir üst boyuta geçirgen bir doku vardır, bu nedenle burada kılınan namazın yüz bin kez daha çok sevap kazandırdığı belirtilmiştir. Ve ancak burada kendi hesabınızdaki (account) toplam negatif enerjiyi topraklayıp sıfırlayabilirsiniz.

Başkasının bilgisayarında kayıtlı sizle ilgili kayıtları sıfırlayamazsınız. O nedenle hacca gitmeden önce helallik alınır. Amaç o kişiye karşı onun bilgisayar kayıtlarında sizle ilgili bir olumsuz kayıt (hak yeme, günah) varsa o kişinin o kayıtları kendi özgür iradesiyle silmelidir (delete etmelidir). Siz hacda ancak kendi kayıtlarınızı işleme koyabilirsiniz, o nedenle özellikle "hacda ananızdan doğduğunuz gibi tertemiz ve günahsız olursunuz ama kul hakkı hariç" denmiştir.

Hacda her ritüel 7 ve katları üzerine kurulmuştur. 7 bilinç düzeyi bölümünü okuduysanız ilişkiyi daha rahat kurarsınız. Tavaf 7 kere, say 7 kere, şeytan taşlama 7 ve katları olarak yapılır. Tavafta önce mümkünse hacer-ül esvet taşına direkt temasla selam verilir, değilemiyorsa uzaktan selam verilir. Burada amaç özel bir elektromanyetik emiş kapasitesine sahip bu meteor taşıyla kanal açmak ve biriktirilen negatif enerjinin absorbe olmasını sağlamaktır. Dönüşler, dünya ve evrendeki çoğu birim gibi saat dönüşünün ters yönündedir. Kalp dönüşler sırasında sola, hacer-ül esvet taşına ve Kâbe'ye doğrudur. Bu dönüşler esnasında bir yandan negatif enerjiden temizlenilirken bir yandan da boşalan sinir sistemindeki kayıtlar yerine yeni ve pozitif enerji içeren dilekler, duygular ve beklentiler yerleştirilmeye çalışılır. Bu esnada erkeklerde çamaşır bile giyilmediğinden alttan gelen alanın özel elektromanyetik alanından maksimum topraklanma ve şarj olma amaçlanır. Beyaz, özellikle üst çakraları çalıştırmak ve tüm renklerin enerjilerine hitap etmek için en uygun renktir. Yine bu işlemler sık sık bu toprakların enerjisiyle iyonize olmuş zemzem suyunu içmek ruhsal arınmaya yardımcı olur. Tavaf ve say sırasında ve ehramlıyken erkeklerde başın örtülmemesi ve kadınlarda peçe koymadan yüzün açık olması ise üst çakraların enerji alışverişine daha açık olması içindir.

Bu tavaf, say ve Kâbe'de kılınan toplu namazlar ve hatta her an kalben kendini Tanrı'ya yapılan ibadetlere vermek yani kalp çakrasının açık olması çok önemlidir. Çünkü Kuran'a göre insan KALBİ MÜHÜRLÜ doğmuştur. Yani uydu anteni yayınları kozmik yayınları almaya müsait değildir. Bu bölümü kitap içinde detaylı açıkladım. İbadet, meditasyon, reiki veya herhangi bir enerji çalışması yaparken mutlaka kalbinizi de bu eyleme katın, yoksa yüzeyel kalabilirsiniz. Bu, suyu kaşıkla ya da kepçeyle almak arasındaki fark gibidir. Derinleştikçe kabınızı daha çok doldurursunuz. Kurban Bayramı'nın bir öncesindeki arife günü ise Arafat bölgesinde dünyanın elektromanyetik kalkanları geçirgen hale getirilir ve üst boyuttaki varlıkları, Yaradan görevli kılar ve Arafat bölgesinde yapılan toplu meditatif çalışmalar, dualar ve toplu bilinç alanının çıkardığı beyin dalgaları üst boyuta ulaşabilir, işlem görür, kayda girer. O gün o sınırları çizilmiş alanda bulunan kişilerin geçmiş negatif enerji kayıtları silinmiştir. Aynı gece temizlenmiş ruhsal yapı Müzdelife bölgesinde açık havada yatarak şarj olmaya hazırdır. En son olarak da şeytan taşlama ritüeli ile 3 gün, 7 ve katları şeklinde kendimizde ileriki dönemde tekrar negatif enerji oluşturabilecek olumsuz davranışlara karşı bir güçlenme yapılır. Veda tavafı da tüm ritüellerin hafıza kaydının sabitlenmesi için önemlidir.

Hac sırasında özellikle harem bölgesinde olumlu davranışlarda bulunurken olumsuz düşüncelerden bile kaçınmak gerekir, çünkü kanallar açıktır ve üst boyuta daha geçirgen olan bu bölgede her türlü olumsuzlukta katsayı yüksek olarak kayda alınır ve derhal aynı katsayıya karşılık gelen sadakası verilerek etkisizleştirilmelidir.

5. *Zekât vermek:* Bu belki de en önemli farzlardan biridir, çünkü tüm farzlar hac hariç bedavadır, haccı da eğer isterseniz çok ucuza mal edebilirsiniz. Ancak sadece zekât farzı için o çok kıymetli, bir türlü kıyılamayan paradan verilir. Bence en büyük sınav zekâtta, çünkü bedava değildir ve dünya malından nasıl vazgeçilebileceğinin sınavıdır. Dikkat edin, insanlar başkalarına bir para veya maddi bir şey vereceği zaman bin türlü mazeret bulurlar, ancak burada çok ciddi bir sınav var, siz Yaradan'a diyorsunuz ki: "Evet evrendeki her şeyin sahibi sensin, ben bunun bilincindeyim ve eğer sen bana uygun görmeseydin, benim hiçbir şeyim olmazdı. Ben bu durumun bilincindeyim ve maddenin esiri olmayan bir insan olarak ihtiyacım üstündeki miktarın bir bölümünü gerçekten ihtiyacı olanlara veriyorum." Aslında veren alandan daha şanslıdır, verebilmek büyük bir ayrıcalıktır. Sonuçta tüm maddesel değerler ölüm dediğimiz boyut değiştirme sonrasında bu boyutta kalacak, ama maddeyi iyi değerlendirmenin ve paylaşmanın enerjisini diğer boyuta taşıyabileceğiz.

Tüm dinler ihtiyacı olanla paylaşıma çok önem verirler, İslamiyet ise önem vermenin ötesinde emretmiş ve vermeyi bir sisteme bağlamıştır; derin düşünülecek olursa Tanrı'nın bizim paramıza hiç gereksinimi yok, zaten sonsuz verme sıfatı kendisine ait, burada insanın vereceği sınav kendisi içindir ve maddeden ne kadar sıyrılabileceğidir. Zekâtı vermek de bir zarafet ve asillik gerektirir, kesinlikle verilecek kişinin gururu incitilmeden, içten vermelidir. Kendisi tembelliğinden ötürü ihtiyaç içinde olan insandan ziyade gerçekten maddi açıdan kader mağduru kişilere öncelik tanınması daha iyi olur. Kendimizin yiyemeyeceği veya giyemeyeceği veya tenezzül etmeyeceği şeyleri değil, ama gerçekten de kendimize yapılmasını isteyeceğimiz şekilde yardım yapmalıyız. Kendilerini savunması zor ve kolaylıkla para kazanması mümkün olmayan kişilere karşı daha bonkörce verilebilir. Örneğin dullar, yetimler, ortopedik ve nörolojik özürlüler, şehit aileleri, gaziler, çok yaşlılar gibi. Zekât veren kişi aslında verdiğinden çok daha fazlasını alır. Kendisini ve mallarını bir ölçüde korumaya alır, üzerinde oluşan manevi ağırlığı azaltır. Tıpkı budanan bir ağacın gürleşmesi gibi mallarıyla yardımsever olan bir insanı evren kutsar.

Beden sağlığının ruhsal gelişime etkisi

Aslında yukarıdaki bölümlerde 7 haftalık meditasyon-zikir döneminde daha iyi verim almak için gerekli ipuçlarını verdim. Böyle yoğun ve derin bir ruhsal çalışma yapmayacağınız dönemlerde de, genel yaşantınızda bazı kurallara dikkat ederseniz normal yaşantınız döneminde daha açık olursunuz. Benim sık sık hastalarıma veya spiritüel sohbetler yaptığım dostlarıma vurguladığım bir nokta vardır: "Kalbiniz uydu anteninizdir" derim. Hem de bildiğiniz en gelişmiş ve iyi uydu antenden çok daha gelişmiş bir anten. Anteniniz paslıysa, bakımsızsa, elektrik düğmesine basılıp açılmadıysa, doğru yöne çevrilmediyse VAR OLAN yayınları alamaz ve bu yayınları yok zanneder veya haberi olmaz ve kendisini geliştirecek bilgilere ulaşamaz.

Evet, kalbimiz bizim uydu antenimizdir. Ama Kuran'da ve pek çok ruhsal kaynakta belirtildiği gibi bazı insanların kalbi MÜHÜRLÜDÜR. Yani 4. çakrası olan kalp çakrası çoğu kişide kapalıdır. Mantık ve akıl bizi bir yere kadar götürür. Daha ötesi için daha ileri bir teknolojiye kalbimize ve saf-derin hislerimize ihtiyaç vardır. Bu da ancak kalbimizin alacağı ve yayacağı yayınla ilgilidir. Bu yayınların yapılabilmesi için de kalbimizdeki mührün kalkması gerekir. El Fettah ve El Basit isimleriyle kalbe yoğunlaşarak yapılacak bir meditatif zikirin 40 gün içinde bu mührü açması olasıdır. Önce uydu anteninin "on" düğmesine basılmalı ve elektrik alarak çalışabilmelidir. El Fettah ve El Basit isimleri âdeta kalbin düğmesine basar. Fakat bu da yetmez antenin bakımının da yapılması gerekir. Alet paslanıp yıpranmışsa, yayınları zayıf veya parazitli alır veya çoğu kanala ulaşamaz. Yani kalbimizin ve bedenimizin iyi ve sağlıklı bakımlı bir durumda olması gerekir. Ayrıca uydu antenin sadece açık olması ve bakımlı olması yeterli değildir, DOĞRU YÖNE çevrilmesi de gerekir. Uydu anteninizi doğru yöne çevirmezseniz ya hiç yayın alamazsınız veya çok az ve rasgele yayın alırsınız. Yani kalbinizi evrensel yayınlara bilgiye açın, ama anteninizi doğru yöne çevirin. Unutmayın, nasıl ki uydu yayınlarında kanlı sapık rarlı yayınlar içeren sakıncalı kanallar varsa ve de insanı eğiten, güzelce eğlendiren öğreten gelişimine katkıda bulunan kanallar varsa aynı şekilde iyi ve kötü mücadelesi evrenin çeşitli boyutlarında da devam ediyor, iyi ile kötünün savaşı sürüyor. Negatif enerjiden kaçınıp pozitif enerjinizi artırmak için doğru yayınlara yönelmelisiniz. Unutmayın, şeytan da Yaradan tarafından negatif enerjiyi yönetmek ve cazip kılmak için görevlendirilmiştir ve her zaman insanın olumlu evrimini bozmak için bilgisayarına virüs bulaştırmak için hazır olda beklemektedir. Ona bu fırsatı verirsiniz veya vermezsiniz. Seçim sizin.

Genelde bedeni daha sağlıklı tutmak için öneriler

- Düzenli uyku uyuyun, tembelleşmeden yeterince dinlenmeye zaman ayırın.
- Kilonuza dikkat edin, aşırı kilodan kaçının.
- Düzenli sağlıklı, doğal ve cinsiyetinize uygun bir cinsel yaşantı sürün.
- Her sabah bağırsaklarınızı boşaltın, hatta sabah ve akşam boşaltırsanız daha da iyidir.
- Bol bol yeşil çay ve bitki çayları için.
- Günde yaklaşık yarım saat egzersiz yapın.
- Mevsime, yaşa ve cinsiyete göre C vitamini, antioksidanlar, ayurveda hapları, mineraller alın.
- Yorulduğunuzda masaj yaptırın, yılda bir kez detoks yaptırın, yılda bir kez iyi bir sağlık kontrolü ve kan tahlili yaptırın.
- Daha bol taze meyve sebze yeşillik, taze balık, zeytinyağlılar, salata, taze meyve suları, probiotikler, taze ve az yağlı süt ürünleri, tam tahıllar ve türevleri, bol iyi, kaliteli temiz su, nar suyu, keten tohumu, zeytin, kefir, kompostolar, doğal pirinç artırılırken fazla kırmızı et, aşırı kızartma, beyaz un ve şeker, aşırı katkılı ve boyalı kimyasal koruyuculu maddelerden, kömür dumanına maruz kalan yiyeceklerden; her yiyecek veya içeceğin aşırısından ve fazla yemek yemekten; alkolden, sigaradan, uyuşturucudan, gereksiz kullanılan kimyasal ilaçlardan; aşırı ve doğal yollar dışındaki cinsellikten, hareketsizlikten, gereksiz dopingden ise kaçınmaya gayret edin.

Bedensel sağlığın püf noktalarını beden tipine göre beslenmeyi ilk kitabım olan *Ayurveda*'da, doğal tedavilerle ilgili ipuçlarını ise *Doğanın Şifalı Eli* kitabımda bulabilirsiniz. İyi bir beden-ruh ilişkisi atla sürücü gibidir, sürücü çok iyi olsa bile at bakımsızsa yolculukta çeşitli sıkıntılar kaçınılmazdır. Lütfen size emanet bedeninize iyi bakın ve onu kullanım talimatnamesine uygun kullanmaya gayret edin.

Uyuşma-deneyimlerden kaçma-intihar

Bu bölümde size vermeye çalışacağım en önemli mesaj, deneyimlerden kaçmamanın ve ruhsal programınızla yüzleşmenin gerekliliğidir. Pek çok kişi yaşamı hep keyifle ve iyiliklerle yaşamak ister ve yaşamında hiç sıkıntı olmamasını diler. Tabii ki bu insanın maksimum konfor yasasına uygundur. Ancak yaşam maalesef sadece olumlu deneyimlerden oluşmamaktadır. İflas etmek, boşanmak, cinsel sorunlar, hastalıklar, aşk sancıları, kazalar, iftiraya uğrama, tacize uğrama, zorunlu göçler, aşırı maddi sıkıntılar gibi çeşitli sorunlar yaşamın belirli sürelerinde karşımıza çıkar. Burada daha önceki bölümlerde de bahsettiğim gibi bu aşamada yapacağımız seçimler çok önemlidir.

Yapılan en önemli hatalardan biri deneyimlerden kaçmaktır. Pek çok kişi uyuşturucu maddeler, aşırı alkol, bazen gereksiz ruhsal ilaçların kullanımı ve çeşitli değişik şekillerde yaşaması gereken deneyimden kaçmayı tercih eder. Hatta bazı kişiler daha da ileri gidip yaşamlarına son vermeyi bile seçebilirler. Aslında sorunların olduğu dönemde NEDEN bu sorunlara muhatap kaldığımızı irdelemek önemlidir. Yaradan neden bizim bu deneyimi yaşamamızı uygun görmüştür, neyi öğrenmemiz gerekiyor? Bu soruların cevaplarını bulmalıyız. Sorunları yaşadığımız zaman genellikle hep başkalarını suçlarız. "Bu kadın beni anlamıyor, patronum bana taktı, bu şehir bana hiç yaramıyor, kocam ruhumu okşamıyor" gibi. Çeşitli yakınmalar hep ifade edilir. Hep başkalarından mutluluk ve pozitif enerji beklenir. Hep beklenir ki birisi bizi beslesin. YOK ÖYLE BİR ŞEY! Mutluluk için önce biz kendimiz sorumluyuz ve önce biz gayret etmeliyiz. Her ne deneyimi yaşayacaksak iyi veya kötü, onunla yüzleşmeli ve onu yaşamalıyız. Eğer olması gerektiği zamanda yaşanmazsa o deneyimden kaçış yok. Mutlaka kaçsak da bizi bulacak.

Bu arada biz başkalarını suçladıkça veya deneyimden kaçmaya çalıştıkça yaşanması gerekenler, alınması ve verilmesi gerekenler, öğrenilmesi gerekenler tamamlanıncaya kadar bu enerji akışı devam eder.

Eğer Ahmet'i mutsuzluğunuzdan dolayı suçlarsanız ve öğrenmeniz gerekenler tamamlanmadan veya gerekli mesajı almadan kaçarsanız o zaman bir başkası size benzer deneyimi veya dersi yaşatır.

İntihar ise çok daha radikal bir kaçıştır. Yazılan kader programını beğenmemek ve âdeta kozmik zekâya, Yaradan'a karşı gelmektir. Burada yaşanması gereken deneyimler reddedilmekte ve kişi, kendi bilgisayarını fişten çekmektedir. Bu davranışın muhtemelen ilahi düzende vebali çok büyüktür. Tabii ki asla çok büyük konuşmamak gerekir, bazen hayat insanın kaldıramayacağı kadar üzerine gelebilir. Kişi intihardan başka bir çıkış yolu bulamayabilir. Bu konumda olan kişilere mutlaka psikiyatrik destek ve bunun yanı sıra manevi bilgi ve felsefe desteği de verilmelidir. Yapılan çeşitli bilimsel deneylerde, istatistiki çalışmalarda, belirli bir manevi inanışa veya dini inanca sahip kişilerde bağışıklık sisteminin daha iyi çalıştığı, daha az hasta oldukları ve intihar oranının daha az olduğu saptanmıştır. Asla ama asla yaşamanız gereken deneyimlerden kaçmayın, gerekirse doktorlardan ve ruhsal açıdan bilge kişilerden yardım alın; hele yaşamınıza son vermeyi kesinlikle düşünmeyin. Yaşadığınız deneyimlerin mutlaka uzun vadede aslında sizin hayrınıza sonuçlar doğuracağını bilin ve sabredin. Her şeye rağmen yaşam çok güzel ve bazen dibe vurmadan yukarı sıçramayabilirsiniz. Dibe vururken durumun bilincinde olup biraz sonra yukarı sıçrama zamanının geleceğini bilerek hazırlanın.

Aslında sert deneyimler yaşayan kişiler belki de ruhsal boyutta daha şanslılar, çünkü Yaradan'ın hangi deneyim performansına nasıl bir katsayıyla cevap vereceği sadece O'nun bileceği bir tasarruftur. Belki de bu yaşamda şanssız diye adlandırdığımız bir kişi acılı deneyimlerde öylesine iyi bir sınav verip, fazla isyan etmeden ve iyilik kanalından çıkmadan dersini tamamlar ki belki de sonra geçeceği boyutta belki de bu boyutta onu müthiş ödüller beklemektedir. Belki de şanssız dediğimiz kişiler aslında ilahi şanslılardır. Asla moral bozmayın ve pes etmeyin; evrende hiçbir şey boşu boşuna olmamaktadır, unutmayın. Ayrıca kimseye de Yaradan özellikle takmış değildir, hatta katsayısı yüksek bir programda olup aslında çok rahat gibi gözüken bir insana göre sonrası için daha çok pozitif enerji toplama şansına sahip bile olabilirsiniz.

Reenkarnasyon (yeniden bedenlenme) var mı?

Son yıllarda en çok sömürülen ruhsal konulardan biri de ruh göçü, yeniden bedenlenmedir. Bazı kişiler sanki bu yaşamdaki sorunlarının veya yaşadıklarının önceki hayatlarından taşıdıklarından dolayı geldiğine inanmaktadırlar. Gerçekten reenkarnasyon var mı? Aslında çok çok özel bazı durumlar dışında yeniden bedenlenme yoktur. Maalesef bu konu çeşitli şekillerde, ruhsal çalışmalar yapan kişi veya kuruluşlarca iyi niyetle veya bilmeden de olsa çok suiistimal edilmiştir. Bu nasıl bir reenkarnasyondur ki herkes hep kraliçe, asilzade, kral, raca, padişah, firavun? Şimdiye kadar hiç zavallı veya alt sosyoekonomik gruptan kimsenin bu zamanda bedenlendiğini duymadım.

Çoğu kişinin yeniden bedenlenme sandıkları olayın aslı şu şekildedir: Atalarımızın yaşadığı her deneyim (savaşlar, iklim, toprak özellikleri, cinsellik, hastalıklar, beslenme alışkanlıkları, inançları, göçleri, duygusal özellikleri) ve pek çok özellik çok ince ve ileri bir teknolojiyle DNA'larına işlenmekte ve hafıza arşiv bilgileri olarak kaydedilmektedir. Atalarımızın yaşadığı her türlü deneyimin hafıza kayıtları da DNA'lar aracılığıyla erkek ve dişinin kayıtlarından harmanlanarak bizim DNA'mızı oluşturmaktadır. Bizi en çok ilk 1. kuşak yani anne ve babamız ile son 7 kuşak etkiler. Yedinci kuşaktan sonrasının hafıza kayıtları ise daha özel durumlarda etkinlik kazanır. Biz uygun bir uyaranla karşılaştığımız zaman daha önce ebeveynlerin yaşadığı uyur durumdaki hafıza kayıtları etkinlik kazanır, aktive olur ve biz bu olayı yaşadık veya o yerde bulunduk veya daha önce sanki oradaydık gibi hislere kapılırız. Aslında biz o esnada, önceden atalarımızın yaşayıp DNA'larına kaydedilip bize aktarılan ama henüz açılmamış, uyuyan devreyi, eski tanıdık uyaranla uyarılınca oluşan durumu, daha önce yaşadık sanıyoruz.

Halbuki bu deneyim önceden atalarımız tarafından yaşanılıp bize aktarılan genetik bir mirastır. Örneğin, yabancı bir ülkeye gidiyorsunuz ve size tanımadığınız bir meyve ikram ediyorlar, dedenizin dedesinin dedesi de o ülkeden göç etmiş ve o meyveyi yiyen bir kişiymiş. Siz o meyveyi daha önce hiç yemediniz ama dedeniz yedi ve DNA'larınızda bu meyvenin tanımlayıcı bilgileri mevcut. Siz o meyveyi örneğin 30 yaşında ilk kez yiyince eski uyuyan kayıtlar yüzeye çıkıyor ve siz sanki o meyveyi geçmiş yaşamdan bildiğinizi sanıyorsunuz. Bir başka örnek de şöyle: Mısır'a gittiniz ve tarihi mekânları geziyorsunuz, orada daha önceden görmediğiniz bazı tapınakları veya mekânları gördünüz ve sanki oralarda önceden yaşadınız gibi bir hisse kapılıyorsunuz, bazı kokular ve havadaki yapı size tanıdık geliyor, doğru ama bu tanıdıklık sizin daha önce orada yaşamış olmanızdan değil kuşaklar önce Mısır'da yaşamış ve sonra göç etmiş bir atanızdan kaynaklanmaktadır. O kokular, o atmosfere tanıdıklık yaşanmıştı ve size bu kayıtlar aktarıldı, ama siz başka bir iklimde ve o kokunun olmadığı bir ortamda yaşıyorsunuz, o geçmişe ait bilgileri aktive edecek bir uyarı yaşadığınız yerde yok ama atanızın yaşadığı yere gezi veya başka amaçlı gittiğinizde o dürtüleri, o kokuyu, o havayı alınca işler değişiyor, eski alt kayıtlar uyarılıp yüzeye çıkıyor ve siz bunu daha önce biliyormuş, görmüş, yemiş gibi zannediyorsunuz. Aynı şekilde eskiden yaşanmış bir mutlu ilişkinin kaydı sizin benzer, yeni tanıdığınız bir insanı sevmenize hatta âşık olmanıza bile neden olabilir. Herhangi bir atanızın boğulması sizde su ve yüzme korkusuna, yılan tarafından sokulması yılandan korkmaya, yanması ateşten ürkmeye yol açabilir. Veya atalarımızın eski düşmanlıkları bazı insan tipinden hoşlanmamamıza yol açabilir. Örnekleri çoğaltmak mümkün, ama sanıyorum ne demek istediğimi anladınız.

Maalesef günümüzde manevi çalışmalar yapan pek çok kişi reenkarnasyon inanışını bilerek veya bilmeyerek, belki de iyi niyetle, yanlış bir şekilde kullanmaktadır. Bu ise pek çok kişiyi yanlış bir davranışa sürüklemektedir. Bu yaşamınızda her an öylesine değerlidir ki bir şansımız daha yok. ASLA AMA ASLA BİR ANINIZI BİLE ZİYAN ETMEYİN ÇÜNKÜ BU YAŞANTININ TEKRARI YOK. Siz sadece kendi yolunuza devam edin ve evrim yolunda eldeki olanaklarınızla doğru bir şekilde yaşamaya gayret edin ve ölüm dediğimiz boyut değiştirme sonrasına kendinizi hazırlayın. Fırsat bu fırsat ve şimdi, tekrarı yok; sakın, "Bu sefer olmadı artık napalım bir dahaki sefere" diye bir gaflete düşmeyin.

Cinselliğin ruhsallık üzerindeki etkisi

Cinsellik, yemek içmek, uyumak ve benzeri fizyolojik ihtiyaçlar gibidir, ama artı olarak farklı yönleri de vardır. Genelde tüm fizyolojik ihtiyaçlarımızı tek başımıza halledebilirken cinselliği karşı cinsten biriyle yaşarız. Cinsellik dürtüleri aktif olarak ergenlik çağında başlar ve kişinin özelliklerine göre bazen ileri yaşlara kadar devam edebilir.

Evrende her şey eksi-artı, soğuk-sıcak, gece-gündüz, yin-yang, beyaz-siyah gibi ters enerjilerden oluşmuştur. Erkek-dişi ilişkisi de farklı enerjilerin birleşmesini temsil eder. Dişinin anatomik yapısı erkeğin aktaracağı enerjiyi ve üreme maddelerini almaya uygun tasarlanmıştır. Erkekte de aynı şekilde üremesi için gerekli maddeleri aktarabilecek şekilde bir genital sistem dizayn edilmiştir. Yaradan bu olayın mekanik bir şekilde bir ilişki olmasını uygun görmemiş ve ayrıca her iki cinsi de bu olaydan zevk alacak şekilde sinir ağıyla donatmıştır.

Cinsel haz safhasından önce de her iki cins arasında yakınlaşmayı sağlayacak aşk, olumlu duygular, şefkat gibi çeşitli hisler insanda programlamıştır. Aslında cinsellik özel olarak ve hissederek yaşandığında müthiş bir ritüeldir, asla basit ve hayvansal zevklerin tatmin edildiği basit bir girip-çıkma süreci değildir. Erkeğin ve dişinin kendinde olmayan enerjileri karşı taraftan transfer ettiği çok önemli bir enerji dengeleme olayıdır. Kişilerin sadece 1. ve 2. çakralarını dengelemekle kalmaz, sevgi ve şefkatle yapıldığında bedende yükselen enerjilerle tüm enerji merkezlerini dengeler.

Cinselliğin daha çok bedensel zevk almak için nasıl olması gerektiğine burada değinmeyeceğim, çünkü bu konuda benim yazacağımdan çok daha iyisini yazan doktorlar ve araştırmacılar var. Benim daha çok üzerinde duracağım nokta cinsellikte asıl önemli olanın ruhsal birleşmede oluşu ve bu kısmının çoğu kişi tarafından atlandığıdır. Dişi ve erkek enerjilerinin doğadaki bazı diğer hayvanlar ve canlılar tarafından nasıl bir ritüele dönüştürüldüğünü ve bu basit gibi görünen canlıların soylarını devam ettirmek için nasıl bir seremoni yaptıklarını bazı belgesellerde inceleyince insan olarak modern çağda nasıl mekanikleştiğimizi sorgulamamak elde değil.

Ne yazık ki günümüzde pek çok insan ya cinselliği aşırı abartmakta, ucuzlatmakta, ayağa düşürmekte veya büyük ölçüde cinsellikten uzak yaşamaktadır. Her ikisi de yanlıştır. Cinsellik insana verilmiş gerçek bir ihtiyaçtır; üstbilinç düzeylerine geçmeden cinselliğin öldürülmesi çeşitli enerji dengesizliklerine ve sorunlarına yol açabilir. Tersine aşırı, düzeysiz ve mekanik yaşanan bir cinsellik de bazı ulvi enerjilerin erken tükenmesine yol açabilir. Her konuda olduğu gibi burada da bir denge söz konusudur. Ancak, insan üstbilinç düzeylerine geçince bu cinsel enerjiyi form değiştirterek başka bir enerjiye dönüştürebilir ve artık isterse cinselliği yaşamamayı tercih edebilir. Sonuçta tercih insanoğlunun, istenirse sadece hayvansal düzeyde cinsellik yaşanabilir istenirse de cinsellik tam ve bütünsel bir tatmine ve üst düzeyde bir enerji alışverişine dönüşebilir.

Sağlıklı ve düzeyli bir cinsel yaşantıyı yaşama ve bu durumu koruyabilme insanoğlunun en zayıf noktalarından biridir ve vereceği en önemli evrimleşme sınavlarından biridir. Cinselliği asla sadece basit bir zevk unsuru olarak görmeyin; sağlıklı ve düzeyli bir cinsellik, yaşanıldığı düzeye göre evrim yolunda en önemli aşamalardan biri olabilir. Eğer üstbilinç düzeylerine geçmediyseniz, yaşamınızda aksayan veya normal olmayan cinsellik, ruhsal aşama yapmanıza engel bir durum da oluşturabilir ve alt çakralarınızda blokaja yol açabilir; gerektiğinde uzmanından yardım almanızda ve bu sorunu yok saymamanızda yarar var.

Maddesel deneyimlerde önemli mi?

Günümüzde pek çok kişi aşırı maddesel yaşamdan dolayı ciddi bir mutsuzluk veya boşluk içindedir. Bu durumun sonucu olarak da bu kişiler birden bir bunalım geçirerek her türlü yaşam tarzı alışkanlıklarından ve maddi olanaklarından vazgeçip kendilerine yeni bir yaşam tarzı benimsiyorlar. Aslında burada çok güzel bir durum ve iyi niyet söz konusu. Kişi artık aşırı maddesel yaşam tarzından vazgeçip yıllarca peşinden koştuğu ve ciddi bedeller ödediği maddesel varlığını, zenginliğini terk etmektedir. Çok satan kitapta olduğu gibi iş, Ferrarisini satmaya ve basit bir yaşama geçmek için Hindistan'a gitmeye kadar varabiliyor. Günümüzde de özellikle büyük şehirlerde aşırı yoğun ve maddesel yaşayan pek çok insan böyle bir özlemin içinde. Peki, bu durum sonucu alınan, "her şeyi terk" kararı doğru mu? İşte bu tartışılır, çünkü yine bu kişilerden pek çoğunun aşırı manevi yaşama ayak uyduramadığını ve eski alışkanlıklarının bir bölümünü aradığını gördüm.

Yaşamda maddesel deneyimler de layıkıyla yaşanmalıdır. Nasıl ki sadece maddesel yaşamak ve para hırsıyla kavrulmak doğru değilse aynı şekilde tüm yaşantıyı da sadece manevi olarak görmek ve maddesel deneyimlerden kaçmak da doğru değildir. Tabii ki bazı özel görevleri olan ruhsal liderler veya kendini ruhsal çalışmalara adamayı seçmiş kişiler bu tanımlamanın dışındadır. YARADAN BİZİM SADECE MANEVİ BİR BOYUTTA OLUP SADECE SPİRİTÜEL DENEYİMLER YAŞAMAMIZI İSTESEYDİ O ZAMAN BEDENLENMEMİZE, CİNSİYETİMİZE GEREK OLMAZDI VE SADECE BİR IŞIK BEDENNUR OLARAK KALIR VE BU BOYUTA GÖNDERİLMEZDİK.

Yaşamda tekâmül etmek için belirli dönemlerde para, cinsellik, iş ve benzeri maddi deneyimlerde gereklidir. Burada önemli olan maddenin esiri olmadan ve başkalarının hakkına tecavüz etmeden ve doğaya ve diğer canlılara zarar vermeden maddesel açıdan da başarılı olmaya çalışmaktır. Burada amaç, sadece zengin olmak değil, farkındalık halinde eldeki imkânları aşırı hırsa kapılmadan kullanarak iyi bir maddi performans sergilemek olmalıdır. İyi ve kötü enerjilerin iyice kutuplaşmaya gittiği günümüzde özellikle iyi insanların maddi açıdan da güçlü olmasında yarar vardır. Çünkü para da, çok özel bir enerjidir ve kötü güçlerin elinde tehlikeli bir silahken iyi güçlerin elinde ise çok olumlu kullanılabilecek bir dönüştürücüdür, aracıdır. Unutmayın, sadece iyi olmak da güzel bir meziyettir, ama sadece kuru kuruya iyi olmanın, daha iyisini yapabilecekken güdük kalmanın kimseye bir yararı olmayabilir. Hem daha iyi hem de maddi açıdan daha güçlü olup çok insanın sorununu çözebilir, onlara yardımcı olabilirsiniz. Size verilen potansiyeli kullanmazsanız belki de iyilik ve yardım yapabileceğiniz çoğu muhtacın hakkını yemiş olursunuz. İyi ve güçlü bir insanın sadece iyi ama güdük kalmış, potansiyelini kullanmamış bir insana göre topluma ve insanlığa çok daha fazla katkısı olabilir, unutmayın.

Tokgözlülük ve verilen potansiyeli kullanmama aynı şeyler değildir! Eğer maddi açıdan güçlü olabiliyorsanız imkânlarınızı ve verilen fırsatları kullanın. Para yanlış yerlerde ve kimselerde olacağına sizde olsun. Paranın negatif güçlerin eline geçmesini mümkün olduğunca engelleyin ve onu doğru kullanacak kanallara akmasını sağlamaya çalışın. Her türlü maddesel varlıktan vazgeçmek de bir seçimdir ve saygıyla karşılanabilir, ama paradan kaçmak yerine en azından onun doğru kanallarda kalmasını sağlamak, iyiliği güçlü kılmak adına daha doğru olur. Bir anda uç seçimler yaparsanız, bu deneyimleri tamamlarken veya tamamladıktan sonra bu sefer de maddi mutsuzluk duyma riskiniz olabilir, yani önce "Ferrarisini satan" sonra da "geri almaya çalışan" bilge durumuna da düşebilirsiniz. Unutmayın, sadece para hırsı ve maddesel dünya ve deneyimler içinde kalıp maneviyattan uzak bir yaşantı nasıl yanlış ve eksikse, maddesel deneyimlerden kaçıp sadece ruhsal dünya içinde kalmak da eksik olabilir ve deneyimlerde tamlığı bozabilir.

Maddesel deneyimleri ruhsal bir farkındalıkla yaşamak, paranın ve gücün esiri olmamak, parayı daha çok insana yardım etmek için istemek ve iyi kanalda tutmak ve bunları yaparken de hak yememek de gerçek bir bilgelik türüdür. Bana göre gerçek erkeklik dış görünüşte ve imajda, yapay olarak sert olmaya çalışan bir yapıda değil, tersine dürüstlükte ve hak ederek bir sakinlik halinde iç güçlülüğü yakalayan ve bunu gerçekten ihtiyacı olan kişilere aktaran kişiliktedir.

Hastalıkların spiritüel mekanizmaları

Çoğu hastalığın oluşmasında aslında çevresel, beslenme ve genetik gibi nedenlerin yanı sıra ruhsal bazı mekanizmalar da etkilidir. Oldukça derinden işleyen ince düzeydeki enerjiler zamanla birikip, belirli yerlerde yoğunlaşıp, maddeselleşebilir ve görünen hastalıklara dönüşebilir. Tıp ve bilimsel araştırmalar ilerledikçe şu an safsata veya hurafe gibi görülen veya bugünkü teknolojiye göre anlaşılamayan durumların bazılarının altında bilimsel gerçekler olduğu, bazılarının ise gerçekten yanlış algılama veya safsata olduğu ortaya çıkacaktır.

Daha önceki bölümlerde bahsettiğim gibi dünya da burç değiştiriyor, Balık Çağı'ndan Kova Çağı'na geçiş yapıyor. Bu insan beyninde de çok değişiklikler yapacak olan bir durum. Daha önce de dünya her 2000 yılda bir olduğu gibi burç değiştirmiş ve İsa'ya göre 0 yılında Koç Burcu'ndan Balık Burcu'na geçiş yapmıştı. Balık Burcu'nun özellikleri yöneticisi olan Neptün gezegeninin özellikleri gibi daha çok sorgulanmadan kabullenme, yeraltı faaliyetleri, inançlarda körü körüne bağlanma gibi özelliklerken şimdi ise daha farklı bir şekilde Kova Çağı'nın ve yöneticisi olan Uranüs'ün özellikleri ön plana çıkmaya başlıyor. Bu 2000 yıllık geçiş ortalama 50 yıllık bir dönemde tamamlanıyor. 1975 yılında başladı 2025'te tamamlanacak. Dikkat edip hafızanızı zorlarsanız 1975'le beraber, özgürlük artışı talepleri, kadın hakları, mini etek, cinsel özgürlük ve sapkınlıklar, teknolojideki baş döndürücü ilerleme, telefonlardaki inanılmaz gelişme, internet-bilgisayar teknolojisi, uzay aletleri, tıptaki teknolojik aletler vb gibi. Sayısız hızlı teknolojik gelişme söz konusu ve artan bir hızla da devam edecek, şu anki aklımızın alamayacağı kadar hızlı ve ileri gelişmeler olacak. Şu an saptanması olanaksız olan çok ince düzeydeki enerjiler bile bilimsel olarak saptanabilecek ve o zaman hastalıklar şimdi olduğu gibi maddeleşmiş ve oluşmuş halde değil çok daha önceden, daha ince enerji düzeyindeyken saptabileceklerdir. Aslında henüz kesin bilimsel olarak ve kesin saptanamamış olmakla beraber pek çok hastalığın önceden haber verdiğini ve altında psikolojik ve ruhsal bazı temellerin yattığını söyleyebilirim.

Hastalıklar nasıl oluşuyor?

Önce, ilgili bölgede bazı olumsuz enerjiler birikir, sonra dengesizlik sürerse o bölgede yoğunlaşan enerjiler daha da kuvvetlenip yavaş yavaş maddeselleşmeye başlar ve zamanla belirgin hale gelebilir. Örneğin, sürekli baskı altında kalıp kendisini iyi ifade edemeyen bir kadında, hep içine atması ve boğazında kelimelerin düğümlenmesi sürerse zamanla tiroit hastalıkları ve guatr oluşabilir. Veya sürekli üretkenliği baskılanan ve yaşamda istediği üretkenliği yakalayamayan, blokajları olan bir dişide meme hastalıklarına, özellikle de kistlere rastlanabilir. İkili ilişkilerde (evlilik-ortaklık) uzun süreli sorunlar yaşayan kişilerde böbrek sorunları, ikili ilişkilerde blokajlar yaşayanlarda ise böbrek taşları sık görülebilir. Sürekli dişilik yönü baskılanan ve bu bakımdan aşağılanan kadınlarda yumurtalık kistleri ve jinekolojik sorunlar yaygın olabilir. Geçmişinden kopamayan ve geçmişini bırakamayan ve geçmişe takılı kalan kişilerde ise kabızlık sorunları daha yaygındır. Artık yaşamında daha fazla sorumluluk, yük almak istemeyen, bu kadar sorumluluğun altında ezilen ve daha fazla taşımak istemeyen kişilerde bel fıtığı, yaşamında pek çok gereksiz kişi ve olayı taşımak zorunda kalan kişilerde safra taşı, fazla öfke ve korku yaşayanlarda karaciğer rahatsızlıkları sık görülebilir. Çevresini, çevre koşullarını reddeden, uyum sağlamakta zorlanan kişilerde alerjik sorunların olması da bir tesadüf değildir. Ayrıca daha pek çok benzeri durum tabii ki tesadüf değildir. Burada tekrar ve tekrar vurgulamak isterim ki, bu bölümde bazı örneklerle anlatmaya çalıştığım durumlar gerekli tahlil ve bilimsel incelemelere rağmen çok belirgin nedenler saptanamayan hastalıklarla ilgilidir. Tabii ki ben de bana başvuran hastalarıma önce bilimsel anlamda gerekli bazı incelemeleri ve muayeneleri yapıyorum. Ancak beslenme, genetik gibi bilinen bazı nedenler dışında hastalıkların daha derinlerde yatan ince nedenleri olduğunu da deneyimlerimle gözlüyorum. Hastalara sadece kimyasal ilaç yazmak dışında bu hastalığın oluşumunda etkili spiritüel mekanizmaları da tanımlamaya çalışırsanız sonuçlar daha başarılı olabiliyor. Aslında daha pek çok hastalığın altında yatan ilginç psikosomatik nedenler var, ama konuları çok dağıtmamak için bu bölümde sadece bazı ipuçları ve örnekler vermeyi tercih ettim. Sonuçta sizin için önerilerim, eğer sağlığınızda sürekli olarak özellikle belli sistemde sorunlar yaşıyorsanız sadece kuru bir ilaç tedavisiyle kökünden iyileşemeyebileceğinizdir. Ek olarak daha derinde yatan bazı mekanizmaları da tanımanız gerekmektedir.

7 enerji merkezi "çakralar"

Çoğu okült çalışmada ve sistemde insanın 7 enerji merkezi "çakralar" oldukça önem taşır. Bu enerji merkezlerinin bilinç düzeyleriyle ilgisi olduğuna da inanılır. Her enerji merkezinin farklı bir yerleşimi, özelliği, rengi, etkilediği alan ve tezahürü vardır. Genelde gökkuşağının renkleri gibi sırayla en aşağıda kırmızıdan başlayıp en yukarıda morla biterler. Arada da turuncu, sarı, yeşil, mavi gibi renkler vardır. Bedenin alt bölümünde yerleşen çakralar daha çok kaba ve cinsel yöndeki deneyimlerimize yönelik enerji alışverişine açıkken üst çakralar ise daha ulvi deneyimlere yönelik özellikler taşırlar. Her çakranın kendine göre önemi vardır, sadece biri bile dengede olmasa bu durum bedenin enerji akışında sorunlar yaratabilir. Bu bölümde 7 enerji merkezini, yerleşim yerlerini, özelliklerini ve önemlerini bulacaksınız.

Kök çakrası: Omurganın en dibinde yer alır. Rengi kırmızı-koyu turuncudur. Omurgayı ve endokrin sistemi etkiler.

Cinsel çakra: Genital bölgede yani cinsel organların olduğu yerde ve kısmen de omurgaya doğrudur. Rengi parlak alev kırmızısıdır. Kadında yumurtalıkları, erkekte testisleri etkiler.

Solar pleksus: Yeri göbek altıdır. Rengi güneş rengi gibi parlaktır. Vücutta böbreküstü bezini ve pankreası etkiler.

Kalp çakrası: Köprücük kemikleri ortasında kalbe yakındır. Rengi yeşildir. Timus bezini etkiler.

Boğaz çakrası: Yeri boyunun bitim noktasındadır. Gümüşi mavi renktedir. Tiroit ve paratiroit bezlerini etkiler.

Alın çakrası (üçüncü göz): İki gözün ortasındadır. Mavi-morumsu veya gül renginde olabilir. Hipofiz bezini etkiler.

Taç çakrası: Vücudun en üstünde başın yukarısında yer alır. Rengi parlak altın veya mor veya bazen de beyazımsı olabilir. Epifiz bezini etkiler.

Yedi çakranın yedi bilinç düzeyiyle ilgisi vardır. Kişiler genelde daha alt ve ilkel çakralarına ve bunların enerji akışlarıyla daha çok ilgilenme eğilimindedirler. Oysa insanoğlu ulvi bir yaratıktır ve ruhsal açıdan geliştikçe özellikle altıncı çakrası yani üçüncü gözü ve yedinci, yani taç çakrası daha açık ve aktif olur. Kitabın içinde çeşitli bölümlerde meditasyon, reiki, biyoenerji, Esma ül Hüsna ile zikir, astrolojik elementlerin etkisi, doğal taşlar gibi pek çok ince enerji etkileri ve alışverişlerinden bahsettim. Bu bölümleri peş peşe okuduğunuzda, tamamen bir enerji akışı olan insanın evrenle olan enerji uyumunu çok daha verimli bir şekilde anlamanız mümkün. Böylelikle kitap içinde ara ara vurgulamaya çalıştığım gibi yazılmış kader programımızı daha etkin ve verimli kullanmamız mümkün olabilir. Nasıl ki bazı isimlerin özellikleri bazılarımızda çok kuvvetli tezahür edip görünür ve etkin hale gelebiliyorsa, bazı isimlerin bazılarımızdaki özellikleri ise uyur ve pasif halde kalıyorsa benzer şekilde bazı çakralarımız açık, etkin veya dengeliyken bazı çakralarımız ise aşırı uyarılmış veya bloke halde olabiliyor.

Bir çakranın tıkalı olması yeterince çalışmaması sorun olabildiği gibi aşırı uyarılması veya çok çalışması da olumsuzluklara ve sağlık sorunlarına yol açabilir. O çakrayı etkileyecek maddesel ve manevi her türlü enerji alışverişi, dengesizlik ve yanlış uzun süre devam ederse sonuçta maddesel düzeyde görünür hale gelir ve hastalıklar, sorunlar ortaya çıkar. Örneğin sürekli ve fazla miktarda kırmızı yiyecekleri (kırmızı et, pul kırmızıbiber, domates, kırmızı ginseng gibi) çok tüketen kırmızı rengi giysileri ve taşları çok kullanan ve cinsel açıdan kendini çok uyaran kişilerde cinsel çakra fazla uyarılır. Bu kişilerde bu enerji merkezine aşırı yoğunlaşmaya bağlı olarak birtakım sorunlar ortaya çıkabilir. Veya tersine cinsel açıdan kendini kapatmış ve bu yönünü hiç kullanmayan kişilerde (üstbilinç düzeyinde olan kişiler hariç), cinsel açıdan kendini aşağılanmış veya erkeklik veya kadınlık gururu incitilmiş kişilerde ise beslenme ve yaşam tarzı da bozuksa eğer, iktidarsızlık, yumurtalık kistleri, miyomlar, sertleşme sorunları erken boşalma, âdet sancıları ve düzensizlikleri gibi sorunlar daha sıktır.

Eğer bir çakrada enerji blokajı varsa diğer çakralara olan enerji akışını olumsuz etkiler. Dengede olmayan bir çakra ise diğer merkezlerden enerji çekmeye çalışır. Yani hayatımızın hiçbir yönünü uzun süreli ihmal edemeyiz. Kalp çakrası ise özellikle benim çok önem verdiğim bir enerji merkezidir. Çünkü çeşitli okült bilgilerde değinildiği gibi veya Kuran'da bahsedildiği gibi insan kalp gözü mühürlü doğar. Yani kalp çakrası kapalıdır. Ancak zamanla kitap içinde de bahsettiğim ruhsal çalışmaları ve doğru enerji tekniklerini uygulayarak bu mührü açabiliriz. Kalbimiz çok gelişmiş bir uydu antendir, ancak anten fişe takılı ve düğmesine basılı halde değildir. Yönü ise rasgeledir. Uydu antenini yani kalbimizi doğru yöne çevirip mevcut yayınları alabilir duruma getirirsek bize aydınlanmamız, Yaradan'a daha yakın olmamız ve insan olmaya daha da yaklaşmamız için inanılmaz bilgi akışı sağlar. Nasıl ki şu an binlerce kanal yayını var ama uydu antenini çalıştırmadan hiçbir yayını alamıyorsak Yaradan'ın olumlu enerjilerini ve bilgilerini de alamayız. Doğru yayın kelimesini özellikle vurguluyorum, çünkü aynı anda negatif enerjinin sembolü olan ve icrasından sorumlu olan Şeytan da kendi kanallarından yayın yapar.

Çakralar maalesef en çok istismar edilen konulardan biridir. Piyasada pek çok insan "şu çakran tıkalı, şu çakran açık" gibi kesin tanımlamalarla insanları çok cesur ve kesin ifadelerle yönlendirebilmektedir. Aslında çakraları görebilmek çok zor ve özel bir beceridir, ancak çok az sayıda insanın yapabileceği bir görüdür. Bu nedenle her duyduğunuza inanmayın. Ben bu tür kişilere âdeta çakra çilingirleri diyorum, sanki çakralar her beş dakikada bir tıkanır ve çilingir getirince hemen açılan bir şeymiş gibi insanları yanlış yönlendirebiliyorlar. Bu çok özel ve dünyada çok az sayıdaki bazı kişileri bir tarafa bırakırsak, iyi bir biyoenerjist de sarkaç yardımıyla tıkalı enerji merkezlerini saptayabilir. Eğer gerçekten de ciddi ve maddesel düzeye gelmiş bir tıkanıklık söz konusuysa doğru beslenme, doğru pozitif enerji çalışmaları ve bazen de doğru biyoenerjist ile ilgili merkeze enerji aktararak bu tıkanıklık açılabilir ve daha kökten bir tedaviye yardımcı olunabilir. Siz de bir sarkaç yardımıyla anlattığım enerji merkezlerinin üzerindeki sarkaç hareketlerini yorumlayarak nerede sorun olduğunu saptayabilirsiniz. Ayrıca doğru yaşam tarzı, beslenme, bazı meditasyon teknikleri, akupunktur ve zikirle de çakraların enerji akışını dengeleyebilirsiniz.

Dünya burç değiştiriyor

Tıpkı insanlar gibi dünyanın da içine girip çıktığı burçlar ve kozmik etkiler vardır. Dünyamız İsa'dan önceki iki bin yılı ve İsa'nın doğumu olan sıfır yılı arasında Koç Burcu'ndaydı. İsa'nın doğumu ve iki bin yılı arasında ise insanoğlu ve dünyamız Balık Burcu'ndaydı. Şimdi ise iki bin ve dört bin yılları arası Kova Çağı'na geçiyoruz. Dünyamız her iki bin yılda bir burç değiştirir ve bir burçtan diğerine geçmesi yaklaşık elli yıllık geçiş dönemini gerektirir. Balık Burcu döneminde o burcun ve yöneticisi olduğu Neptün gezegeninin özellikleri olan sorgulanmadan kabullenme, mistik ve dini konulara bilimsel gerçek aramadan inanma gibi durumlar ön plandaydı. Çünkü insanın sinir sistemi ve beynin devreleri bu yönde bir kozmik uyarı alıyordu.

1975 yılında başlayan ve elli yıl sürecek olan Balık Çağı'ndan Kova Çağı'na geçiş 2025 yılında tamamlanacak. Kova Burcu'nun ve onun yöneticisi olan Uranüs gezegeninin özellikleri insan beynini ve sinir sistemini gittikçe daha belirgin bir şekilde etkilemeye başlayacak. Nitekim 1975 yılıyla beraber mini etek, cinsel özgürlük, egonun ön plana çıkması, baş döndürücü teknolojik gelişmeler, internet, bilgisayar, cep telefonu, uzay teknolojisi gibi tipik Uranüs ve Kova özellikleri ön plana çıkmaya başladı. İnsanoğlunun beyin ve sinir sisteminde binlerce yıldır uyuyan bazı bölgeler artık Neptün tarzı değil Uranüs tarzı enerjilere maruz kalıyor. Bu lodosta giden bir yelkenlinin değişen havayla yıldız veya karayele maruz kalması gibi bir olaydır. Gemi aynı gemi ama seyahatini etkileyecek rüzgârın yönü değişmiştir. Kova Burcu zekâyı, bilimselliği, gelişmiş teknolojiyi, sıradışılığı süratli düşünme, inceleme ve değişme yeteneğini; arkadaşları, grupları, cemiyetleri temsil eder. Ama aynı zamanda da aşırı cinsel özgürlüğü, cinsel sapkınlığı gereğinden fazla bencil veya bireysel olmayı, uç teknolojiyi ve yıkıcı enerjileri, çabuk sıkılmayı ve sürekli değişiklik isteğini de temsil eder. 1975'teki çevirmeli telefonlara bakın, bir de şimdiki son model cep telefonlarınıza bakın. Hatta çok değil beş yıl önceki cep telefonlarımız bile çok eski ve demode kaldı. Bilgisayarlara bakın 1975'te hesap cetvelleri ve boncuklar kullanırken şimdi son model bir dizüstü bilgisayarda dev bir holdingin muhasebe kayıtları tutuluyor. Siyah beyaz televizyonlar o yıllarda hayranlıkla seyredilirken şimdi plazma, LCD televizyonlar piyasada.

2025'te Balık Çağı'ndan Kova Çağı'na geçiş tamamlanacak ve teknolojik ilerleme şu an akıl ve havsalamızın alamayacağı düzeyde ilerleyecek. Bir yandan genetik çalışmalarla insan vücudu yenilenip hastalıklara çareler bulunuyorken ve teknoloji yaşantımıza çok olumluluklar katıyorken bir yandan da teknoloji başımıza bela olmaya başlayacak ve teknolojiyi kötü amaçla kullanan veya kullanmaya çalışacak olan insanlar ve güçler ortaya çıkacak. Kısacası İYİLER DAHA İYİ, KÖTÜLER DAHA KÖTÜ OLACAK. YANİ EKSİ VE ARTI KUTUPLAR VE ENERJİLER DAHA DA BELİRGİNLEŞECEK. Maalesef ilk dönemde kötüler daha güçlü gibi görünecek. İnsanlar için olumsuzluklar daha cazip gibi olacak.

İşte burada büyük bir tuzak söz konusu, asla ve asla büyük bir ruhsal sınavda olduğumuzu unutmamamız lazım. Her an farkındalığımızı ve uyanıklığımızı korumalıyız. İşte bu nokta da insanlık, Yaradan'a karşı çok önemli bir sınav verecek. Sık sık vurguladığım gibi eğer bilinç düzeyimizi yükseltirsek ve deneyimlerimizi daha olumlu davranış seçimleriyle yaşamayı tercih edersek o zaman bu müthiş teknolojik gelişmeyi insanlık yararına kullanıp paylaşabiliriz. Ve dünyada açlığı, sıkıntıyı, bunalımı, hastalıkları ve savaşı azaltabiliriz. Tersine insanoğlu kendinin veya sadece kendi bağlı bulunduğu grubun çıkarına yönelik olarak bu teknolojiyi kullanırsa yani teknoloji kötü ve karanlık güçlerin çıkarları doğrultusun da kullanılırsa o zaman çok ciddi ve sert deneyimlerle yok olmamız dahi söz konusu olabilir.

Çoğu insan önümüzdeki yıllarda artık ya iyilik ve aydınlanma yolunda farkındalığı artmış ve diğer insanların mutluluğu ve çıkarını da gözeten bir kanalda veya tersine sadece kendinin veya bağlı bulunduğu grubun çıkarını ön plana alan diğer insan ve canlıları ise önemsemeyen "ben" eksenli bir kanal içinde kalacak. Güç, para, şöhret, mülk bize Yaradan tarafından test etmek amacıyla ödünç olarak verilen geçici değerlerdir. Ve ancak ölüm dediğimiz boyut değiştirme anına kadar geçerlidir. O aşamadan itibaren hiçbir yararları yoktur. Oysa yardımseverlik, iyilik, dürüstlük, paylaşım, merhamet, Yaradan'a ibadet ve sevgi dolu eylemler ve bunların sonucunda da ruhsal boyutumuza yüklenen enerjiler ise maddesel ölümden sonraki aşamaya transfer edilebilen enerjilerdir. Âdeta bizim o aşamadan sonraki yapacağımız yolculuk için gerekli yakıtımızı oluşturur.

Tercih sizin; bu boyutta bu aşamadan ve bu zaman diliminden itibaren ciddi sınavlar başladı. Artık isteseniz de ilgisiz kayıtsız ve sadece maddi deneyimlere yönelik yaşamak çok zorlaşacak. Daha zeki, daha teknolojik, daha süratli, daha bilgili ve daha donanımlı olacağız. Ama bu arada ne kadar farkında ve iyi olacağımız ve hangi yönü seçeceğimiz ise esas geleceğimizi tayin edecek. Artık eskisinden farklı enerji dalgalarına maruz kalıyoruz ve beynimize farklı dalgalar veriliyor. Seçim sizin!

You are here!

Hubble teleskopuyla ve belki de şimdi Amerika Birleşik Devletleri'nde daha da gelişmiş teleskoplarla gittikçe daha gelişmiş ve detaylı olarak, evrenin inanılmaz boyutlarda ve yakınlaştırılmış görüntüleri elde ediliyor. Evren o kadar ve o kadar büyük ki normal yaşamda uzak veya büyük dediğimiz nesneler çok ama çok küçük veya yakın kalıyor. Koskoca evrende aslında o kadar boş şeylere gereksiz yere üzülüyor, gereksiz yere kendimizi ve çevremizdekileri kırıyoruz ki bu da boşu boşuna gereksiz bir enerji kaybı oluşturuyor. Küçücük aklımızla ve olanaklarımızla neyin bu kadar savaşını ve kavgasını yapıyoruz ki? İlk resimden başlayın yavaş yavaş ve iyice düşünerek evrenin henüz saptanabildiği kadarıyla çekilebilen resimlerine bir göz atın. Her resmin olduğu sayfaya derince iyice konsantre olun ve âdeta resmin içinde eriyin. Son resme geldiğinizde o resmi uzun uzun seyredin ve uzayı hissetmeye çalışın. Yaratıcının teknolojisini düşünün. Hiçbir şey boşu boşuna yaratılmadığına göre kim bilir oralarda daha neler neler var veya neler daha insanoğlunu bekliyor bir düşünün?

Yaşadığımız hiçbir anın geri dönüşü yok ve her an çok kıymetli. Asla ama asla bir anınızı bile boşa harcamayın. Bu resimlere iyi bakın ve evrenin inanılmaz yaratılışını, büyüklüğünü iyice hissedin. Büyük gibi görünen problemleriniz için bir de şu evrenin boyutlarını düşünün. Değmeyecek şeyler için asla güzel canınızı sıkmayın.

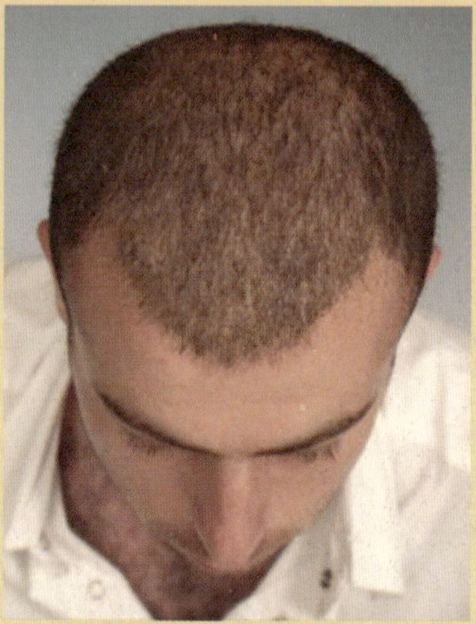

You are here!

Kaçınılmaz gerçek: "Ölüm"

İnsanoğlu için yaşamda her şey değişebilir. Evlenebilirsiniz veya bekâr kalırsınız, anne baba olabilirsiniz veya olamazsınız, dininizi değiştirebilirsiniz, yaşadığınız şehri ya da ülkeyi değiştirebilirsiniz, hatta komple estetik ameliyat olup şeklinizi şemalinizi bile değiştirebilirsiniz. İnsanoğlu sadece iki gerçeği değiştiremez: "DOĞUM ve ÖLÜM." Varız, çünkü doğduk. Maddesel olarak yok olacağız, çünkü öleceğiz. Çoğu insanda şiddetli bir ölüm korkusu var. Bu aslında bilgiyle aşılabilecek bir korku. Sonrasında ne olabileceğini bilemediğimiz her türlü olaydan doğal olarak korkarız.

Ölüm aslında ruhun bu boyuttaki deneyimini tamamlaması, bedenin çekim alanından kurtulması ve doğumla ölüm arasında geçen süreçte topladığı negatif ve pozitif enerjilerin dökümünün yapılması için gerekli kaçınılmaz bir gerçektir. Eğer yaşamınızda üstbilinç düzeylerine geçebildiyseniz, diğer canlılara ve insanlara barışçıl, iyi ve paylaşımcı yaklaştıysanız, doğru spiritüel tekniklerle ve dini ritüellerle negatif enerjinizi temizleyip ruhsal boyutunuza pozitif enerji yükleyebildiyseniz, ölümden niye korkasınız ki? O zaman Mevlana'nın dediği gibi, ölüm günü düğün bayram günüdür. Ölüm günü sevgiliye kavuşma günüdür. Ancak burada çok önemli bir nokta var: çok iyilik ve olumluluk dolu yaşamış olsanız bile asla intihar etme veya kendi irademizle yaşamımızı sonlandırma yetkimiz yok. Bu Yaradan'ın bize verdiği ve uygun gördüğü kader yazılım programını tamamlamadan bitirmek veya deneyimlerden kaçmaktır. Hatta Yaradan'ın kusursuz olarak dizayn ettiği kozmik planı beğenmemektir. Bazı kişiler yaşamın bazı anlarında gerçekten de dayanması ve kaldırması çok zor deneyimlere maruz kalabilirler.

Kitabın ilk bölümlerinde de belirttiğim gibi aslında bu kişiler şanssız olmayıp bu sert sınavda gösterecekleri performansa göre çok yüksek katsayıda bir pozitif enerji toplama şansına sahip olabilirler. Zor sınavların geçildiği takdirde ödülü de büyük olur. Yedi bilinç düzeyi bölümünde anlattığım gibi bilinç yükseldikçe acı azalır ve sert enerji dalgaları ve deneyimleriyle büyük sıçramaları gerçekleştirebiliriz. Ölüm gerçeğinden asla kaçınamayız. Ama o ana hazırlanabiliriz. İnsanların dış güzellik, uzun yaşama, antiaging gibi uygulamalara ilgi duyması ve bedensel olarak daha uzun yaşamaya çalışması güzel bir şeydir. Ama ruhun kırışıklıklardan kurtulması, vitaminlenip dopinglenmesi ve bakımı bundan daha önemlidir.

Sonuç ve sonsöz

Böyle bir kitaba sonsöz yazmak biraz zor. Aslında bu kitapta daha pek çok şey yazmak istedim, içimden de geldi ama şimdilik bu kadarı yeterliydi. Belki zamanla toplum hazır oldukça, insanlarda bilinç düzeyi daha da yükseldikçe şimdiki zaman diliminde yazılamayanlar o zaman çok daha rahat ve anlaşılır olacak. Bu bölümü yazmanın diğer bir zor yanı da sanki bazılarınızla aramızda bir bağ oluşmuş ve şimdi ise vedalaşıyormuşuz gibi hissetmemden kaynaklanıyor. Biliyorum, bu kitap açılım zamanı gelen bazılarının yaşamında çok önemli sıçramalar yapacak. 3. bilinç düzeyinde kalan bazı kişilere veya evrim programını daha çok maddesel ağırlıklı yaşayan bazı kişilere ise pek bir şey ifade etmeyecek veya subjektif bulunacak. Ama en azından pek çok kişiye olumlu etki yapacağına inanıyorum.

Çocukken kendi kendime öğrendiğim bir gerçek vardı, onu sizlerle paylaşmak istiyorum: Küçük bir çocukken annem bizi İzmir'de sık sık açık hava sinemalarına götürürdü ve o zamanlar filmlere kendimi aşırı kaptırırdım. Küçük bir çocuk olarak özellikle korku filmlerinde çok heyecanlanır ve hatta bazen de korkardım. Televizyonun ilk yıllarında sadece kamera arkasını gösteren bir belgesel seyrettim. Sinema perdesinde kendimizi kaptırıp gerçek sandığımız film aslında bir senaryonun icrasından başka bir şey değildi. Yaşamın bazı anlarında çok dibe vururuz veya sinirlenip öfkeye kapılırız veya korkarız veya çok moralimiz bozulur. Böyle anlarda kontrolü kaybetmeye başladığınızı hissederseniz siz de zihninizle sahnenin arkasına geçin ve devam eden olayları biraz yukarıdan veya arkadan seyretmeye çalışın. Hem oyuncu hem de gözlemci olun. Oyuncu olarak kendinizi kaptırdıysanız gözlemci olarak olayları dışarıdan izlemeye ve aslında bunun bir senaryo icrası olduğunu hissetmeye çalışın. O zaman korkularınız ve incinmeleriniz çok daha az düzeye inecektir.

Ben çocukken korku filmlerinden korkunca zihnimle hep kamera arkasına geçmeyi ve görünenin arkasında daha derin plandan görebilmeyi öğrenmiştim. Şimdi de çok gergin anlarda veya bunalınca aslında içinde bulunduğumuz boyutun bir yansıma olduğunu hatırlamaya çalışıyorum. Önemli olan bize verilen oyunu icra ederken anı farkındalıkla yaşamak. Siz de lütfen size verilen senaryoyu severek ve HAKKIYLA icra edin. Yapabileceğiniz en iyi performansı sergilemeye çalışın. Her andan keyif almaya çalışın ve unutmayın, bu oyunun tekrarı yok, bir anını bile boşa harcamayın. Yaşamda asla aptalca pasif olmayın. Yaşamın memnun olmadığınız yönleri varsa bunları değiştirmek için elden gelen gayreti gösterin, ama tüm çabanıza rağmen olmuyorsa yaşamınızdaki olumsuz sandığınız noktaların, olayların veya kişilerin aslında uzun vadede hayrınıza olabileceğini veya ciddi bir ruhsal olduğunun bilincinde olun ve en önemlisi yaşamınızda değiştiremediğiniz olayları veya kişileri kabullenin ve onları olduğu gibi sevmeye çalışın. Sadece var olma şansı verilmesi bile tek başına, düşünmeye ve mutlu olmaya çalışmaya değer.

Kitapta sık sık vurgulamaya çalıştığım bir noktayı en son bölümde tekrar hatırlatmak istiyorum. Manevi yönünüzü yaşarken veya keşfederken yobazlıktan uzak durun. Yobazlık veya herhangi gruba kendinizi aşırı kaptırmanız önce size mutluluk verir gibi görünse de uzun vadede sizi iç özgürlükten ve mutluluktan koparabilir, sizi belirli bir grubun içinde tutup toplumun diğer bölümlerinden koparabilir ve size sadece tek taraflı deneyimler yaşanarak evriminizi eksik olarak tamamlatabilir. Yobazlık ve aşırı gruplaşma ne size ne de topluma yarar getirir. Günümüz artık akıl ve bilim çağı; spiritüel bilgileri irdelerken körü körüne değil Yaradan'ın teknolojisini kavramaya çalışarak öğrenmeye çalışın.

Çok naçizane bir diğer önerim de maddi konularda aşırı ve gözü dönmüşçesine bir hırsın sizi tüketebileceği ve özünüzden koparabileceği gerçeğini unutmamanızdır. Çünkü biz ölüm dediğimiz boyut değiştirme sonrasında kredi kartlarımızı, paralarımızı, banka hesaplarımızı veya mal mülkümüzü değil ama olumlu davranışlarımızın kaydedilip toplandığı manevi hesabımızda toplanan enerjiyi kullanabileceğiz. Para tabii ki bu dünyada çok gerekli, ama her şey değil. Gerçek erkekliğin kimsenin hakkını yemeden dürüst bir şekilde, içinde negatif enerji barındırmayan parayı kazanabilmek olduğunu düşünüyorum. Tabii ki hepimiz istemeden veya bilmeyerek bazen küçük yanlışlar yapabiliriz, ama büyük boyuttaki olaylarda çok dikkatli olmak ve evrensel sorumlulukta bulunmak çok önemlidir.

Kim bilir belki de hepimiz dev bir "biri bizi gözetliyor" stüdyosundayız ve her şey çok ileri bir teknolojiyle kaydediliyor. Filmi sonra tekrar başa sarıp gösterirlerse sonradan pişman olabileceğimiz şeyleri yapmamak daha akıllıca bir seçim olabilir. Şimdi lütfen yavaşça ve tatlı bir gülümsemeyle geriye doğru yaslanın, gevşeyin ve var olmanın tadını hissetmeye çalışın. İyi ki varsınız, iyi ki hepimiz varız. İster beğensin ister saçma bulsun ve kızsın bu kitabı okuyan herkese ama herkese Yüce Yaradan'ın sevgi ışığının ölümü tatmadan önce ulaşmasını en içten şekilde diliyorum. Bazen sıkıştığımız ve çırpındığımız bu boyutta evrim yolculuğumuz daha çok sevgi, daha az korku ve nefretle dolu olsun.

Siz bu kitabı okurken inanılmaz bir hızla evren genişliyor ve hareket ediyor, onun içinde Samanyolu galaksisi hareket ediyor, onun içinde güneş sistemimiz hareket ediyor, onun da içinde Dünya dönüyor ve hareket ediyor, onun da içinde biz hareket ediyoruz, bizim de içimizde kan ve sıvılar hareket ediyor.

Hepimize İYİ YOLCULUKLAR!

Kaynakça

Akseki, A. Hamdi, *İslam Dini-İtikat, İbadet ve Ahlak*, Diyanet İşleri Başkanlığı Yayınları, Ankara, 1967.

Altıntaş, Yusuf, *Yahudilikte Kavram ve Değerler*, Gözlem Gazetecilik Basın ve Yayın AŞ., İstanbul, 2001.

Ana Britannica, c-1-22, Ana Yayıncılık, İstanbul, 2000.

Arvon, Henri, *Budacılık*, çev. İsmail Yerguz, Dost Kitabevi Yayınları, Ankara, 2006.

Axis Büyük Ansiklopedi, c-1-12, Doğan Kitapçılık, İstanbul, 1999.

Axis Büyük Ansiklopedik Sözlük, c. 1-6, Doğan Kitapçılık, İstanbul, 1999.

Aydemir, Abdullah, *İslami Kaynaklara Göre Peygamberler*, Türkiye Diyanet Vakfı Yayınları, Ankara, 1990.

Aydın, Mehmet, *Hıristiyan Kaynaklarına Göre Hıristiyanlık,* Türkiye Diyanet Vakfı Yayınları, Ankara, 2005.

Bettany, G. T, *Dünya Dinleri Ansiklopedisi,* çev. Ahmet Aydoğan, Say Yayınları, İstanbul, 2005.

Doğrul, Ömer Rıza, *Yeryüzünde Dinler Tarihi,* İnkılap Kitabevi, İstanbul, 1958.

Eliade, Mircea, *Dinsel İnançlar ve Düşünceler Tarihi*, c. 2, çev. Ali Berktay, Kabalcı Yayınevi, İstanbul, 2003.

Eliade, Mircea, *Şamanizm*, İmge Kitabevi Yayınları, Ankara, 1999.

İnan, Abdülkadir, *Tarihte ve Bugün Şamanizm-Materyaller ve Araştırmalar*, Türk Tarih Kurumu, Ankara, 1995.

Knott, Kim, *Hinduizmin ABC'si*, çev. Medet Yolal, Kabalcı Yayınevi, İstanbul, 2000.

Korkmaz, Esat, *Ansiklopedik Alevilik-Bektaşilik Terimleri Sözlüğü,* Kaynak Yayınları, İstanbul, 2003.

Köksal, M. Asım, *Hz. Muhammed ve İslamiyet*, c. 1-11, İrfan Yayınevi, İstanbul, 1969.

Örs, Hayrullah, *Musa ve Yahudilik*, Remzi Kitabevi, İstanbul, 2000.

Ender Saraç kimdir?

1959 İzmir doğumlu. Bir kız kardeşi var. İlköğrenimini İzmir Karşıyaka Ankara İlkokulu'nda, ortaöğrenimini ise İzmir Bornova Anadolu Lisesi'nde tamamladı. Ege Üniversitesi Tıp Fakültesi'ni bitirdikten sonra 1984–1986 yılları arasında Erzurum'da mecburi hizmetini yaptı. Askerliği Çorlu'da tabip asteğmen olarak gerçekleştirdi. Batı tıbbındaki uzmanlığı olan aile hekimliğini 1991'de bitirdi ve aynı yıl İzmir'den İstanbul'a göç etti. 3 yıl Uniform Sağlık-Estetik Merkezi'nde çalıştıktan sonra Hay Sağlık Merkezi'ni kurdu. 1989 yılından itibaren 6 yıl süreyle İsviçre, Hollanda, Almanya ve Hindistan'da ayurveda eğitimi aldı. Ayrıca Türk Akupunktur Derneği'nin 1,5 yıl süren kurslarını da bitirerek Sağlık Bakanlığı'ndan onaylı sertifika aldı. İşyeri hekimliği, estetik medikal gibi çok sayıda mesleki kurs ve eğitim programını bitirdi. 1997'de *Ayurveda,* 2002'de *Sağlıklı Zayıflamanın Yolları*, 2005'te *Doğanın Şifalı Eli* adlı kitapları Doğan Kitapçılık tarafından yayımlandı. Yazılı ve görsel basında çeşitli eğitici programlarda yer aldı. 1998'de Türkiye'nin ilk detoks merkezi olan Doğa Arınma Merkezi'ni kurdu. Ayrıca dünyada ilk örneği olan cep telefonundan sağlıklı yaşam servisi, sağlıklı diyet servisi ve ramazan servisinin kurucusu olup, halen çeşitli firmalara ürün danışmanlığı yapmakta ve eğitim vermektedir.

Ruhsal gelişimi: 1989'da meditasyon öğrendi. 1990'da meditasyonun ileri aşamaları olan ileri teknik ve sidhi programlarını öğrendi. 1996'da Hindistan'da Maharishi'nin aşramında bulundu. 1998 ve 2001 yılları arasında reikinin 1. 2. ve ileri aşaması olan 3. aşamayı öğrendi. 2001-2002 yılları arasında, Altın Işık Astroloji Derneği'nin üç aşamalı kurslarını da bitirerek astroloji diploması aldı. Çeşitli yollarla 1991-2006 yılları arasında zikir yapan kişilerle temasta bulundu ve özel çalışmalar yaptı. 1999-2006 yılları arasında 1 hac, 5 umre yaptı. Yaşamı boyunca Avrupa'da Hıristiyanlığa, Asya'da Budizm'e, Hindistan'da Hinduizm'e, Kahire'de Müslümanlığa dair araştırmalar yaptı; dünyanın çeşitli yerlerinde insanlığa iyilik ve ışık vermeye çalışan kişilerle görüştü, özel eğitimler aldı, sohbetler etti, tekniklerini öğrendi ve önerilerini aldı. Ayrıca ülke içinde ve dışında çok sayıda ruhsal önemi olan yerleri ziyaret etti. Halen de ruhsal konularda, maddesel yaşamdan kopmadan incelemelere ve araştırmalara devam etmektedir.

İLETİŞİM İÇİN:

Tel: 0 212 283 10 80
Faks: 0 212 282 83 77
e-mail: info@endersarac.com
veya
info@hayguzellik.com
Web: endersarac.com